中央国家机关会计领军人才
财务管理案例汇编

第四期中央国家机关会计领军人才培养项目编写组　编

中国财经出版传媒集团
中国财政经济出版社

图书在版编目（CIP）数据

中央国家机关会计领军人才财务管理案例汇编 / 第四期中央国家机关会计领军人才培养项目编写组编. -- 北京：中国财政经济出版社，2022.10（2024.9重印）
ISBN 978-7-5223-1527-0

Ⅰ.①中⋯ Ⅱ.①第⋯ Ⅲ.①财务管理－案例 Ⅳ.①F275

中国版本图书馆 CIP 数据核字（2022）第 114697 号

责任编辑：陈志伟　　　　　　责任印制：史大鹏
封面设计：卜建辰　　　　　　责任校对：胡永立

中央国家机关会计领军人才财务管理案例汇编
ZHONGYANG GUOJIA JIGUAN KUAIJI LINGJUN RENCAI CAIWU GUANLI ANLI HUIBIAN

中国财政经济出版社 出版

URL：http：//www.cfeph.cn
E-mail：cfeph@cfeph.cn

（版权所有　翻印必究）

社址：北京市海淀区阜成路甲28号　邮政编码：100142
营销中心电话：010-88191522
天猫网店：中国财政经济出版社旗舰店
网址：https：//zgczjjcbs.tmall.com
中煤（北京）印务有限公司印刷　各地新华书店经销
成品尺寸：170mm×240mm　16开　20印张　303 000字
2022年10月第1版　2024年9月北京第2次印刷
定价：68.00元
ISBN 978-7-5223-1527-0
（图书出现印装问题，本社负责调换，电话：010-88190548）
本社质量投诉电话：010-88190744
打击盗版举报热线：010-88191661　QQ：2242791300

序 1

会计人才是我国人才队伍的重要组成部分，是维护市场经济秩序、促进经济社会发展、推动会计改革发展的重要力量。为满足行政事业单位深化改革和中央企业实施发展战略对会计人才的需求，国家机关事务管理局根据财政部《会计行业中长期人才发展规划（2010—2020年)》制定了中央国家机关会计人才发展阶段性规划。

在国家机关事务管理局党组的正确领导下，在财政部会计司的具体指导下，国家机关事务管理局财务管理司依托北京国家会计学院等人才培养基地，从2012年启动中央国家机关会计领军人才培养项目，坚持高起点、高标准、高要求，在中央国家机关行政事业单位和中央管理在京企业选拔并培养了一批精通业务、善于管理、熟悉财经法规、具有国际视野和战略思维的复合型高层次会计领军人才，在推动会计工作转型升级、提高单位现代化管理水平、维护社会经济秩序等方面发挥了重要作用。培养项目坚持紧跟会计专业前沿理论，紧扣财务管理创新实践，紧盯经济社会发展热点，采取集中培训、实地践学、高端论坛、课题研讨等多种形式，线上线下融合，激发学员学习兴趣；坚持专业素养和综合素质提升并重，既强调会计主业，也注重全面培养；坚持理论与实践相结合，积极推动学习成果转化为单位和行业创新发展的具体实践。截至目前，国家机关事务管理局已开办四期中央国家机关会计领军人才培训班，累计选拔培养学员340名。

第四期学员从2019年6月至2022年5月，经过三年系统的专业学习和一线的实践训练，综合素质能力得到全面提升。这本《中央国家机关会计领军人才财务管理案例汇编》就是第四期学员学以致用的成果转化。本书收录论文14篇，内容丰富，涉及面广，既有医院、高校、科研院所等行政事业单位，也有建筑、电力、金融等企业集团；既有国内业务，也有国际业务；既有预算、绩效、税务、金融，也有内控、审计、信息化相关内容。所有案例均来源于学员的财务会计一线工作实践，凝练了现实的管理经验和深入的创新思考，对财会人员的实际工作具有较好的借鉴意义。

毕业既是阶段性学习完成的标志，又是新征程的起点，面对纷繁复杂的百年未有之大变局，愿同学们直面挑战、适应变化，充分发挥领军人才的引领带动作用，为单位建设贡献智慧、为会计行业转型创新贡献力量，推动经济社会高质量发展。

国家机关事务管理局财务管理司司长　王朝旭
2022 年 5 月

序 2

"致天下之治者在人才"。习近平总书记在党的十九大报告中指出:"人才是实现民族振兴、赢得国际竞争主动的战略资源。要坚持党管人才原则,聚天下英才而用之,加快建设人才强国。"会计工作是经济管理工作的重要组成部分,是财政财务工作的重要基础。经济越发展,会计越重要。随着中国经济由高速增长转变为高质量增长,需要不断推进会计改革与发展,加强人才培养,尤其是需要一大批会计领军人才的引领辐射带动来促进会计队伍的整体提升。面对新的形势和任务,我们要继续大力推进会计领军人才建设。

为打造一支适应我国经济社会全面持续健康发展和会计改革发展事业战略要求的会计领军人才队伍,在中央企业和中央国家行政事业单位中发挥引领辐射作用,推动我国经济社会又好又快发展,为实现会计强国目标提供充足的人才储备和强大的智力支持,国家机关事务管理局在财政部"全国会计领军人才培养工程"的引领下,决定于2012年组织中央国家机关会计领军人才培养项目。

截至目前,北京国家会计学院作为培养基地选拔培养了四期中央国家机关会计领军学员共340名。学院的领军人才培养项目,具有培养机制完备、课程师资安排科学、教学模式多样、跟踪培养完善、评价考核严格等特点,有效提升了领军人才的个人能力和综合素质。

中央国家机关会计领军人才培养工作得到了财政部、国家机关事务管理局各级领导及学院的高度重视。第四期102名佼佼者,经过三年精心的培养和严格的考核,现在终于毕业了,你们将回到各自的工作岗位,学院期待你们能将自己的所学、所感、所悟真正付诸于实践,在新的起点为中国经济未来的发展做出更大的贡献。

我们编撰第四期学员的毕业论文集，既是对第四期学员学习成果的肯定和总结，也是对下一批学员的激励与鞭策，更将为学员们的实际工作带来有益的指导和启发。

毕业论文集的完成，浸润着第四期中央国家机关会计领军学员们三年来辛勤耕耘的汗水，闪耀着来自各行业会计高端人才的智慧，为中央企业和行政事业单位的会计工作带来理论和实践的指导，是学员们三年培训所结出的沉甸甸的果实，也是对中央国家机关会计领军人才培养工作最好的肯定与回报。借此机会，向第四期毕业的学员表示衷心的祝贺！

当今世界的竞争，是人才的竞争和知识的竞争，没有学习能力就没有竞争能力，竞争力需要在学习中提升。希望各位中央国家机关会计领军人才能够不忘初心、牢记领军使命，保持学习的热情，积极参加领军人才后续培养工作；诚信为本，维护领军人才形象，以身作则、爱岗敬业，做广大会计人员的榜样；终身学习，于实践中增长才干，在积极作为中增强使命担当；学以致用，不断提高工作的原则性、系统性。要善于解决实际问题、善于在会计工作中发现问题和正视问题，实现角色转换，通过不断提升政策把握能力、管理决策能力、风险应对能力、开拓创新能力、沟通协调能力，实现从执行者向领导者、管理者、决策者的转变，学思践悟，发挥领军人才综合优势，倾心助力国家经济高质量发展！

是为序。

北京国家会计学院院长　秦荣生

2022 年 5 月

目录
Contents

高校财政项目绩效评价研究
　　——以 G 大学为例 ·· 成丽敏 / 1

事业单位内部控制风险评估及应对策略
　　——以 G 单位为例 ·· 金小娟 / 19

科研事业单位财务管理新模式案例分析 ························· 李淑坤 / 47

PDCA 在企业资金管理中的应用实践
　　——以 R 公司为例 ·· 张建平 / 63

审计风险模型在行政事业单位经济责任审计中的应用 ············ 张　兴 / 79

中国建筑企业"一带一路"国际税收争议和风险防范研究
　　——以 A 公司在埃塞俄比亚承建铁路项目为例 ············ 黄功华 / 121

大数据背景下电网资产精益管理的应用研究 ················· 刘　璐 / 139

私募股权基金风险管理案例研究
　　——以某国有控股基金管理人为例 ···················· 刘友余 / 170

财务视角下的战略规划落地方法探究 ························ 路　娜 / 188

军工科研单位的标准成本管理实践
　　——基于 A 所的案例分析 ···································· 王胤宇 / 223

海外工程项目关联交易税务筹划案例研究
　　——以以色列K项目为例 ················· 延　肃 / 244

三医联动背景下的骨科供应链优化研究
　　——以A医院为例 ····················· 闫美英 / 263

基于预算管理方法的降杠杆减负债实践与探索
　　——以A公司为例 ····················· 姚　卉 / 277

防风险　提效能　促转型　构建审计信息系统
　　——以A集团为例 ····················· 曾发明 / 295

高校财政项目绩效评价研究
——以 G 大学为例

成丽敏

摘　要："建立全面规范透明、标准科学、约束有力的预算制度，全面实施绩效管理"，是党的十九大对财政绩效工作的新要求。预算绩效评价有利于促进公共资源配置，提高财政资金使用效率。尤其是在新冠肺炎疫情背景下，经济增速放缓，经济下行压力不断增大，财政收支矛盾突出，更加凸显绩效评价管理的重要性。高校是财政预算体制的重要组成部分，高校财政项目资金是促进高校事业发展的重要资金来源渠道，因此，对高校财政项目进行预算绩效评价工作尤为重要。

本文通过政策和文献研究，以 G 高校的 X 项目绩效评价案例为基础，分析了高校财政项目绩效评价周期、指标和目标设置不够科学、绩效评价结果不能有效反映项目实施情况、中长期规划未能有效开展绩效评价、绩效评价结果没有得到有效应用等问题。针对这些问题，进一步提出合理确定绩效评价周期、优化绩效指标和目标设置、重视中长期绩效评价、完善绩效评价结果运用等政策建议。

关键词：高校；财政项目；绩效评价

一、引言

（一）研究的背景和意义

"建立全面规范透明、标准科学、约束有力的预算制度，全面实施绩效管理"是党的十九大对财政绩效提出的新要求。在新的发展阶段，全面实施绩效管理,是建立现代财政预算管理制度的必然要求,也是推进国家治理、转变政府职能、提高政府治理能力现代化的重要手段。开展财政预算资金绩效评价,有利于促进公共资源配置,提高财政资金使用效率。尤其是在新冠肺炎疫情背景下,经济增速放缓,经济下行压力不断增大,财政收支矛盾突出,就要更加注重绩效管理,注重产出效果分析,坚持财政资金花钱必有效、无效必问责,努力杜绝无效支出,进一步提高资金使用效益。

高校是财政预算体制的重要部分,根据教育部、国家统计局、财政部发布的 2019 年全国教育经费执行情况统计公告显示,"2019 年全国教育经费总投入为 50 178.12 亿元,首次超过 5 万亿元,其中国家财政性教育经费为 40 046.55 亿元,首次超过 4 万亿元,占 GDP 比例为 4.04%。"[1]自 2012 年实现 4% 目标以来,这一比例连续 8 年保持在 4% 以上。教育经费已成为财政支出占比最大的支出。财政项目支出是高校改善办学条件、提升办学质量的重要资金来源渠道,如何提高财政项目经费使用效益,做好财政项目绩效评价工作尤为重要。

(二) 政策依据、文献综述及相关概念

1. 政策依据

国家高度重视财政资金绩效管理,先后出台了一系列制度规范绩效管理(见表 1)。

表 1　　2002 年以来国家出台的一系列绩效管理办法

印发年份	印发部门	文件名称	主要内容
2002 年	财政部	《中央本级项目支出预算管理办法(试行)》	首次明确对项目支出的实施过程和实施效果开展绩效考评
2003 年	财政部	《中央级教科文部门项目绩效考评管理试行办法》	对中央部属高校进行绩效考评试点改革
2009 年制定,2011 年修订	财政部	《财政支出绩效评价管理暂行办法》	对财政支出开展绩效评价工作

---

[1] 数据来源:http://www.gov.cn/xinwen/2020-11/05/content_5557492.htm.

续表

印发年份	印发部门	文件名称	主要内容
2011 年	财政部	《关于推进预算绩效管理的指导意见》	建立"预算编制有目标、预算执行有监控、预算完成有评价、评价结果有反馈、反馈结果有应用"的预算绩效管理机制
2011 年	财政部	《明确目标 扎实工作 全面推进预算绩效管理》	对我国近年来的绩效预算管理实践进行总结,并对下一步全面推进预算绩效管理工作提出了思路和工作要点
2012 年	财政部	《关于印发〈预算绩效管理工作规划（2012—2015年）〉的通知》	明确了未来三年在中央和地方财政实施绩效预算管理的具体步骤和评价方案
2014 年	财政部、教育部	《关于实行中央级普通高校绩效拨款与项目支出预算执行挂钩办法的通知》	规定了关键时点的预算执行率要求,督促中央高校加快项目预算执行进度,切实提高财政资金使用效益
2017 年	财政部	《中央高校管理改革等绩效拨款管理办法》	明确要求绩效拨款的分配、使用和管理遵循绩效导向、公平公正和统筹使用等原则
2018 年	国务院	《中共中央 国务院关于全面实施预算绩效管理的意见》	加快建成全面预算绩效管理体系,进一步提高财政资源配置效率和效益
2020 年	财政部	《项目支出绩效评价管理办法》	明确了项目支出绩效评价具体工作要求

2. 理论及文献综述

从理论层面上,新公共管理理论提出"经济人"假设条件下,政府应该专注于做决策和提供好的服务,要通过各种形式引入竞争机制。要注重产生的效果,而不是投入多少。政府要向企业一样满足客户的需要,建立客户意识。政府在服务大众的过程中,要有投资的概念,注重投资产生的回报。新公共管理理论推动公共财政理论发展,从而也推进了预算绩效改革。

委托——代理理论是制度经济学契约理论的主要内容,阐述了委托人与代理人之间的契约关系。在利益冲突和信息不对称的情况下,政府支出不能有效反映公众需求,"寻租"现象普遍,极易产生"腐败"问题,由此产生了公共预算绩效管理的必要性，绩效管理的目的是使财政性资金的使用产生应有的效果。

公共产品理论提出，公共产品最明显的特征就是效用的不可分割性、消费非竞争性和受益非排他性，政府作为公共产品的供应者应该保障公众利益。公共产品理论对政府行为边界及其公共产品生产效率进行研究有很强的现实意义。财政支出就是政府向公众提供公共产品的过程，如何使用有限的财政资源，为社会提供更多的公共产品，这就是预算绩效管理的重要内容。

随着对绩效评价工作的日益重视，国内外专家学者纷纷对绩效评价开展了各种角度和层面的研究。本部分重点就国内学者对高校项目绩效评价相关的研究进行综述。项目管理层面上，许江波（2011）提出从"财政部门、教育部门、高校三方面推进项目绩效管理"[1]。胡雅娟（2018）则提出"依托信息化手段，参考国外优秀理论，构建符合我国国情的预算绩效管理体系"[2]。从绩效评价方式上，邬敏燕（2013）提出"从业务流程指标和财务指标着手进行绩效评价管理"[3]。卫雅琦和陈平泽（2016）、宫景玉（2020）都提出"运用平衡计分卡理论构建绩效评价指标"[4]。华秋红（2018）提出"建立综合评价目标体系，从而实现均衡发展"[5]。夏丹（2020）提出"利用关键绩效指标法（KPI）和层次分析法（AHP）搭建的绩效评价模型，可以规避指标权重过于主观的问题"[6]。从内控管理角度，唐大鹏（2019）从内部控制层面上提出"绩效评价内部控制包括构建绩效评价指标、编制本年度预算绩效报告、绩效评价结果反馈和应用"[7]。

---

[1] 许江波，李春龙. 高校绩效预算：三维度模式及推行策略 [J]. 财政研究，2011（10）：48–50.

[2] 胡雅娟. 浅谈高校专项经费预算管理存在的问题及对策 [J]. 当代教育实践与教学研究，2018（10）：84–85.

[3] 邬敏燕. 基于"效果导向"的高校预算绩效管理初探 [J]. 教育财会研究，2013，24（04）：38–42.

[4] 卫雅琦. 我国高校绩效预算改革探索 [J]. 财会研究，2016（08）：23–25.
宫景玉. 高校全面预算绩效评价体系优化研究 [J]. 会计之友，2020（15）：121–127.

[5] 华秋红. 基于平衡计分卡的高校预算管理绩效评价指标体系构建 [J]. 中国乡镇企业会计，2018（12）：61–62.

[6] 夏丹. 基于层次分析法的高校预算绩效评价体系研究 [J]. 财会通讯，2020（01）：172–176.

[7] 唐大鹏，吴佳美. 高校预算绩效管理内部控制体系构建探究 [J]. 财务与会计，2019（01）：47–49.

3. 相关概念

关于预算绩效管理，是指对预算资金以绩效的方式进行的管理，主要包括数量、质量、时效和成本，以及经济效益、社会效益、环境效益、可持续影响、社会公众满意度等内容。

关于项目支出绩效评价，财政部在 2020 年印发的《项目支出绩效评价管理办法》中对项目支出绩效评价进行了定义。项目支出绩效评价是指"财政部门、预算部门和单位，依据设定的绩效目标，对项目支出的经济性、效率性、效益性和公平性进行客观、公正地测量、分析和评判"。[①]

关于高校项目支出，项目支出是指在基本支出预算之外安排的，为完成特定目标或专项工作任务产生的支出，项目支出的特点是专款专用。根据《财政部 教育部关于改革完善中央高校预算拨款制度的通知》，项目支出分为六大类，分别为：中央高校改善基本办学条件专项资金、中央高校教育教学改革专项资金、中央高校基本科研业务费、中央高校建设世界一流大学（学科）和特色发展引导专项资金、中央高校捐赠配比专项资金以及中央高校管理改革等绩效拨款"。[②]

（三）研究方法及目的

本文采用定性和定量相结合的方法，综合运用文献法、案例分析、数据分析等多种方法进行系统、深入地对中央高校项目预算绩效评价指标和目标进行分析、研究。具体包括通过财政部有关政策文件进行资料分析、对 G 高校 X 项目情况进行案例分析，结合 G 高校在项目绩效评价工作中存在的问题提出针对性的政策建议。

二、高校财政项目绩效评价——以 G 高校的 X 项目为例

（一）项目背景简介

G 高校是行业性大学，是某行业第一个开展普通高等学历教育、第一个

---

① 《项目支出绩效评价管理办法》（财预〔2020〕10 号）。
② 《财政部 教育部关于改革完善中央高校预算拨款制度的通知》（财教〔2015〕467 号）。

开展硕士研究生培养、唯一开展博士研究生教育的高等学府，也是学科专业最齐全、办学规模最大、教育层次最完备、目前唯一入选国家"世界一流学科建设高校"的某行业院校。2018年，G高校决算收入10.5亿元，支出9.3亿元，其中中央财政项目支出1.2亿元。G高校的教务处是实验室建设的归口管理单位，负责根据培养方案中实训试验课程的需要，牵头进行实验室建设项目建设。

（二）项目立项及评审

2017年3月，G高校开展2018年度中央财政项目申报工作，为进一步提升G高校实验室建设水平，满足本科培养方案中实验实训需求，培养学生实战能力，提高师生科研水平，教务处作为实验室建设的归口单位，牵头申报了2018年度实验室建设专项。申报项目内容包括建设行为侦查应用实验室、大数据分析软件平台、心理实验室以及网络实验室。项目申报金额为2 500万元。5—6月，G高校计划财务处委托第三方中介机构对项目进行评审，最终通过评审的项目金额为2 100万元。评审后项目经过学校预算管理小组审议通过，报校党委审议通过，学校计划财务处将X项目作为中央高校改善办学条件专项的一部分，通过"一上"预算上报财政部。该项目申报的绩效目标如表2所示。

表2　　　　项目支出绩效目标申报表（2018年度）

总体目标	年度目标（2018）			
	建设行为侦查应用实验室、大数据分析软件平台、心理实验室以及网络实验室，满足情报学、心理学、网络安全与执法、侦查讯问学、侦查心理学、刑事案件侦查、侦查措施、信息化侦查、公安监所管理等多门专业课教学实战实训需要			
绩效指标	一级指标	二级指标	三级指标	指标值
	产出指标	数量指标	购置音视频行为分析控制管理系统	4套
			多模态认知实验平台	4套
			语音情感分析系统	4套
			身体压力分布测试系统	4套
			可视化情报分析系统	4套

续表

一级指标	二级指标	三级指标	指标值
绩效指标	产出指标		
	数量指标	交换机	10 台
		入侵防御检测系统	40 套
		网络管理平台	20 套
		心理训练与健康维护综合管理系统	4 套
		心理危机干预计算机辅助系统	24 套
		智能心理测评系统	16 套
		智能应激训练系统	4 套
		网络舆情监测分析系统	5 套
		多网大数据应用系统	10 套
		投影仪、电脑终端等	100 台
		智能自助减压系统	4 套
	质量指标	设备采购率	≥100%
		产品验收合格率	≥100%
		系统正常运行率	≥100%
	时效指标	需求方案设计及前期工作开展阶段	2019 年 1 月—4 月
		完成招标采购及签订委托合同	2019 年 5 月—6 月
		设备购置	2019 年 7 月—11 月
		运行、验收及结项	2019 年 11 月—12 月
		故障修复响应时间	≤24 小时
		系统运行维护响应时间	≤24 小时
	成本指标	设备采购成本	不超过 2 100 万元
	效益指标	经济效益	可供教学人数	可服务近万名学生《网络犯罪侦查与取证》《网络安全与执法》《情报学》《侦查学》等专业课实验
		重大科研与科技攻关	3 项以上
		教学效果	极大改善
	可持续影响指标	系统正常使用年限	不低于 8 年
		实验室利用率	不低于 80%
	满意度指标	服务对象满意度指标	师生满意度	不低于 95%

(三）项目实施情况

该项目在2017年已经经过充分论证，但是由于财政下达的"一下"控制数与"一上"申报数相差较大，G高校调整了X项目预算金额，由2 100万元压减至1 820万元。2018年财政"一下"控制数下达后，该项目立即开始进行需求论证。2018年3月，财政项目预算批复后，该项目开始正式实施。经过招投标，该项目签订的总合同金额为1 796.5万元。由于项目涉及进口设备采购，招标采购时间比原计划延长了两个月，直到2018年10月，项目完成设备购置，12月底完成设备安装，并完成了80%的项目资金支付，即当年预算执行1 437.2万元。2019年3月完成设备运行调试，实验室可以投入使用，同时支付了剩余的20%尾款，即359.3万元，该实验室建设项目完成结项。

（四）项目绩效自评

按照财政部要求，2019年初，该项目应上报绩效自评情况。该项目上报的绩效自评表如表3所示。

表3　　　　　　　项目支出绩效自评表（2018年度）

项目名称		X项目					
主管部门		某部		实施单位	G高校		
项目资金（万元）	年度资金总额	年初预算数	全年预算数	全年执行数	分值	执行率	得分
		1 820	1 820	1 437.21	10	80%	8
	其中：当年财政拨款	1 820	1 820	—			
		预期目标			实际完成情况		
年度总体目标		建设行为侦查应用实验室、大数据分析软件平、心理实验室以及网络实验室，满足情报学、心理学、网络安全与执法、侦查讯问学、侦查心理学、刑事案件侦查、侦查措施、信息化侦查、公安监所管理等多门专业课教学实战实训需要			初步建设行为侦查应用实验室、大数据分析软件平、心理实验室以及网络实验室。设备全部到位，尚未投入使用。预期可满足情报学、心理学、网络安全与执法、侦查讯问学、侦查心理学、刑事案件侦查、侦查措施、信息化侦查、公安监所管理等多门专业课教学实战实训需要		

续表

一级指标	二级指标	三级指标	指标值	实际完成值	分值	得分	偏差原因分析及改进措施
产出指标	数量指标	购置音视频行为分析控制管理系统	40套	40套	2	2	
		多模态认知实验平台	4套	4套	2	2	
		语音情感分析系统	40套	40套	2	2	
		身体压力分布测试系统	40套	40套	2	2	
		可视化情报分析系统	40套	40套	2	2	
		交换机	10台	10台	2	2	
		入侵防御检测系统	40套	40套	2	2	
		网络管理平台	20套	20套	2	2	
		心理训练与健康维护综合管理系统	40套	40套	2	2	
		心理危机干预计算机辅助系统	40套	40套	2	2	
		智能心理测评系统	40套	40套	2	2	
		智能应激训练系统	40套	40套	2	2	
		网络舆情监测分析系统	5套	5套	2	2	
		多网大数据应用系统	10套	10套	2	2	
		投影仪、电脑终端等	100台	110台	2	2	
		智能自助减压系统	40套	40套	2	2	
	质量指标	设备采购率	100%	100%	2	2	
		产品验收合格率	100%	100%	2	2	
		系统正常运行率	100%	100%	2	2	
	时效指标	需求方案设计及前期工作开展阶段	2019年1月—4月	2019年1月—4月	2	2	
		完成招标采购及签订委托合同	2019年5月—6月	2019年5月—8月	2	2	
		设备购置	2019年7月—11月	2019年9月—11月	2	2	
		运行、验收及结项	2019年11月—12月	未完成结项	2	1	当年尚未完成验收结项

续表

一级指标	二级指标	三级指标	指标值	实际完成值	分值	得分	偏差原因分析及改进措施
产出指标	时效指标	故障修复响应时间	≤24 小时	≤24 小时	1	1	
		系统运行维护响应时间	≤24 小时	≤24 小时	1	1	
	成本指标	设备采购成本	不超过 2 100 万元	1 796.5 万元	2	2	
效益指标	经济效益	可供教学人数	可服务近万名学生《网络犯罪侦查与取证》《网络安全与执法》《情报学》《侦查学》等专业课实验	可服务近万名学生《网络犯罪侦查与取证》《网络安全与执法》《情报学》《侦查学》等专业课实验	10	10	
		重大科研与科技攻关	3 项以上	尚未取得	3	0	实验室尚未投入使用
		教学效果	极大改善	尚未显现	5	0	实验室尚未投入使用
	可持续影响指标	系统正常使用年限	不低于 8 年	不低于 8 年	10	10	
		实验室利用率	不低于 80%	尚未使用	2	0	实验室尚未投入使用
满意度指标	服务对象满意度指标	师生满意度	不低于 95%	尚未使用	10	8	实验室尚未投入使用，未开展满意度调查
					90	77	

由于该项目未在2018年尚未建成投入使用,未取得预期的教学、科研效益产出,效益指标和满意度指标得分较低,绩效自评总分为85分。

(五)综合绩效评价情况

2019年3月起该项目正式投入教学、科研使用。2019年底,为评价X项目取得实际效果,教务处牵头成立了综合绩效评价专家组,对X项目进行绩效评价。专家组成员分别来自教务处、教学院、资产管理处、采购招标中心以及计划财务处。本次综合绩效评价分别从项目基本情况、项目资金使用及管理情况、项目组织落实情况、项目绩效情况、项目实施经验做法及下一步改进措施、项目档案建设情况等几方面开展。由于项目基本情况、资金使用等情况已在财政部绩效评价工作中说明,在这里不作赘述。重点介绍一下实验室投入使用后在实验实训课程方面取得的效益(见表4)。

表4 开展实验实训课程情况

序号	课程	课时	面向专业	学生数	原有/新开
1	计算机网络与互联网体系结构	36	17网络安全与执法	150	原有
2	计算机网络	68	16网络安全与执法	240	原有
3	网络协议分析	32	17网络空间安全技术	300	新增
4	网络新技术(选修课)	36	17网络安全与执法	220	新增
5	计算机网络(实验班)	68	16网络安全与执法实验班	206	原有/新增
6	数据结构与算法基础(实验班)	68	16网络安全与执法实验班	206	新增
7	心理学概论	48	犯罪学	2 000	原有/新增
8	警务心理学	32	公安学专业	2 000	原有/新增
9	警察心理援助	32	犯罪学	160	新增
10	警察心理训练	32	犯罪学、侦查学等专业	1 000	新增
11	公安情报分析	48	17公安情报	200	原有/新增
12	反恐怖情报	60	17反恐	160	原有/新增
13	统计分析与数据挖掘	48	17反恐	160	原有/新增
14	公安情报工作概论	68	17警指17治安17犯罪	320	新增
15	侦查讯问学	72	17侦查	160	新增
16	刑事侦查学	72	17侦查	160	新增

同时，2019年X项目服务于本科毕业论文设计1 106篇，大学生创新项目30项。通过X项目实验室建设，极大提高了G高校教育培训质量和精度。在实验室里，实验指导教师还可将新购置的移动实验室带入课堂进行实验演示，并可与实验室现场实时配合，指导实验过程。项目实施将实践教学由"概念"变为现实。通过2019年全年教学实践及调查问卷，显示实验室开放课程提高了学生学习的主动性，出勤率高、课堂气氛活跃，完成实验后，学生都觉得很有成就感和自豪感，进一步激发了学生的专业学习兴趣，调查问卷也表明学生和老师对实验室满意度较高。在X项目实验室建设项目支持下，2019年获批国家重点研发计划专项课题等科研项目多项，科研资金逾2 000万元，用于研发公安业务中新的科学方法、技术、手段和基于行为数据、犯罪、网络安全的科技产品。X项目取得了较好的社会效益和经济效益。如果按照上文绩效自评得分表，X项目的效益指标和满意度指标可以提高10分以上，总绩效评价得分达到95分以上。

三、高校财政项目绩效评价工作存在的问题——以G高校项目绩效评价工作为例

（一）绩效评价周期设置不够科学

结合G高校绩效管理实际经验，G高校向财政部提交的绩效评价结果存在一定程度的失真，这主要是由于财政部门要求的绩效评价周期与高校项目实施产出的绩效评价周期存在差异。即在财政部门要求的绩效评价周期内，无法真实评价项目产生的实际绩效。按照现行财政管理体制，项目从申报到评价，流程跨度三年，第一年申报，第二年执行，第三年绩效评价。对绩效评价来说，这样的流程管理缺少了项目运行环节，即项目尚未投入运行使用，就需要评价项目产出效果，这种管理模式和项目实际实施周期存在矛盾，导致评价结果容易失真。具体来说，中央财政项目预算管理实际工作要求在前一年度的6月开展项目申报"一上"工作，但是财政项目"一下"控制数要到前一年年底才能下达，为了争取更多的财政项目资金支持，各高校"一上"阶段项目申报金额远远大于财政"一下"控制

数下达金额,导致"一上"阶段申报的项目额度很大部分得不到财政支持。例如 G 高校 2017 年 6 月申报的 2018 年度中央高校改善办学条件专项资金预算为 1.1 亿元,2017 年 12 月实际下达的"一下"控制数为 4 100 万元,导致该年 6 月申报的一部分项目得不到财政资金支持,一定程度上导致校属单位在 6 月申报项目时进行科学论证的积极性不足。只有"一下"控制数下达,各项目金额基本明确后,项目单位才开始论证实施。G 高校为了加快财政项目预算执行,要求项目实施单位在"一下"下达后立即开始进行项目需求论证,做好项目实施准备。当年 3 月份项目预算批复后,各项目才正式进入需求论证、需求提交、方案确定、公开招投标、确定供应商、签订合同、设备到位、安装调试、项目验收、结项等过程。但是只有 9 个月的时间组织项目实施。从各高校实际情况看,大部分项目无法在当年完成结项,如果项目在当年尚未投入运行,也就无法客观评价项目产生的效益。以 X 项目为例,2018 年底项目初步建成后还未投入使用,但是根据财政部绩效评价工作要求,2019 年初需要开展绩效自评工作,导致与产出效益相关的指标分值较低(绩效自评得分为 85 分)。但时隔一年后,2019 年底 G 高校再次进行 X 项目综合绩效评价,发现该项目投入运行后极大促进了教学科研工作开展,提高了 G 高校人才培养水平,X 项目师生满意度较高,项目产生了较好的社会效益和经济效益,完全达到了当初设定的各项绩效目标。

(二)项目绩效评价指标和目标设置不够科学

目前财政绩效自评表实行的是百分制,在财政项目申报时,需要按照财政部要求的申报格式填写绩效指标和目标。其中一级指标和二级指标由财政部决定,各项目实施单位自行决定三级指标和目标。在进行绩效评价考核时,实行百分制,预算执行占 10 分、产出指标占 50 分、效益指标占 30 分、服务对象满意度指标占 10 分。在实际工作中,存在财政部门和项目实施部门博弈的情况。财政部门希望项目投入产出更高,或希望通过绩效目标完成情况加强对项目单位的考核。而项目实施单位则倾向于填写比较容易实现的目标,或者填写较少的目标,以便于顺利通过财政考核。以 X 项目为例,教务处在填写绩效指标和目标时,选取了大量"购置系统数量""验收合格率""采购成本"等比较容易实现的指标,出于对实验室建设效果不确定性的担心，对于体现实验室建设效果的指标数量比较少。同时，客观上受制于项目实施单位对财政资金绩效管理的专业性水平不足，项目单位填报的绩效指标和目标一定程度上会存在设定不明确、不够科学合理的问题。同时在分值设置上，分值由各单位自行设置比重，项目实施单位出于通过绩效评价考核的目的，一般会将未完成的指标分值设置较低，已完成的指标分值设置较高，也容易导致绩效评价不够准确。

（三）忽视了对中长期规划开展绩效评价

按照财政部项目管理模式，高校的项目拨款只能通过六大类项目下达（中央高校改善基本办学条件专项资金、中央高校教育教学改革专项资金、中央高校基本科研业务费、中央高校建设世界一流大学（学科）和特色发展引导专项资金、中央高校捐赠配比专项资金以及中央高校管理改革等绩效拨款）。高校在申报六大类项目中要体现中长期规划，同时申报项目中长期绩效目标。中长期规划是各高校事业发展的指挥棒，中长期规划对学校的发展具有重要意义。但是，由于实际落地的项目都是具体子项目，子项目绩效和目标由校属各单位负责，而大项目的中长期绩效和目标由学校财务部门填报，就产生了中长期大项目泛化和年度子项目具体化情况。同时，财政部在绩效评价工作中，也未对大项目中长期绩效指标和目标进行中期监控及年度考评，更加导致高校弱化了对项目中长期规划管理，中长期绩效指标和目标容易流于形式。以G高校为例，G高校高度重视财政项目管理工作，每年开展子项目立项评审和绩效考评工作，但是存在中长期规划绩效评价与子项目绩效评价脱节问题。

（四）项目绩效评价结果运用未真正落实

项目绩效评价结果运行主要体现在绩效结果公开、结果问责以及根据评价结果调整下年度预算资金分配。但是在具体实践中，绩效评价结果运用未能够有效落实。主要是因为：一是一些项目存在政策刚性，以X项目为例，关系到G高校的主责主业发展，关系到人才培养，因此，下一年度的实验室建设预算资金安排一般不会受到绩效评价结果的影响。二是实践中实施绩效问责并不容易。项目管理涉及立项、评审、预算分配、实施、采购、资产、验收使用等多个环节，仅就预算绩效评价结果很难追责到具体主体责任。同时，在绩效指标和目标设置不够科学的情况下，预算绩效指标的设立和构建并不能全面和完整地概括项目的实施效果和影响，不同的评价方法、评价标准以及指标权重的设置都会影响评价结果的客观性和科学性，导致利用绩效评价结果开展问责变得更加困难。三是绩效评价倾向于评价支出的合理合规性，而忽视评价决策过程，忽视评价是否成本最优、效益最佳，影响了评价结果运用于资源分配的权威性。

四、高校财政项目绩效评价政策建议

（一）合理确定绩效评价周期

现行的财政绩效评价方式是在项目结束后立即进行绩效评价，这种评价方式更加侧重于预算执行率评价。钱花完了，预算执行率高了，并不等于项目产生了相应的效益。在当前新冠肺炎疫情背景下，各高校财政性经费预算都不同程度被压减，办学经费紧张的情况下，应该更加注重资金产生的效益，而不仅仅关注预算执行率。建议结合高校教学、科研及社会服务产出绩效周期，延长高校项目绩效评价周期。例如在项目实施完成后，增加一年项目运行期限，根据项目运行情况评价项目产生的社会效益、经济效益和满意度情况。

（二）优化绩效评价指标和权重设置

根据项目具体情况，统筹考虑指标的内在联系和重要程度，使指标充分反映完成项目要达到的目标，从而建立逻辑清晰、导向明确的指标体系。在指标体系设置工作中，要加强财务部门和业务部门的沟通联系，开发出适应性强、科学合理、操作性强、容易量化考核的指标体系。在指标赋权工作中，在业财融合的基础上，突出项目产生效益的重要性，让那些反映项目建设目标、项目产生效益的指标有相当的权重，确保绩效评价的结果能够真实反映项目建设效果。同时在绩效指标审核工作中，要突出决策审核，树立"立项错误是最大的浪费"的观点，确保项目立项正确。在支出绩效评价工作中，在重视支出合规合距合理的基础上，进一步重视成本效益绩效评价。

（三）完善中长期规划绩效管理

高校中长期规划是发展导向，高校各项工作应该围绕中长期发展目标开展，年度项目立项、审批、实施等都应该在中长期规划的指引下开展。中长期绩效目标是指预算资金在跨度多年的计划期内预期达到的产出和效果。年度绩效目标是指预算资金在一个预算年度内预期达到的产出和效果。高校要将年度预算绩效指标纳入中期预算绩效指标之中，实现年度预算和中长期规划的有机融合。同时，在运行过程中，要开展中长期预算项目绩效运行监控和绩效评价工作，对中长期绩效指标的偏离进行及时纠偏，确保年度绩效目标沿着中长期规划目标运行。

（四）完善预算绩效评价结果运用

一是加大信息公开力度，将绩效评价结果纳入公开范围，让高校师生了解项目实施情况、参与评价项目运行效果，促进项目运行更好地接受各方监督。二是建立绩效评价结果与预算安排、资源分配挂钩的机制。执行效果好的项目可以得到更多的预算支持，而没达到绩效目标的项目或者执行较差的项目，不再安排预算资金支持或者核减预算。三是对未达到绩效目标或者执行较差的项目建立问责制度。问责范围包括决策失误、支出不规范、预算执行率低、资产管理不规范、绩效目标发生明显偏离、绩效评价结果较差、绩效评价工作组织不力、预算绩效管理工作中存在弄虚作假等。

总结

近年来随着国家治理能力、治理理念的不断提升，高校的建设也不再一味追求数字的增长，而是要"内涵式发展""向管理要效益"，"花钱必问效"的绩效管理理念已经深入人心。在刚刚闭幕的十三届全国人大五次会议上，李克强总理在政府工作报告中再次指出"深化预算绩效管理改革，增强预算的约束力和透明度","强化绩效导向,坚持资金跟着项目走",绩效管理又被提高到了新的高度。尤其是当前国内经济下滑的总体形势下,高校面临的资金筹集压力倍增,如何盘活存量资产,让资产发挥更大的价值,增强绩效管理成为各高校研究的重要工作,也是财政管理的重点。通过G高校绩效管理实践,作者认为在当前财政部绩效管理运行模式下,还存在绩效目标和指标设置不科学、绩效管理周期不合理、中长期规划绩效流于形式、绩效结果得不到运行等现实问题。通过分析,作者提出合理地设置绩效考评周期、优化目标和指标、重视中长期规划绩效考评、加强绩效评价结果运用等建议。但是,限于作者分析水平和能力,本文的研究还不够深入,下一步,还要着重研究如何缓和上级绩效评价单位和被绩效考评单位之间的博弈,增强被绩效考评单位的积极性和主动性,增强被考评单位设计绩效评价规则的自由度,避免绩效评价形式化,真正提高资金使用效益效果。

参考文献

[1] 郝晓薇. 新公共管理运动对瓦格纳定律的冲击 [M]. 成都:西南财经大学出版社,2012.

[2] 胡乐明,刘刚,李晓阳. 新制度经济学原理(第二版)[M]. 北京:中国人民大学出版社,2019.

[3] 许江波,李春龙. 高校绩效预算:三维度模式及推行策略 [J]. 财政研究,2011(10):48-50.

[4] 胡雅娟. 浅谈高校专项经费预算管理存在的问题及对策 [J]. 当代教育实践与教学研究,2018(10):84-85.

[5] 韩开军. 地方高校财政专项资金预算控制研究 [J]. 财会研究,2018(08):11-13.

[6] 邹敏燕. 基于"效果导向"的高校预算绩效管理初探 [J]. 教育财会研究,2013,24(04):38-42.

[7] 卫雅琦. 我国高校绩效预算改革探索 [J]. 财会研究,2016(08):23-25.

[8] 华秋红. 基于平衡计分卡的高校预算管理绩效评价指标体系构建 [J]. 中国乡镇企业会计,2018(12):61-62.

[9] 杨蓉,曹瑾. 高校预算管理绩效评价指标体系设计研究 [J]. 教育财会研究,

2018, 29 (06): 43-50.

[10] 宫景玉. 高校全面预算绩效评价体系优化研究 [J]. 会计之友, 2020 (15): 121-127.

[11] 夏丹. 基于层次分析法的高校预算绩效评价体系研究 [J]. 财会通讯, 2020 (01): 172-176.

[12] 唐大鹏, 吴佳美. 高校预算绩效管理内部控制体系构建探究 [J]. 财务与会计, 2019 (01): 47-49.

[13] 杨新, 郑方辉. 教育经费绩效评价: 缘由、实践及推进 [J]. 学习论坛, 2020 (05): 47-54.

事业单位内部控制风险评估及应对策略
——以 G 单位为例

金小娟

摘　要：内部控制建设贯穿于行政事业单位经济活动的各个环节，是规范内部管理、防范廉政风险的重要方式。风险评估是内部控制建设的关键环节，是廉政风险防控机制的有效手段。当前，行政事业单位普遍对风险评估的重视还不够，虽然部分事业单位按照内部控制规范的有关要求，开展了风险评估工作，但存在风险评估不够系统、不够科学的现象。

基于此，本文拟结合 G 单位实际，从 G 单位内部控制风险评估的现状出发，分析风险评估的目标和范围，明确风险评估的标准，对风险进行识别和分析，提出应对风险的策略，构建系统的风险评估体系并实施。本文拟通过对单位层面、经济业务层面和核心业务层面的系统分析，识别各业务存在的潜在风险，研究提出一套切实可行的风险应对策略，并对 G 单位风险评估提出建议和改进措施。

通过开展风险评估，G 单位内控管理更加完善，工作效率得以提升，一定程度上规避了廉政风险，G 单位的内控管理再上新台阶。本文通过对 G 单位风险评估进行系统阐述，形成的相关工作成果对行政事业单位开展风险评估有一定借鉴意义。

关键词：内部控制；风险评估；风险识别；防控措施

一、研究背景

（一）G 单位基本情况

1. 单位基本职能

G 单位成立于 2008 年，是经中央机构编制委员会办公室批准成立的中央部门直属事业单位。主要承担中央财政科技计划（专项、基金等）经费管理和监督等相关专业技术性服务工作；开展国内外科技资金投入、科技经费管理监督、科研诚信建设相关政策和制度研究，为宏观决策提供政策建议；承担相关咨询、宣传、培训等工作；承担科技经费管理改革政策落实督查与评价、科技经费管理使用问题核查相关工作；开展科技经费管理使用监测和风险评价与预警工作；承担中介机构从事中央财政科技计划（专项、基金等）经费审计业务的监督管理工作；承担科技经费监管信息化建设相关工作；承担科技部科研诚信建设办公室秘书处相关工作；承办部属单位财务、资产管理、会计人员业务培训相关工作。

2. 单位人员情况

G单位共有员工近50人，人员平均年龄37岁，人员专业背景以财务、管理、经济、财政、税务等经济、管理类为主，近年来为更好地适应科研领域"放管服"改革和科研诚信作风学风建设要求，更加注重理工农医类人才的招聘和储备，经过几年的努力，人员背景结构更加合理、优化，更好地适应和满足"十四五"管理改革和优化科技创新生态的最新要求。因工作性质原因，对保密要求比较高，涉密项目检查要求参加人员全部为党员，因此人员中党员比重达到93%，以满足管理工作需要。

（二）G单位内部控制管理现状

1. 单位内部控制组织架构

G单位内设5个处室，1个管理处室，4个业务处室，财务部门作为管理处室的内设机构开展工作。单位内控管理由管理处室，即综合管理与协调处牵头、财务部门负责具体组织实施、4个业务处室根据工作职责和分工全员参与。G单位内部控制组织架构如图1所示。

2. 单位内部控制存在的问题

G单位按照《行政事业单位内部控制规范（试行）》（财会〔2012〕21号）（以下简称《内部控制规范》）的要求，结合单位实际情况，从单位层面和业务层面系统设计了一套内部控制体系。G单位建立了党务、人事、财务、行政、主要业务等一系列内控管理制度，对廉政要求、人员管理、岗

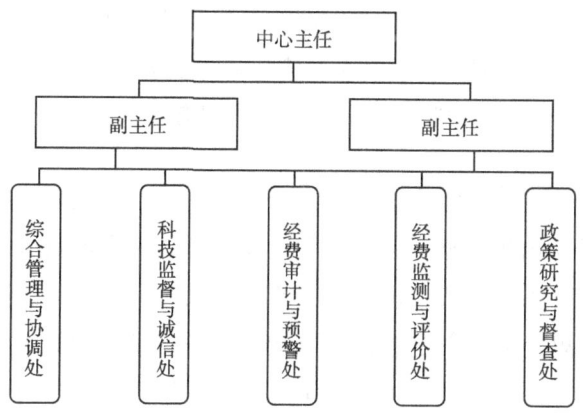

图 1　G 单位内部控制组织架构

位聘用管理、财务资产管理、项目检查流程等各项工作进行了系统规范，制度基本上能够得到有效执行。但面对新的内外部环境，也存在以下问题：

（1）G 单位廉政风险防控问题凸显。经过中央巡视和上级主管部门开展的内部巡视，指出 G 单位"党员干部廉政风险意识不够强，廉政风险防控存在薄弱环节"等问题，反映出 G 单位现有的内控制度体系还存在薄弱环节。

（2）G 单位所处的外部环境面临重大风险。近两年，G 单位所属的中央部门系统内部出现了一系列的贪腐问题，在系统内部出现了一定的震动，也在一定程度上暴露了单位管理中存在漏洞，为贪腐问题提供了可能。案件的发生为大家敲响了警钟，也让单位外部环境处于一定的风险之中，需要对单位层面的风险进行识别，增加管控，降低潜在风险。

（三）G 单位内部控制风险评估现状

根据《内部控制规范》《财政部关于全面推进行政事业单位内部控制建设的指导意见》（财会〔2015〕24 号）等有关制度要求，G 单位每年组织开展内部控制自评价并形成评价报告。G 单位每年的内部控制自评价工作由财务部门牵头实施，按照财政部自评价的有关要求，进行自评、打分、准备相关支撑材料，业务部门在自评价的过程中参与度有限，仅限于配合提供自评价有关的支撑材料。

按照《内部控制规范》要求，"单位应当建立经济活动风险定期评估机制……经济活动风险评估至少每年进行一次；外部环境、经济活动或管理要求等发生重大变化的，应及时对经济活动风险进行重估"。结合上面的分析，G单位内外部环境面临变化，有待于对现有各项活动进行风险评估。

（四）G单位内部控制风险评估改进计划

基于G单位内控管理、风险评估的现状分析及存在的现实问题，为了更好地落实巡视整改要求、防范潜在的廉政风险，合理保证G单位各项经济活动合法合规、资产安全和使用有效、财务信息真实完整，有效防范舞弊和预防腐败，提高财政资金的使用效率和效果。G单位在开展年度自评价的基础上，计划开展一次专项内部控制风险评估，对G单位内部控制体系进行一次全面的梳理，系统分析各类经济活动和业务活动的风险，确定风险点，结合G单位实际情况，选择适合的风险应对策略，在此基础上，优化G单位各类经济活动和业务活动的业务流程、业务环节，健全和完善G单位各项内部管理制度并在实际工作中贯彻实施。

二、G单位内部控制风险评估体系设计

风险评估是内部控制中非常重要的一个环节和程序，根据风险评估的结果采取不同的控制活动，从而达到防范和化解风险的目标。构建风险评估体系应包括确定单位风险评估的目标和范围、明确风险评估的标准、对风险进行识别和分析，提出应对风险的策略，构建风险评估体系，具体如下。

（一）G单位内部控制风险评估的目标和范围

1. G单位内部控制风险评估的目标

（1）单位层面目标。

单位层面目标是单位的总目标和经济活动相关控制目标，主要包括：合法性目标，G单位对内管理和对外服务活动的合法合规；安全性目标，G单位财务资产安全；可靠性目标，G单位财务报告及相关信息真实、完整；效率性目标，提高G单位内外部管理的效率和效果；风险控制目标，内部风险控制在一定范围内，确保实现G单位发展战略。

（2）业务层面目标。

业务层面目标是总目标的子目标，是针对G单位经济活动和业务活动设置的更专业细化的目标，在实现各业务层面细化目标的同时，有效防范和化解干部职工的廉政风险。①预算管理目标。G单位在预算编制过程中内部各部门间能够充分沟通、预算编制与实际需求相统一、能够按照批复的预算执行、预算执行进度合理，不存在无预算、超预算支出等问题；决算编报能够做到真实、完整、准确、及时。②收支管理目标。确保G单位收入全部纳入单位统一管理，按照规定保管和使用印章和票据，发生支出事项时严格按照规定审核各类凭据的真实性、合法性。③政府采购管理目标。G单位能够在预算内执行政府采购计划，按程序组织政府采购活动，进行政府采购验收，保管政府采购档案。④资产管理目标。G单位能够实现资产管理责任明确，定期对资产进行盘点，对账实不符的资产进行处理，资产处置符合规定。⑤合同管理目标。G单位能够实现合同归口管理，明确合同签订的程序和要求，有效监控合同执行。⑥廉政风险防控目标。G单位能够实现提高单位党员干部的廉政风险意识，进一步加强单位党风廉政建设，完善单位的廉政风险防控制度和风险防控措施。

2. G单位内部控制风险评估的范围

内部控制风险评估针对G单位内部经济活动风险、业务活动风险和廉政风险进行评估。根据《内部控制规范》的要求，将单位经济活动风险分为单位层面风险和业务层面风险两大类。

单位层面风险分为发展规划风险、组织机构风险、运行机制风险、关键岗位与人员风险、会计系统和信息系统风险。

业务层面风险分为经济业务层面和核心业务层面两部分。经济业务层面风险分为预决算管理风险、收入管理风险、支出管理风险、政府采购管理风险、资产管理风险、合同管理风险。核心业务层面风险依据G单位职责定位，主要包括经费管理监督和科研诚信建设两大主要板块涉及的对外委托业务、事务所选取和管理及使用、专家选用和管理及使用、验收评审、保密管理、科研诚信举报信息受理等核心业务存在的廉政风险。

（二）G单位内部控制风险模型选择

G单位根据风险发生的概率大小、风险发生后给单位带来的损失程度高低、风险发生的可能性和影响程度等因素构建了 G 单位内部控制风险模型。

根据 G 单位风险发生的概率大小,可以将风险发生的可能性分为"极高""高""中""低""极低"五个级别,对每一种可能性级别进行定性和定量描述,具体如表 1 所示。

表 1　　　　　　　　　　风险发生可能性标准表

可能性	定性描述	定量描述
极低	一般情况下不会发生	发生概率为 10% 以下
低	极少情况下才发生	发生概率为 10%—30%
中	某些情况下发生	发生概率为 30%—70%
高	较多情况下发生	发生概率为 70%—90%
极高	常常会发生	发生概率为 90% 以上

根据风险发生后给单位带来的损失程度高低对风险的影响程度进行分级,也划分为五个级次,分别为"极低""低""中等""高""极高"。其中,财务损失的确定采用定量方法,以损失金额大小确定风险级别;日常管理与法律法规的遵循采用定性方法确定级别。具体的划分标准如表 2 所示。

表 2　　　　　　　　　　风险影响程度标准表

评估方法	评估标准	极低	低	中等	高	极高
定量方法	财务方面的损失金额	轻微的财务损失,金额小于 1 万元	较低的财务损失,金额在 1 万元至 10 万元	中等的财务损失,金额在 10 万元至 50 万元	较大的财务损失,金额在 50 万元至 100 万元	重大的财务损失,金额大于 100 万元
定性方法	日常管理方面	对单位日常管理或单位控制目标有轻微的影响,情况立刻得到控制	对单位日常管理或单位的控制目标有轻度的影响,情况经过经办部门内部协调后得到控制	对单位日常管理或单位的控制目标有中度的影响,情况经过部门之间协调后得到控制	对单位日常管理或单位的控制目标有较大的影响,情况经过单位领导协调或干预后得到控制	对单位日常管理或单位的控制目标有重大影响,情况失控,给单位带来重大影响

续表

评估方法	评估标准	极低	低	中等	高	极高
定性方法	法律法规遵循方面	可能存在轻微的违反法规的问题	违反法规，被相关部门要求整改	违反法规，可能发生收缴款项、罚款或诉讼	违反法规，可能导致监管部门的调查或者司法机构的诉讼；伴随着一定的罚款或诉讼的损失	严重违反法规，被监管部门调查或者被司法机构诉讼；伴随着较大的罚款或诉讼的损失

从风险发生的可能性和风险的影响程度两个维度形成风险矩阵，将风险划分为极低、低、中、高、极高五个区域。具体如图2所示。

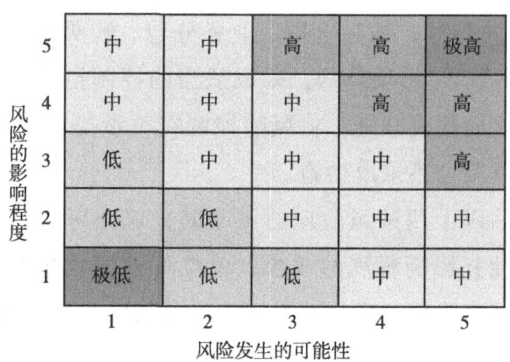

图2　风险矩阵

（三）G单位内部控制风险识别方法

风险识别的方法主要是综合运用资料分析法、财务报表分析法、流程图法、小组讨论和访谈法等。

（1）资料分析法。对G单位现有的组织职能、内部控制制度、各业务板块的流程等现有的内外部资料进行初步分析，总结风险点，初步了解其整体的风险环境。

（2）财务报表分析法。通过对G单位财务系统数据、预决算报表等数据的分析，结合单位实际业务情况，了解单位的财务状况，识别单位经济活动中面临的各种风险。

（3）流程图法。结合 G 单位实际情况，对 G 单位业务流程和业务环节进行系统梳理，发现潜在风险，找到相应的应对措施，对现有业务流程进行再造和优化，消除潜在风险。

（4）小组讨论和访谈法。通过风险评估实施小组内部讨论，结合对各业务部门相关人员进行深度访谈，根据讨论和访谈结果，整理形成 G 单位风险清单。

（四）G 单位内部控制风险应对策略

风险应对是在对风险进行深入分析的基础上，确定相应的风险策略。根据 G 单位实际情况，具体风险应对策略如下：（1）风险规避，一般包括两种：一是不从事产生某种风险的经济活动；二是终止已经开展的某些经济活动。（2）风险转移，通过合同、业务分包、购买服务等方式，将风险转移给外部单位。（3）风险降低，采取适当的控制措施把风险发生的概率降低或将风险产生的损失减轻，将风险控制在可承受范围之内。（4）风险承受，接受潜在风险，不采取措施。

单位综合评估以上四种风险应对策略时，应当考虑这些风险应对策略对风险发生可能性和影响程度的效果，单位可根据收集的风险信息识别和分析风险，并根据客观情况变化及时调整应对策略。具体如图 3 所示。

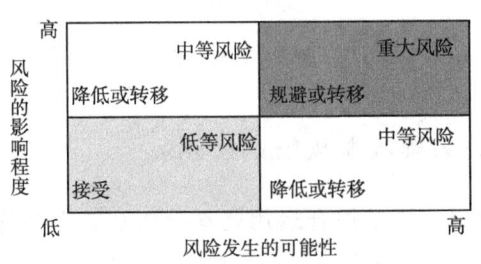

图 3　风险应对策略矩阵图

（五）G 单位内部控制风险评估体系构建

按照"目标设定、风险识别、风险分析、风险应对"的总体思路，我们构建了 G 单位的内部控制风险评估体系，如图 4 所示。

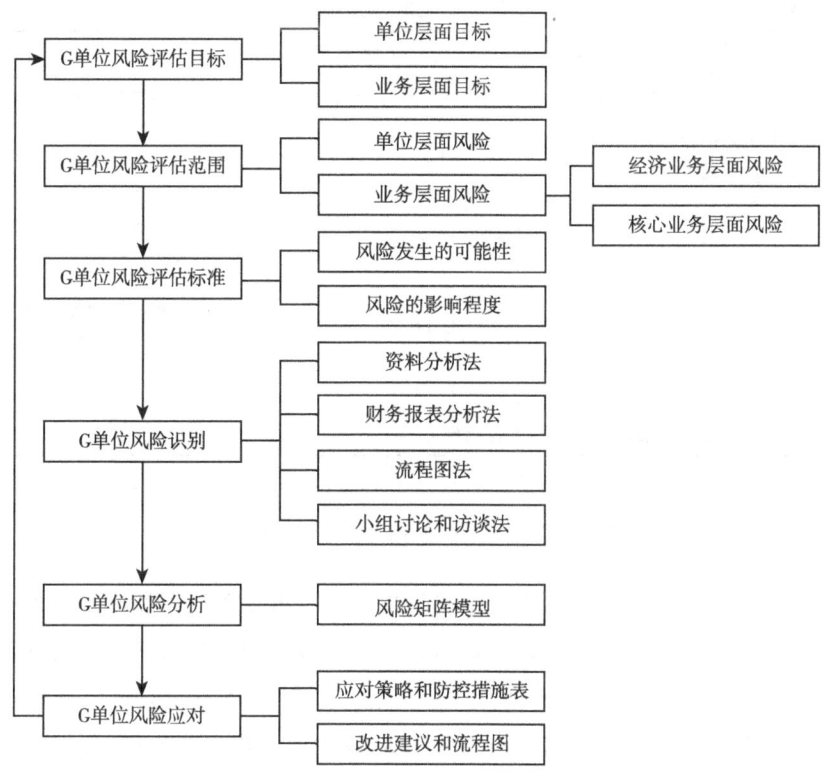

图4 G单位内部控制风险评估体系图

三、G单位内部控制风险评估实施和效果

（一）G单位内部控制风险评估组织实施

G单位成立了风险评估领导小组和实施小组，分别负责风险评估领导和具体组织实施。风险评估领导小组由G单位一把手任组长，管理处室分管领导、单位纪检委员任副组长，各处室负责人、G单位财务主管任组员，全面负责风险评估领导工作。风险评估实施小组由财务主管任小组组长，财务部门2名同事、各业务处室分别选派1名工作人员代表任组员，共同推进风险评估具体实施工作。具体时间安排如表3所示。

表3　　　　　　　　　　工作分工及时间安排表

序号	工作阶段及内容	时间	责任部门
1	确定风险评估范围	2021年9月10日前	风险评估领导小组
2	风险识别，确定风险点和风险程度	2021年9月11日—30日	风险评估实施小组
3	风险分析	2021年10月	风险评估实施小组 G单位各部门
4	提出风险应对策略	2021年11月	风险评估实施小组 G单位各部门
5	形成内控风险评估报告	2021年12月	G单位综合处
6	根据评估结果整改	持续推进	G单位各部门

（二）G单位内部控制风险评估实施过程

G单位风险评估实施小组围绕单位层面、经济业务层面和核心业务层面等风险展开。G单位针对经济活动风险建立了较为健全的内部控制制度，且制度基本上能够得到有效的执行，单位经济活动整体风险较低。本次评估发现单位层面风险3项、经济业务层面风险7项、核心业务层面风险6项，根据风险程度分类，低等程度风险2项，中等程度风险11项，高等程度风险3项，G单位须进一步改进内部控制机制设计，并采取相应的措施保障内控执行力和执行效果。

1. 单位层面风险识别

在组织架构方面，G单位设置了合理的内部职能部门，明确了部门职责权限，基本形成了部门间各司其职、各负其责、相互制约、相互协调的工作机制。

在工作机制方面，G单位在相关制度中明确了"三重一大"事项的议事决策机制，规定实行民主集中制，重大事项须经单位领导班子会议集体讨论决定，并明确了议事成员构成、决策事项范围等事项。

在关键岗位及人员方面，G单位对单位经济活动关键岗位进行了识别，在日常活动中明确了关键岗位职责，并根据关键岗位的任职要求选择任职人员。

在会计系统方面，G 单位建立了健全的会计机构，明确会计机构的职责和权限，能够合理设置会计工作岗位，进行岗位授权和职责分工，配备具备资格条件的会计人员，能够确保财务信息报告的真实、完整。

通过对单位层面风险进行识别，发现 G 单位在单位层面存在 3 项风险点，均为中风险。具体如表 4 所示。

表 4　　　　　　　　单位层面的风险点和风险程度

项目	风险环节	风险事件描述	风险程度	风险程度测算依据
单位层面风险	单位职能及年度计划	G 单位须严格落实单位职责职能，进一步加强年度工作计划性，实现年度工作计划的目标引领作用	中	风险发生的可能性极低，风险影响程度高
	决策机制	G 单位建立并较好地落实了"三重一大"事项集体决策机制，但是未根据实际情况及时修订内部控制制度，导致制度规定诸如规章制度的建立和修改、年度经费预算、年度经费决算及大额资金使用等事项须经单位领导班子会议集体讨论决定，实际上述重要事项均经单位主任办公会集体讨论决定，实际执行与制度规定存在差异	中	风险发生的发生可能性中，风险影响程度高
	关键岗位控制	G 单位未针对关键岗位控制风险建立内部监督工作机制，特别是对不具备轮岗条件的关键岗位未采取内部监督等措施进行风险防控	中	风险发生的可能性低，风险影响程度高

根据 G 单位在单位层面发现的风险点，结合风险的影响程度和发生的可能性，形成了 G 单位在单位层面的风险矩阵。具体如图 5 所示。

2. 经济业务层面风险识别

（1）预算管理方面。

G 单位在财务管理制度中明确了预算、决算编制的程序，各岗位、各部门的职责分工，预算执行和调整的程序要求及预决算上报程序等，相关制度能够在实际工作中较好落实。能够在预算执行中及时监控预算执行情况并对执行进度缓慢的部门进行提醒，积极推进预算执行。但也发现 G 单位在预算管理方面还存在 1 项中风险点。具体如表 5 所示。

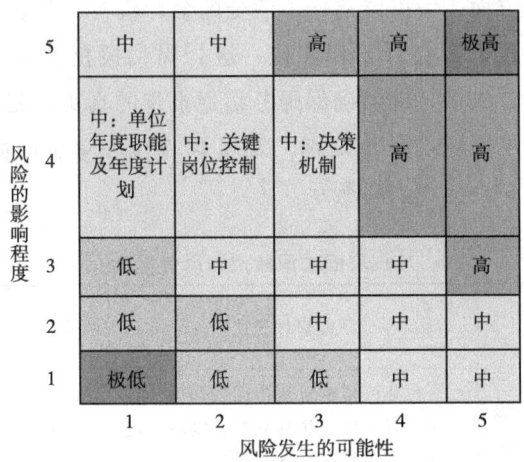

图 5 G 单位层面风险矩阵

表 5　　　　　预算管理方面的风险点和风险程度

项目	风险环节	风险事件描述	风险程度	风险程度测算依据
预算管理风险	预算调整	G 单位预算执行中的调整未经单位决策议事机构审议，会议费、培训费未制定细化的计划和预算	中	风险发生的可能性中，风险影响程度中

（2）收入管理方面。

G 单位在收入管理方面，能够做到归口管理，岗位设置合理，职责明确，总体风险状况低。但在票据管理方面，未根据单位业务的实际情况作出明确的书面规定，存在一定程度的风险。G 单位在收入管理方面存在 1 项低风险点。具体如表 6 所示。

表 6　　　　　收入管理方面的风险点和风险程度

项目	风险环节	风险事件描述	风险程度	风险程度测算依据
收入管理风险	票据管理	G 单位尚未对发票等票据管理作出明确的书面规定，须根据单位的实际情况加强票据管理	低	风险发生的可能性低，风险影响程度低

（3）支出管理方面。

G单位在支出管理方面，能够严格按照执行单位的审批制度，按照审批权限进行审批，各岗位能够按照规定审核各类凭据的真实性、合法性。能够按照有关规定对不同来源专项资金进行单独核算，确保专款专用。G单位在支出管理方面存在1项中风险点。具体如表7所示。

表7　　　　　　　支出管理方面的风险点和风险程度

项目	风险环节	风险事件描述	风险程度	风险程度测算依据
支出管理风险	公务用车管理	G单位未对节假日封存公务用车事项作出详细规定，应避免出现节假日无特殊情况违反规定使用公务用车的廉政风险	中	风险发生的可能性低，风险影响程度中

（4）政府采购方面。

G单位在政府采购业务中，能够按照财政部门、上级主管部门的要求制定采购计划、上报采购预算、严格按照上报的采购计划执行，并按要求保管政府采购档案。采购活动严格执行政府采购制度，房屋租赁执行公开招投标有关程序，政府采购目录内的事项严格落实集中采购，会议费严格按照《党政机关会议定点管理办法》的规定在会议定点场所召开，并按照协议价格结算会议费用。但G单位尚未制定采购管理相关制度，政府采购管理存在1项中风险。具体如表8所示。

表8　　　　　　政府采购管理方面的风险点和风险程度

项目	风险环节	风险事件描述	风险程度	风险程度测算依据
政府采购管理风险	组织控制	G单位尚未制定政府采购管理制度，须根据单位的具体业务情况，加强政府采购管理	中	风险发生的可能性低，风险影响程度高

（5）资产管理方面。

G单位在货币资金、实物资产管理方面，基本上能够做到职责分工明确，岗位设置和人员配备合理，单位也制定了货币资金、固定资产管理方面的制度，基本上能够按照相关制度要求进行资产管理。但G单位在资产管理方面存在2项风险点，1项低风险、1项中风险。具体如表9所示。

表9　　　　　　　　资产管理方面的风险点和风险程度

项目	风险环节	风险事件描述	风险程度	风险程度测算依据
资产管理风险	现金管理	G单位未对保险柜现金设置库存限额，可能导致库存现金过多，增加被盗风险；未采用不定期突击点方式，可能造成库存现金盘点不及时，增加现金被盗用挪用无法及时发现的风险	低	风险发生的可能性低，风险影响程度低
	实物资产管理	G单位实物资产与系统卡片存在不一致的情况	中	风险发生的可能性低，风险影响程度中

（6）合同管理方面。

G单位合同的归口管理由综合处负责，合同的签订由业务经办处室负责并负责监控合同履行。但G单位尚未制定合同管理相关制度，合同管理存在风险。G单位在合同管理方面存在1项中风险。具体如表10所示。

表10　　　　　　　　合同管理方面的风险点和风险程度

项目	风险环节	风险事件描述	风险程度	风险程度测算依据
合同管理风险	组织控制	G单位尚未制定合同管理办法，须根据单位的具体业务情况加强合同管理	中	风险发生的可能性低，风险影响程度中

G单位经济业务层面发现的7个风险点形成的风险矩阵如图6所示。

3. 核心业务层面风险识别

G单位在核心业务管理方面，能够严格按照"三定"方案明确工作职责，聚焦科研经费管理监督和科研诚信建设两大主责主业开展工作。G单位开展相关核心业务，一是需要外部专家、会计师事务所配合支撑相关工作；二是在开展政策研究、会计师事务所支撑业务工作时，涉及对外委托事项；三是相关工作涉及保密管理；四是科研诚信工作涉及举报信息的受理和转

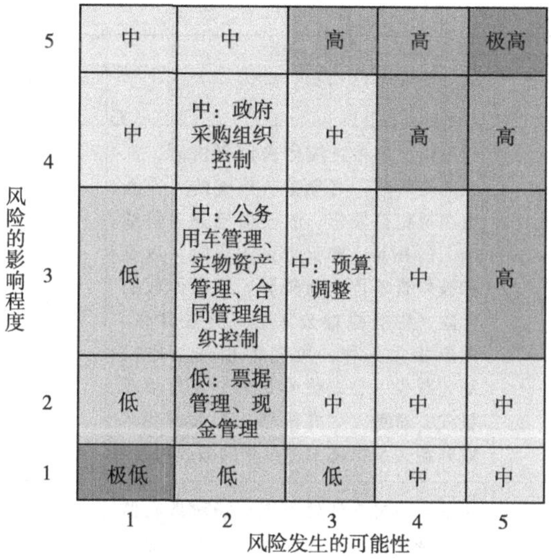

5	中	中	高	高	极高
4	中	中：政府采购组织控制	中	高	高
3	低	中：公务用车管理、实物资产管理、合同管理组织控制	中：预算调整	中	高
2	低	低：票据管理、现金管理	中	中	中
1	极低	低	低	中	中
	1	2	3	4	5

风险的影响程度 / 风险发生的可能性

图6　G单位经济业务层面风险矩阵

办等。G单位各项核心业务运行正常，但在风险评估中也发现存在一定的廉政风险。G单位在核心业务层面存在6项风险点，3项中风险、3项高风险。具体如表11所示。

表11　核心业务层面的风险点和风险程度

项目	风险环节	风险事件描述	风险程度	风险程度测算依据
核心业务层面风险	对外委托业务	G单位无对外委托事项监督机制，应加强对外委托事项管理，避免在委托和合作环节因私人利益等原因，出现廉政风险	高	风险发生的可能性中，风险影响程度极高
	事务所选取、管理及使用	G单位在内部控制制度中就事务所选用制定了明确的流程，还应完善监督机制和使用评价，强化监督管理，避免因私人利益等原因推荐、选用事务所出现廉政风险	高	风险发生的可能性中，风险影响程度极高
	专家选用、管理及使用	G单位在内部控制制度中就专家选用制定了明确的流程，尚未建立完善的专家管理系统和完整的监督检查专家库，另外专家评价结果尚未系统化，对后续选择专家指导价值有待提高	高	风险发生的可能性中，风险影响程度极高

续表

项目	风险环节	风险事件描述	风险程度	风险程度测算依据
核心业务层面风险	验收评审	G单位现场检查应完善监督机制，加强监督管理，避免参与检查的工作人员违反纪律要求，收受被检查单位或个人的礼品、接受宴请等风险，以及和被检查单位串通舞弊、弄虚作假的风险，影响检查公正性；开展评估、评价相关工作，应完善相关工作机制，减少中心人员或专家个人自由裁量权，避免因"打招呼"等人情关系或利益关系出现主观舞弊的廉政风险	中	风险发生的可能性低，风险影响程度高
	保密管理	G单位相关责任处室应加强对涉密监督检查业务及参与涉密监督检查业务工作人员的管理	中	风险发生的可能性极低，风险影响程度高
	科研诚信举报信息受理	G单位应严格按照相关规定和程序及时转办科研诚信举报事项	中	风险发生的可能性低，风险影响程度中

根据G单位在核心业务层面发现的风险点，形成风险矩阵如图7所示。

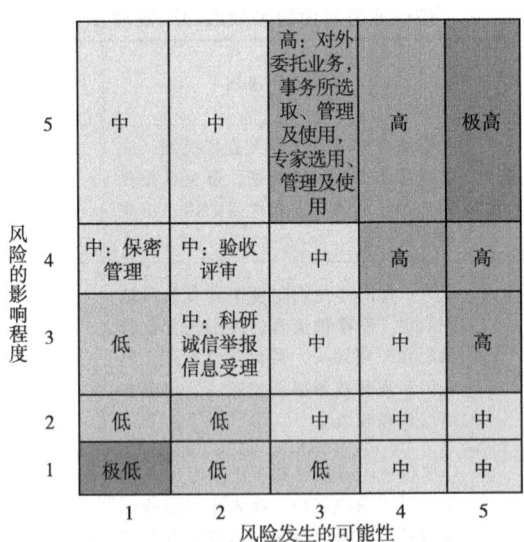

图7 G单位核心业务层面风险矩阵

（三）G 单位内部控制风险评估实施结果

1. G 单位内部控制风险事项及原因分析

G 单位内部风险评估共发现 16 个风险点，风险评估实施小组进行了系统的梳理和分析，将这 16 个风险点归为四类。第一类属于内控制度建设层面，涉及 6 个风险点。包括：单位层面的单位职能及年度计划和决策机制 2 个方面的风险点，涉及经济业务层面预算管理的预算调整、收入管理的票据管理、政府采购管理的组织控制、合同管理的组织控制 4 个风险点。第二类属于关键岗位的职责定位方面，涉及 4 个风险点。包括：单位层面的关键岗位控制方面 1 个风险点，涉及经济业务层面资产管理的现金管理和实物资产管理、核心业务层面的保密管理 3 个风险点。第三类属于信息化建设方面，涉及 1 个风险点，为核心业务层面的专家选用和管理及使用方面 1 个风险点。第四类属于廉政风险防控方面，涉及 6 个风险点（其中 1 个风险点与信息化建设方面的风险点重复），为经济业务层面支出管理的公务用车管理、核心业务层面的对外委托业务、事务所选取和管理及使用、专家选用和管理及使用、验收评审、科研诚信举报信息等方面 6 个风险点。具体存在的问题及原因分析如下。

（1）内控制度建设有待进一步完善。

通过对评估发现的风险点进行梳理分析，G 单位在内控制度建设方面还存在一些问题，主要表现为：一是单位在内控意识上存在重执行、轻制度建设的观念。G 单位作为一个监督部门，对外负有监督管理的责任，倡导"打铁还须自身硬"的管理理念，对内管理较为严格，各项工作均按照从严管理的要求。从实际执行来看，各项管理要求均能够执行落实，但在制度建设上相对滞后。如票据管理、政府采购和合同管理事项，均按照国家相关制度要求执行，但单位内部无相关制度规定。二是存在内控制度修订不及时，没有根据新的政策要求或者单位实际情况及时修订完善制度的情况。如单位决策机制的"三重一大"事项的决策机制制度与实际执行不一致，虽在实际工作中落实了"三重一大"事项，但未根据实际情况及时修订制度。在评估中也发现，G 单位的制度没有及时根据近年来的有些政策变化进行修订。如会议费、培训费有关制度。三是制度建设缺乏体系化。从评估来看，G单位存在制度修订"打补丁"的情况，没有进行系统谋划、一体化设计。

综合分析上述制度建设方面存在的问题，主要原因在于G单位从领导层面到普通干部职工从主观意识上认为单位管理严格，出现风险的可能性小。这从巡视反馈的问题也可以看出来，G单位风险意识相对薄弱。因主观上的风险意识相对较弱，从而体现在单位内控制度建设上存在不足，后续有待进一步完善。

（2）关键岗位的职责定位不清晰。

通过风险评估发现，G单位在关键岗位职责定位方面存在不清晰的情况，主要表现和原因分析如下：一是在现有相关制度中对各业务处室的职责和权限进行了规定，但没有细化到单位每一个业务流程、部门和岗位，特别是一些重要岗位的职责未进行详细式规定。如核心业务层面的保密管理方面，单位的涉密人员对涉密岗位的要求等不能做到心中有数，有些管理要求不明确。二是G单位对关键重要岗位建立了定期轮岗的制度并根据实际情况执行，但是对不具备轮岗条件的关键岗位未采取内部监督等措施进行风险防控。如单位层面的关键岗位控制方面、经济业务层面资产管理的现金管理方面等风险。三是G单位部分关键岗位人员因兼职等原因对自身工作职责不清楚，专业性也不足，给实际工作带来一定的风险。如经济业务层面资产管理的实物资产管理方面，因实物资产管理员为兼职，对资产管理缺乏正确认识，在资产发生变动时不能及时进行处理，出现了实物资产和系统资产卡片不一致的情况。

（3）内控信息化建设推进的力度有待加强。

通过风险评估发现，G单位在内控信息化建设方面还没有涵盖全部核心业务，信息化建设工作有待进一步推进和完善。G单位根据业务工作需要，建立了信息化管理平台，单位有关内部管理制度、形成的日常管理档案、开展的业务工作及根据核心业务工作形成的有关数据的分析利用可以在平台上实现。但是随着业务工作的开展和推进，一些业务管理环节尚未纳入信息化建设中，一定程度上降低了管理效率，也在一定程度上增加了廉政风险。如核心业务层面的专家选用和管理及使用，尚未建立完善的专家管理系统和完整的监督检查专家库，对专家评价结果尚未系统化，对后续选择专家的参考意义有待提高。

(4) 对廉政风险的认识不足。

通过风险评估发现，G 单位在廉政风险防控方面还存在一定的风险，主要表现和原因分析如下：一是廉政风险意识不够强，广大干部职工认为单位不管项目，不存在廉政风险，忽略了单位承担一定的行政管理职能，在监管的过程中也可能存在廉政风险。如项目评审验收、项目检查、事务所管理过程中可能存在因参与检查的工作人员违反纪律要求，收受被检查单位或个人礼品、接受宴请等风险，以及和被检查单位串通舞弊、弄虚作假的风险，影响检查公正性。二是业务工作可能出现廉政风险。如 G 单位事务所或专家选用可能因私人利益等原因推荐、选用事务所和专家；对外委托业务可能在寻找被委托单位时或合作过程中，因私人利益等原因，出现廉政风险；科研诚信举报受理环节因机制不健全，可能存在因个人利益不能及时转办的事项。

2. G 单位内部控制风险应对和防控措施

针对 G 单位内部控制风险评估中发现的单位层面、经济业务层面、核心业务层面的 16 项高、中、低度风险，按照行政事业单位内部控制的原则，从全面性、重要性、制衡性及适应性等方面对风险进行管控，形成了"G 单位风险评估 16 项风险点对应的应对策略和防控措施表"。具体如表 12 所示。

表 12　G 单位风险评估 16 项风险点对应的应对策略和防控措施表

项目	风险环节	风险程度	风险策略	防控措施
单位层面风险	单位职能及年度计划	中	风险降低策略	认真落实上级单位批复的职责职能，细化职责职能清单，构建严密的管理机制和保障落实机制，同时强化年度工作的计划性，着力落实执行，切实发挥年度计划的指引作用
	决策机制	中	风险降低策略	制定印发《G 单位"三重一大"事项和议事规则》，在制度层面和执行层面保持一致，维护内部控制制度的权威性和严肃性

续表

项目	风险环节	风险程度	风险策略	防控措施
单位层面风险	关键岗位控制	中	风险降低策略	根据"三定"职责，修订完善岗位设置实施方案；修订完善《G单位岗位聘用管理办法》；细化岗位设置，针对每一个岗位设置基本条件、工作职责，并为每一个岗位设置B角；对于不具备轮岗条件的关键岗位加强内部检查和监督，采取抽查、突击检查等多种方式强化内部监督；对内部控制关键岗位工作人员进行业务培训和职业道德教育，提升其业务水平和综合素质
经济业务层面风险	预算管理风险	预算调整	中	风险降低策略	执行《G单位"三重一大"事项和议事规则》，预算调整须经单位办公会审议后执行；修订单位会议费、培训费等管理制度，会议费、培训费计划和预算纳入年度预算审核机制
	收入管理风险	票据管理	低	风险降低策略	修订财务管理制度，对财政票据、发票等各类票据的申领、启用、核销、销毁等作出相应规定并严格执行
	支出管理风险	公务用车管理	中	风险降低策略	印发《关于公务用车使用管理的补充规定》，对节假日封存公务用车事项作出详细规定，明确封存、使用流程
	政府采购管理风险	组织控制	中	风险降低策略	制定印发《G单位政府采购管理操作细则》，对单位政府采购预算与计划编制、政府采购流程、机构和岗位设置等进行明确，对采购、验收等设置不相容岗位，制定细化监督机制等。严格按照制定的采购制度执行
	资产管理风险	现金管理	低	风险降低策略	根据单位现金业务需要确定保险柜库存限额；对符合条件的事项采用银行转账、网上银行等结算方式，尽量减少现金结算；指定专人定期与不定期对现金进行突击盘点，加强对风险点的管控，降低风险发生的概率
		实物资产管理	中	风险降低策略	开展全面的资产盘点，在资产盘点基础上对资产卡片进行调整，确保实物资产与资产卡片保持一致
	合同管理风险	组织控制	中	风险降低策略	制定印发《G单位合同管理暂行办法》，明确合同归口管理部门，对合同的订立、履行和变更等进行规定，强化合同的全过程管理

续表

项目	风险环节	风险程度	风险策略	防控措施
核心业务层面风险	对外委托业务	高	风险降低策略	严格执行单位"三重一大"、合同管理等制度规定，严格履行审核报批程序；建立对外委托业务信息公示机制，在单位内部公示年度对外委托事项信息及评价情况；签订委托业务合同时，增加签订廉政风险承诺书环节
	事务所选取、管理及使用	高	风险降低策略	完善相关内控制度，引入事务所选用内部公示机制，防范廉政风险
	专家选用、管理及使用	高	风险降低策略	引入专家选用内部公示机制；建立专家管理信息系统，对专家的选用、管理和使用均通过系统进行，定期对专家信息及评价信息进行维护，并按年度对专家评价情况进行总结，形成专家调整方案，为后续选用专家提供指导，提升专家使用的效率和效果；调整咨询费报销流程，发放咨询费前须在系统完成专家使用评价
	验收评审	中	风险降低策略	夯实检查业务行前培训效果，明确相关工作规范和要求，强化廉政意识，组织参与检查人员签订廉政承诺书；设计标准化文档，成立专项工作领导小组，加强各环节关键点质量控制，强化对专家审查过程管理，专家意见须经专家组集体讨论形成并由专家组签字确认；G单位工作人员对专家意见进行复核，在复核时采取两人交叉复核形式，各环节形成记录并由相关人员签字；严格执行检查报告质量稽核和逐级审批程序，规避因检查人员违反纪律要求等造成不能客观反映检查情况的风险；建立被检查单位对检查人员的评价机制
	保密管理	中	风险降低策略	严格执行涉密检查相关管理规定，开展保密教育培训、加强保密知识学习和警示案例分享，增强保密意识，强化保密责任；签订保密责任承诺书；开展经常性的保密检查，严格考核和责任追究制度
	科研诚信举报信息受理	中	风险降低策略	制定印发《G单位科研诚信举报工作细则（试行）》，建立科研诚信举报事项催办督办机制，严格按照相关规定和程序及时转办科研诚信举报事项

对 16 项风险点提出的应对策略和防控措施可以概况归纳为以下几个方面：

（1）增强内控防控意识，强化制度建设。

一是加强 G 单位内部控制培训，强化单位全体职工的风险防控意识和内部控制的责任意识，形成相互协调、相互制约、相互把关的内控防控机制。二是不断完善 G 单位的内部控制制度体系建设，制定印发了《G 单位"三重一大"事项和议事规则》《G 单位政府采购管理操作细则》《G 单位合同管理暂行办法》《关于公务用车使用管理的补充规定》等内部管理制度，修订完善了财务管理制度、会议费、培训费等相关管理制度。通过一系列内控制度的制定与修订，对 G 单位各业务事项进行了系统梳理和谋划，同时在制度建立过程中确保各项制度的系统性、衔接性和可操作性。

（2）明确岗位职责，建立了有效的决策、执行和监督机制。

一是根据《内部控制规范》，结合 G 单位"三定"职责，修订完善岗位设置实施方案。二是科学合理地界定职责权限，修订完善《G 单位岗位聘用管理办法》，明确各岗位应具备的资格和条件，细化岗位设置。三是加强对关键岗位人员的管理，建立工作人员的培训、评价、轮岗等机制；对关键岗位人员加强培训和教育，对不具备轮岗条件的人员加强内部检查和监督。

（3）积极推进了内部控制信息化建设。

G 单位在现有内部控制信息化建设的基础上，逐步将新的业务工作要求和相关流程嵌入既有的信息化系统中，有效地实现内部控制对各项业务的约束，强化对业务流程的准确性和时效性管理，不断提高工作效率。针对 G 单位专家管理工作，将专家库建设、专家的选取、日常管理和使用及后续评价等流程嵌入信息化系统，提高日常管理的精细化水平。

（4）建立健全了信息公开机制。

针对 G 单位对外委托事项、会计师事务所遴选入库和管理、专家的管理使用和评价等事项，建立信息公示机制。在 G 单位内部公示年度对外委托事项信息、会计师事务所的使用情况和专家的使用及咨询费发放情况等。同时，将上述核心业务事项的完成情况和使用情况评价结果也作为信息公开事项进行公示，强化信息公开的监督制约机制。

(5) 优化了业务层面工作流程。

根据业务层面发现的风险点，系统梳理单位收支业务、财务检查和验收、政府采购、公务用车管理等相关业务流程，明确关键节点、优化管理流程，分别形成了收支业务管理流程图、财务检查和验收工作流程图、政府采购业务管理流程图、公务用车管理流程图等，用以指导 G 单位后续业务执行，做好关键节点管控。具体如图 8、图 9、图 10、图 11、图 12 所示。

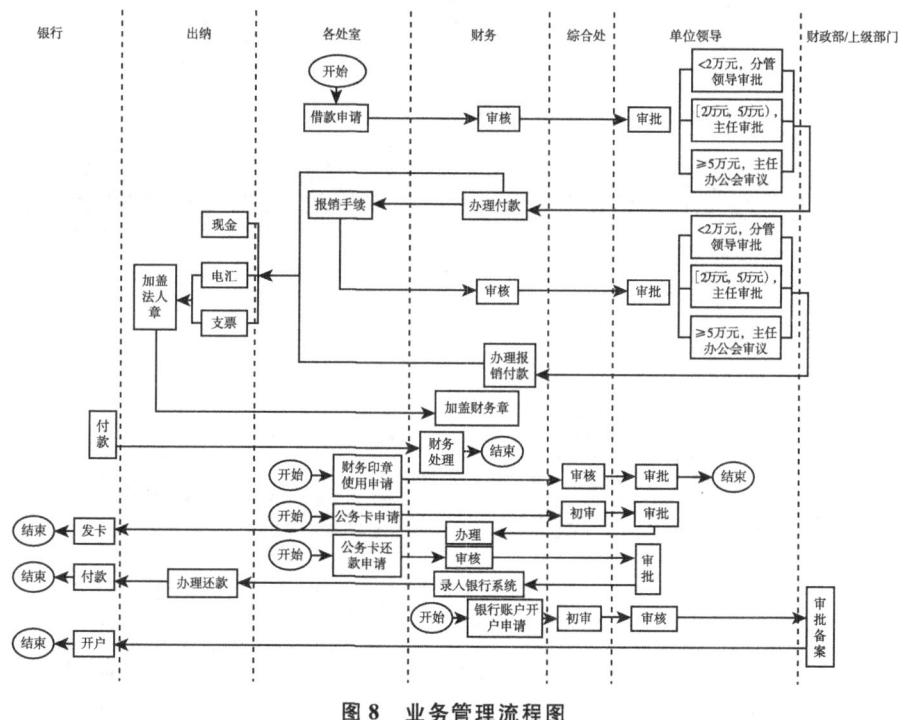

图 8　业务管理流程图

(6) 强化权力监督制约，建立了廉政风险防控机制。

一是结合 G 单位职责和具体业务工作，在对单位内部管理制度和工作流程进行系统分析的基础上，梳理管理中可能存在的廉政风险隐患，形成了《G 单位廉政风险防控机制》《G 单位廉政风险点与防控措施》，对单位各项业务工作梳理排查出的廉政风险点，提出有针对性、可行性的防控措施。二是强化业务与风险防控同计划、同部署、同开展，在核心业务工作开展的同时，采取签订廉政承诺书、强化关键节点质量控制等廉政风险防控措施，防范廉政风险。

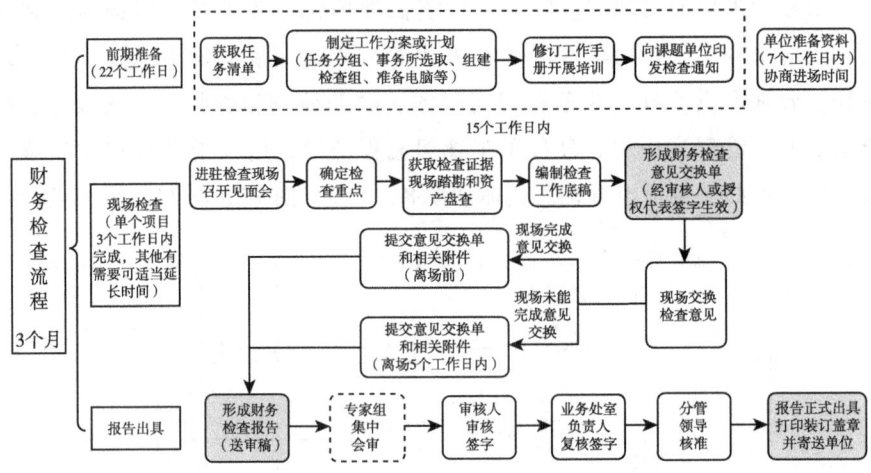

图 9　财务检查工作流程图

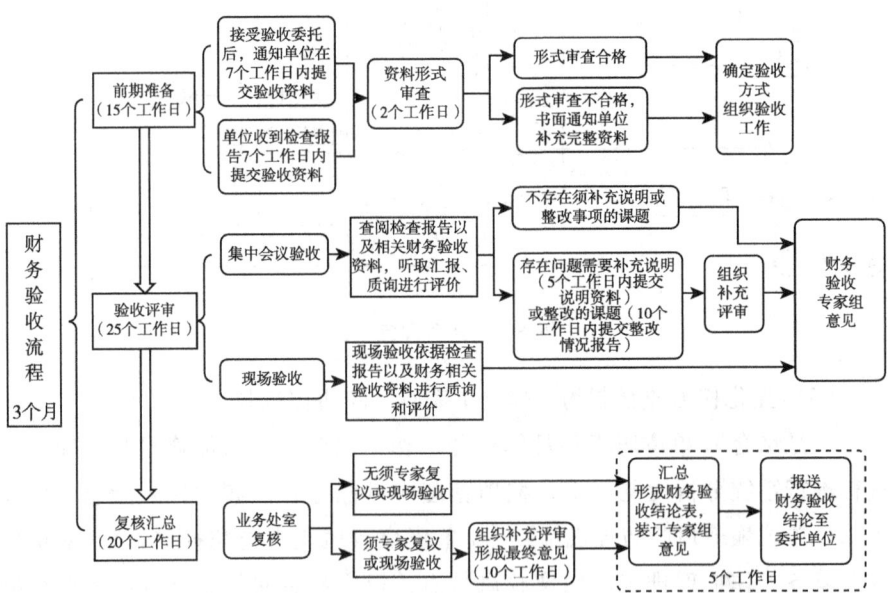

图 10　财务验收工作流程图

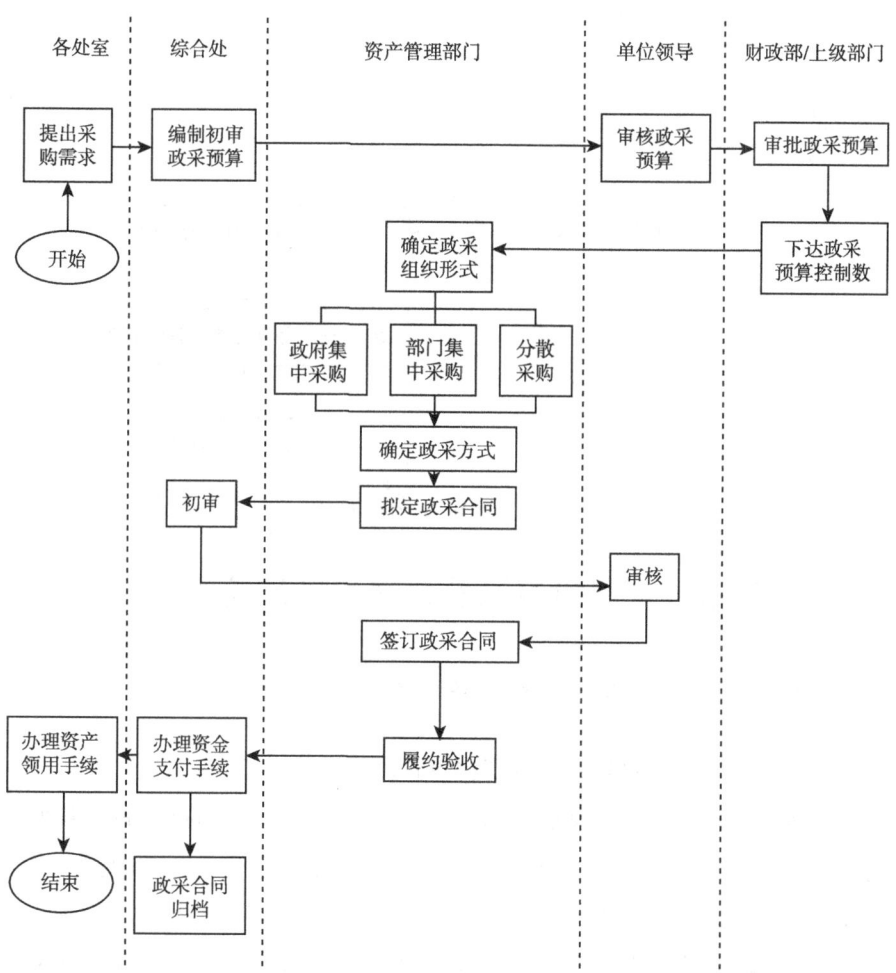

图 11 政府采购业务管理流程图

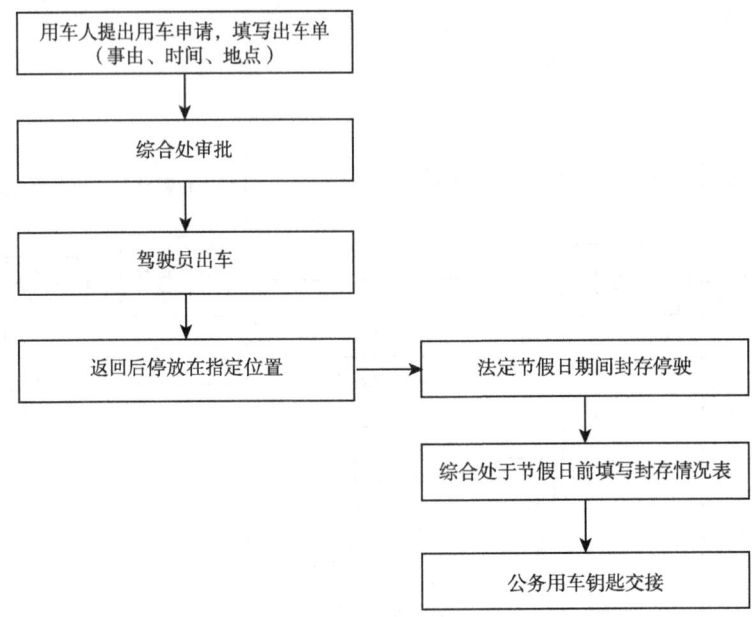

图 12 公务用车管理流程图

四、G 单位内部控制风险评估取得的成效

（一）G 单位内部控制风险评估成效

1. "1+N" 的制度体系规范了内控管理

一是通过开展系统的内部控制风险评估，根据发现的风险点，从制度建设层面，结合 G 单位职责和具体业务工作，在对单位内部管理制度和工作流程进行系统分析的基础上，G 单位制定、修订相关管理制度 11 项，填补了多项内部管理制度空白。二是在制度建设的同时，梳理形成了新的业务工作流程，对经济业务工作、核心业务工作等方面涉及的关键节点进行了明确，通过流程优化后，各项业务工作更加顺畅；通过流程再造，也从制度上规避了潜在风险。通过开展风险评估，G 单位的制度建设更加体系化、规范化，内部管理迈上新台阶。

2. 信息化建设的推进提升了工作效率

一是 G 单位核心业务工作专家的选取、管理、使用及评价工作通过信息化建设，全部实现线上运行，以前需要通过线下完成的选用审批、咨询费发放、使用评价等均在线完成，减少了线下做表、线下流转的工作环节，工作效率提升80%以上。二是线上系统具有统计汇总功能，对年度专家使用情况、评价情况统计可以实现线上一键完成，工作效率提升100%。三是线上系统的专家评价功能为后续专家选取提供参考，专家选取更有针对性，可以根据工作需要匹配更合适的专家，对工作的支撑更加明显。

3. 核心业务信息公示规避了廉政风险

内控风险评估后，G单位核心业务涉及的对外委托事项、会计师事务所遴选入库和管理、专家的管理使用和评价等事项，建立信息公示机制。通过公示前后对比，之前专家使用相对集中，包括：使用次数和咨询费发放金额；公示后，专家使用更加多元化，更多的优秀专家参与到G单位的各项工作中来，提供更加专业的服务，也在很大程度上规避了廉政风险。

（二）G单位内部控制持续改进建议

G单位内部控制风险评估在对单位层面和业务层面进行评估的基础上，一是对业务层面进行细化，分为经济业务层面和核心业务层面，更加注重对单位主责主业相关工作的评估，内部控制评估的范围更加全面；二是在评估的过程中，结合单位实际，增加了对廉政风险的评估，内部控制风险评估的内容更加多元。

通过本次对G单位开展内部控制评估，根据发现的风险点，结合单位实际提出的改进措施，促使G单位内控制度体系更加规范和完善，后续应结合实际情况不定期开展评估工作，促进G单位内部控制持续改进。本次评估对后续工作有以下启示：一是要重视内部控制评估工作，成立内部控制领导小组和工作组，负责内部控制评估的领导和组织实施。二是针对单位的实际情况，制定修订管理制度，完善内部控制制度体系，全面加强内部控制的制度建设与落实。三是梳理职权，优化流程。围绕单位内部重点领域和关键岗位，排查风险点，优化工作流程。四是强化落实整改，不断抓好内控机制建设的持续改进工作。

总结

本文通过系统分析 G 单位内部控制风险评估的现状、存在的问题，提出 G 单位内部控制风险评估改进计划，并结合 G 单位实际情况，对 G 单位内部控制风险评估体系进行了系统设计。按照设计的内部控制风险评估体系，在 G 单位实施了内部控制风险评估，并取得了一定成效。

对 G 单位开展内部控制风险评估时，在对单位层面和业务层面进行评估的基础上，创新性地将业务层面细化为经济业务层面和核心业务层面开展评估，评估的范围更加全面；扩展了内部控制评估的内容，将廉政风险纳入评估的范围，评估的内容更加多元。

通过本次对 G 单位开展内部控制评估，取得了较好的成效。一是"1+N"的制度体系规范了内控管理；二是信息化建设的推进提升了工作效率；三是核心业务信息公示规避了廉政风险，G 单位内控制度体系更加规范和完善。对 G 单位开展内部控制风险评估形成的相关工作成果对后续开展评估工作有一定的启示，对行政事业单位开展风险评估有一定借鉴意义。

科研事业单位财务管理新模式案例分析

李淑坤

摘　要： 近年来，随着我国经济的发展和国际形势的变化，科技领域越来越成为大国竞争的核心。目前，以中国科学院为代表的国家战略科技力量，正在新型举国体制下，全力投入关键核心技术攻关和加强基础研究上，国家也不断出台新政策进行保障。作为财务工作者，我们有责任有义务考虑如何充分利用国家给予的经济政策和最新的信息技术，更好地为单位和科研人员服务，共同确保单位业务目标的实现。

本文将以笔者工作单位（中国科学院某下属研究所）的具体财务管理工作为案例，对新时代科研事业单位的财务管理工作新模式进行探讨，并对相关会计工具的使用情况进行分析，同时针对尚需改进的工作提出初步建议方案。

中科院系统目前财务管理工作中主要存在以下三个问题：财务目标与业务目标未能有效融合；分散的财务管理模式导致效率偏低；信息系统建设滞后于财务管理需求。为解决上述问题，文章进行了认真分析，并设计了相应的优化方案。简单来说，就是把财务管理目标调整到在风险可控的前提之下，支撑业务目标的实现，实现业务与财务目标融合；创新财务管理模式，强化科研服务意识，使财务管理转型到支撑单位价值创造活动中来，共同提升整个单位的科研绩效；建立集中而高效的共享财务管理模式，同时嵌入预算控制系统，实现核算、监督、管控的一体化。文中还详细描述了上述建议方案的具体应用过程，以及预期取得的成效。文章最后对未来发展进行了展望。

关键词： 财务管理；财务共享；财务信息系统

党的十九大报告提出，要加快建立现代财政制度。财政部于2022年1月18日公布了修订后的《事业单位财务规则》（财政部令第108号），要求进一步规范事业单位的财务行为，加强事业单位财务管理和监督，提高资金使用效益，保障事业单位健康发展。该《规则》的实施，与新出台的《行政事业性国有资产管理条例》相衔接，对事业单位的财务管理提出了新的要求。本文在上述新要求的形势下，对科研事业单位财务管理的新模式进行分析和探讨。

一、背景描述

（一）应用单位的基本情况

中国科学院（后文简称"中科院"）成立于1949年11月，是伴随着新中国而诞生的。作为国务院直属事业单位，中科院集科研院所、学部、教育机构于一体，目前共拥有11个分院、120多家科研院所、3所大学、130多个国家级重点实验室和工程中心、68个国家野外观测研究站、20个国家科技资源共享服务平台。中科院在多个基础学科整体水平已进入世界先进行列，在面向世界科技前沿、面向国家重大战略需求、面向国民经济主战场等方面都是不可替代的国家战略科技力量。

中科院整体上采用了院、所两级法人结构管理，各研究所（及各分院、大学）都以独立法人形式的科研事业单位管理和运行，财政预算采取"自上而下"方式由院机关分配至各研究所，各研究所根据各自的经费情况编制全口径预算，然后"自下而上"汇总上报院机关条件保障与财务局（简称"条财局"），决算是自下而上层层汇总至条财局进行申报。具体预算决算管理结构如图1所示。

（二）财务管理现状和存在的主要问题

总结起来，中科院及下属研究所财务管理中存在的主要问题如下。

1. 财务目标与业务目标未能有效融合

根据美国有关统计数据，传统财务职能中，有三分之二的工作在处理

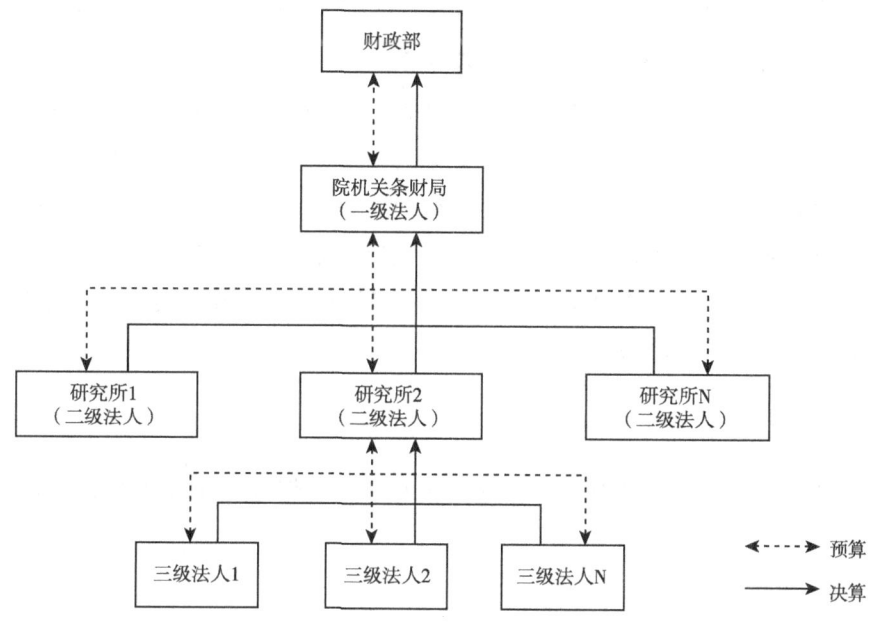

图 1　应用单位预算决算管理结构

交易，其他大部分工作是内控和风险管理，做真正的财务管理工作的只有 4%。国内绝大多数科研事业单位，比如中科院的下属各研究所，都是按照自然科学的学科或技术专业门类设立的。由于科研工作的特殊性，业务工作有着非常强的专业性。非本专业的科研人员都难以了解该单位的具体日常科研业务，更何况财务人员。财务人员在日常工作中，基本不需要了解业务工作，更接触不到单位战略目标。这种财务部门重财务、轻业务的情况很难实现财务与业务融合；财务人员更重视财务数据，较少将财务数据与业务信息进行融合考虑；财务部门也会定期形成如单位收支情况、预算执行情况等报告，但较少对其中的问题及其原因进行深入分析，从而缺乏对业务工作的支撑。

2. 财务管理的分散模式导致效率偏低

当前，中科院下属各研究所的业务管理功能是类似的。虽然都属于同一业务系统，但由于各研究所是以独立事业法人形式各自管理，因此各单位的财务管理队伍和财务核算活动也是各自独立的。这种分散模式不但导致了财务人员的冗余，也造成了管理成本高、管理效率低下等诸多问题。

3. 信息系统建设滞后于财务管理需求

从现状来看，各研究所一方面使用全院统一建设的 ERP 系统（中科院统一建设的办公、财务、人事等一体化内部信息化系统）完成部分统一的核算管理、报表管理等工作，同时又针对各自的具体需求，开发了大量功能、规模不同的分散系统。但整体上缺乏财务信息的收集、分析手段。随着国家财务管理政策的不断出台，各研究所没有能力及时更新信息系统，难以跟上财务管理的需求。

（三）主要解决方法

为解决上述财务管理中存在的主要问题，我们进行了深入分析，并提出解决方案。

1. 强化业务财务充分融合

麦肯锡公司曾针对财务管理对实现业务目标支撑不足的问题进行过专项调查。调查结果表明，目前国内大多数公司财务人员用于处理日常业务的时间占70%以上，而用于决策支持方面的时间往往不超过10%；跨国公司财务人员在支持单位决策数据方面的时间已经在50%以上。从上述数据可以看出，国内科研事业单位的差距就更大了。

根据经验，国内科研事业单位财务人员，绝大部分精力都放在日常核算业务工作中，很少有精力（当然也缺乏能力）对单位的财务状况进行分析，决策支持更无从谈起。比如中科院系统的各个研究所，财务人员用于财务日常核算工作的时间均超过90%，极少有员工把时间用于数据分析上，更不用说为领导决策提供数据支持。因此，我们需要把财务目标调整到与业务目标保持同一方向，同时加强对内部管理的服务，从而支持单位的价值创造活动，最终提升整个单位的科研绩效。

2. 建设财务共享服务中心

要解决分散式财务管理模式低效率的问题，最好的方法是建设财务共享服务中心。财务共享服务中心，就是把各个业务相近的单位的财务管理统一到同一个平台上进行管理。财务共享服务中心的概念首先由发达国家的跨国公司提出并实践，近年来国内的一些大型集团公司也开始推广。调查数据表明，建设财务共享服务中心可以显著降低公司的财务运作成本。在财政部、国有资产监督管理委员会等国家有关部门的要求下，中科院已经提出了统一清晰的集中管理要求，并进行了初步实践，建立全院财务共享服务中心的条件已基本具备。

3. 优化预算决算信息系统

随着国家财政预算制度的深化改革和科研投入的持续增加，科研事业单位的科研项目数量、经费量不断增加，加之不同经费来源渠道，预决算管理工作变得日趋复杂。

项目预算控制作为科研事业单位预算管理的重要环节，目前中科院系统各研究所的基本做法通常是由预算管理员（科研财务助理）将不同项目预算数据录入预算控制系统中，预算控制系统作为财务核算系统的一个外挂模块通过调用财务系统数据实现对各项目总额的预算控制（不同单位管理设置略有不同，有的单位使用预算总额进行控制，有的单位使用到款总额进行控制），使项目负责人了解、掌握项目的执行情况。其优点是实现了项目总额控制，避免了赤字运行。

但由于预算控制系统和财务核算系统彼此分离、手工录入数据方式效率低且易出错、预算科目与核算科目不完全一致、数据调整不及时等问题，难以达到预算控制和决算管理完全同步的工作要求。很多工作属于事后分析，而事前和事中的执行与控制很难进行，往往让预算控制成为纸上谈兵、流于形式。另外由于资金来源渠道不同，也很难实现精细化管理，如中央财政计划项目和JG项目管理就有较大区别。因此急需通过智能化手段建设实现按照不同项目类型不同科目实时预警的信息系统。

二、总体设计

（一）强化财务管理工作，保障业务目标实现

为解决财务管理对实现业务目标支撑不足问题，我们认为应从以下三个方面入手。

1. 财务实施转型支撑价值创造

一般财务部门的核算活动并不创造价值。财务管理为了支撑好业务工作，应该保持财务管理的目标与业务目标相融合，转型成为单位价值创造者。这里讲的财务目标与业务目标相融合不是指财务工作与业务工作相融合，也不是指两项工作的目标是等价并列的，而是指两项工作的"工作目标"的指向性是一致的，都以完成单位的主要任务、达成单位的总体发展目标为愿景。

财务部门转型的目标，就是要支持单位的价值创造活动，为单位战略规划、经营决策提供支撑，具体包括资金统筹、预算预测、绩效评价、税务筹划等。

2. 落实"放管服"提升科研绩效

财务管理工作为业务工作服务，应围绕着"放管服"做文章。为了贯彻落实党中央、国务院关于推进科技领域"放管服"的改革要求，国务院于2018年7月24日印发了25号文件，之后的几年陆续有"放管服"的新举措不断发布。这些新举措大大减轻了科研人员的负担，进一步调动了工作人员的科研积极性，完善了以信任为前提的科研管理机制，充分释放了创新活力。

从经费预算和财务管理角度来讲，这些措施进一步扩大了科研人员和科研单位的自主权，减轻了工作负担，提升了管理的效率和灵活性。财务管理工作应充分利用这些政策红利，如在项目立项阶段，通过简化经费预算编制减轻科研人员负担；在项目执行阶段，通过下放经费使用的预算调剂权限为科研人员开展任务提供便利；在项目验收阶段，合并财务验收和技术验收，在项目实施期末进行一次性综合绩效评价。

3. 重视事前预测强化决策支撑

传统财务管理工作，虽然包含了会计核算和会计监督等职能，但主要是一种事后行为。如果能够通过财务数据分析，对业务活动的绩效进行事前预测，把重要信息反馈给业务人员，供其在决策时参考，就可以避免可能出现的问题，提高业务活动的绩效，从而进行价值创造。

（二）实施财务共享模式，提高单位管理效率

将分散的财务管理模式转型为财务共享模式，首先要对财务部门职能定位和财务管理流程进行梳理，财务管理流程的再造，必然涉及单位内与之相关的其他业务流程的配合，甚至对外业务接口的变更。因此，通过建立集中而高效的共享财务管理体系，可以提高单位整体的管理效率和决策水平。进一步，财务共享模式还会推动全社会信息化水平的提升和完善，例如电子发票的推广、无纸化办公应用等。在本文后续内容中，我们将提出中科院建立财务共享中心的建议方案。

（三）完善信息系统建设，提升财务管理水平

采用最新的信息化智能化技术，推动财务信息系统建设，可以解决财务管理中存在的问题，全面提升财务管理水平。

1. 梳理财务管理功能需求

由于存在技术难度和人力局限的原因，过去只能选择一些重大或者重点的科研项目进行预算控制，并没有将所有项目纳入预算控制系统。由于预算控制覆盖面不全、不广，因此不具有广泛的代表性，从而也就难以真正达到对项目进行全面预算控制的目的。信息系统可以大大提高管理效率，对项目进行全面的预算管理。同时，大量的项目月度、季度、年度、中期和结题财务决算报表，给课题财务核算带来了巨大工作量，而且数据分类、统计、分析难度大，造成会计信息一定程度的混乱。通过合理的设计，信息系统可以及时准确地自动生成上述各类报表。

2. 改进财务内部控制流程

由于项目预算控制与财务核算系统相分离，因此日常业务预算执行记录先于财务记账或反之，随之出现预算执行登记金额与财务核算入账金额不一致，甚至业务缺漏等现象。通过事后补录不但增加预算工作量，而且不能全面、及时、准确地反映和把握预算的执行情况，没有真正起到预算前期控制和过程控制的作用。信息系统可以确保各业务模块数据共享，实现项目预算的全过程及时控制。

3. 实现预决算全面信息化

项目预算主要是基于统计职能及预算管理员的业务判断，而项目决算主要是基于课题核算人员的判断，由于这种项目预算控制与决算的脱节和理解与判断标准不一，影响项目决算报表的准确性，在一定程度上使项目决算报表与其经费预算产生差异，从而影响财务会计信息的质量。信息系统实现了代替预算管理员和课题核算人员，确保预决算信息的精准融合。

会计科目与专项经费预算科目开支范围的不一致，无法满足内外部管理需求，并导致信息不具有可比性，需要大量的额外数据处理工作，导致管理成本大大增加。信息系统中的数据库可以确保数据的一致性。

三、应用过程

（一）落实"放管服"改革管理举措

近年来，为了加强财务工作对业务工作的服务支撑，中国科学院针对管理中的突出问题，从多方面采取措施，进一步推进落实"放管服"改革，满足一线科研人员的诉求。

例如，在科研项目管理方面，主要针对战略性先导科技专项管理，提出了简化立项审批程序、优化预算编制和评审、优化财务验收、免除立项咨询论证、开启中期检查绿色通道等措施。具体包括：缩短立项周期，将立项的院长办公会审议程序由原来的两次合并为一次；仅对预算申报书开展合规性检查；合并财务审计和验收工作，并在专项执行期前给予6个月的合理准备期；免除已取得产生广泛影响的重大研究成果的专项的立项咨询论证程序及中期检查，仅提交自评报告等。

资产财务管理方面提出两项新举措：将800万元以下的资产使用和处置权限交由研究所法人负责，结果报院机关备案；提倡快捷报销解决"报销繁"问题，推动财务管理信息化和智能化。

（二）财务共享服务中心建设方案

目前中科院120多家研究所均使用统一定制开发的ERP3.0系统——财

务管理框架（见图2），包括资产管理、薪酬管理、公文流转、报销管理、总账管理、往来管理、科研项目管理等模块，该系统设立初期，在辅助科研项目管理、资产管理、财务报销及核算管理等方面确实发挥了积极作用。但随着科研体制改革的深化，进一步落实"放管服"等政策的出台及解决"报销繁"等科研人员的积极呼吁之下，原有的财务管理模式的问题日益凸显。

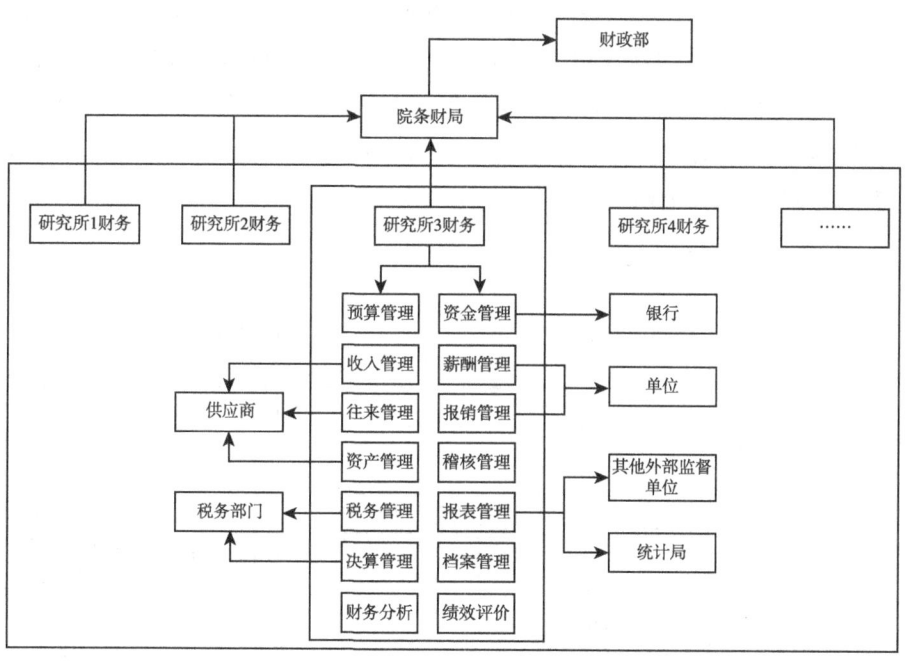

图2 目前中科院系统财务管理框架

经过多年努力，中科院已经在统一的 ERP 系统财务管理模块初步实现了财务管理部分基础工作，但由于各所的财务管理队伍和日常工作仍然是分散的，对运营管理模式进行变革和创新仍可能存在不少阻力，因此需要考虑以下几个重要因素：

首先需要研究所领导高度重视。财务管理模式的变革，不但涉及财务管理队伍的调整，更对单位业务管理提出了新的要求，这些变革必须在研究所领导的大力支持下才能实现。

其次要充分利用现有基础。要充分借鉴和利用 ERP 系统多年建设和运行的经验，发挥原有的专业化运营支撑团队的作用。此外还要保证系统原有数据准确、平稳过渡到新系统中。

最后要确保可持续发展。要尽快建立财务共享服务中心作为独立实体运行的体制机制、绩效评价体系，切实发挥其低成本运行、高效率管理和高质量服务的优势，确保得到服务对象认可和支持。

财务共享服务中心模型设计初表：设立全院唯一"财务共享服务中心"，向所属的研究所提供统一的财务服务。各研究所撤销其原有财务管理部门，仅保留少量的必要财务人员，负责研究所与共享中心的接口工作，处理少量个性化需求。通常在财务共享服务中心按业务类型分为12个大类，包括预算控制管理、资金监督管理、收入入账管理、财务报销管理、人事薪酬管理等，具体见图3。

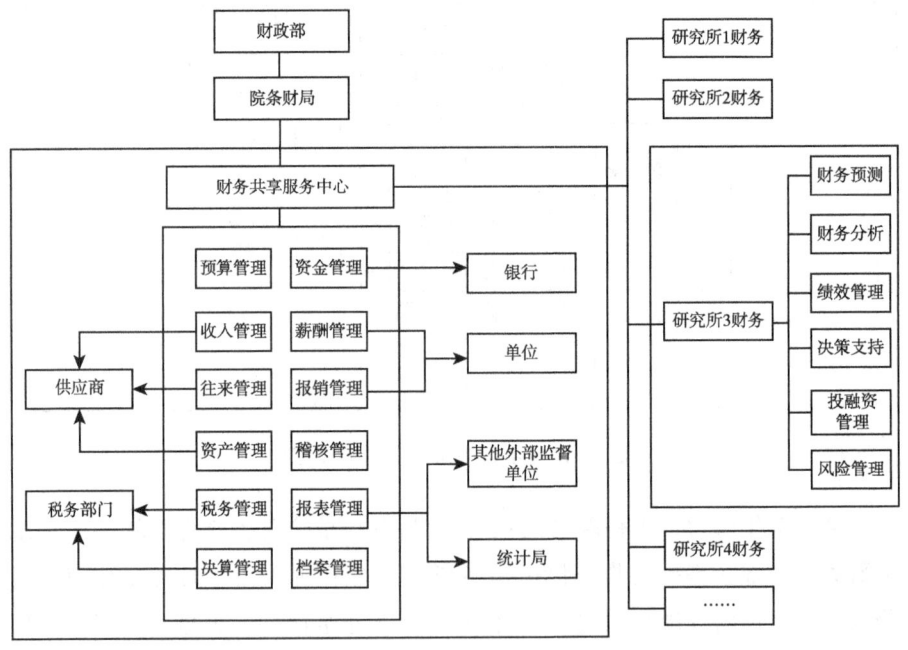

图3 财务共享服务中心模式

下面以财务共享服务中心模式下的财务报销流程为例，介绍共享中心的基本运行框架。

首先，设置不同研究所所段名称及代码，建议名称为研究所全称，代码为六位阿拉伯数字,前三位为院机关预算代码,后三位为研究所预算代码;其次,建立财务管理制度及共享中心管理工作流程(见图4);再次,根据管理制度,设置财务各个岗位职责,如出纳岗、报销一级复核岗、往来一级复核岗、财务借款/报销审核岗、二级复核岗、稽核管理岗、项目经费管理控制岗、薪酬管理岗、收入管理岗、税收管理岗、三级复核岗、档案管理岗。

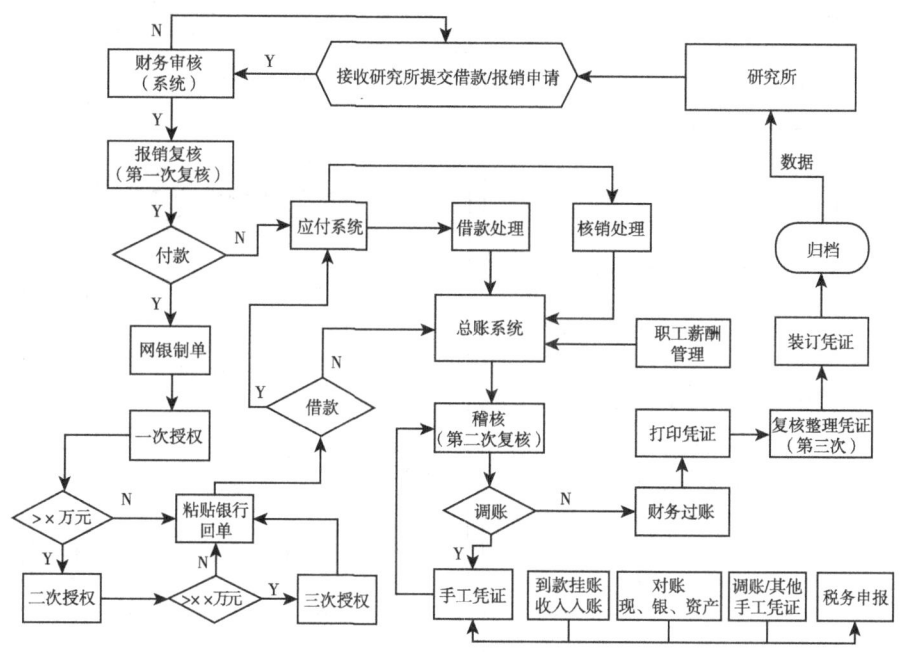

图4　财务共享服务中心工作流程

下面以员工差旅费报销为例介绍财务共享服务中心的具体工作流程(见图5):出差人填报出差申请单,经审批后,申请单暂存系统;进入"公务之家"系统,购买机票/火车票及预定住宿酒店;出差完成,本单位对出差人提交的票据进行电子审批,通过后提交"财务共享服务中心";共享中心报销审核岗对研究所提交的电子票据逐一确认,并按照共享中心财务报销审核流程进行审核(如审核不通过,通过电子邮件告知原因并将报销申请退回研究所);财务报销一级复核岗进行出差票据及签批手续等复核后,导入总账系统生成记账凭证;出纳岗通过银企互联系统对一级复核通过报销单据进行付款；财务二级复核岗对自动生成的记账凭证进行复核，重点关注科目的选择及付款账户等信息。

此外，月度终了，共享中心稽核管理岗须对银行存款日记账与银行对账单进行逐一核对，并对未达账项进行说明；档案管理岗对电子档案完成备份并进行归档保管；研究所通过共享中心的权限可实时查询本单位收入支出明细账，提取相关数据，进行分析评价。

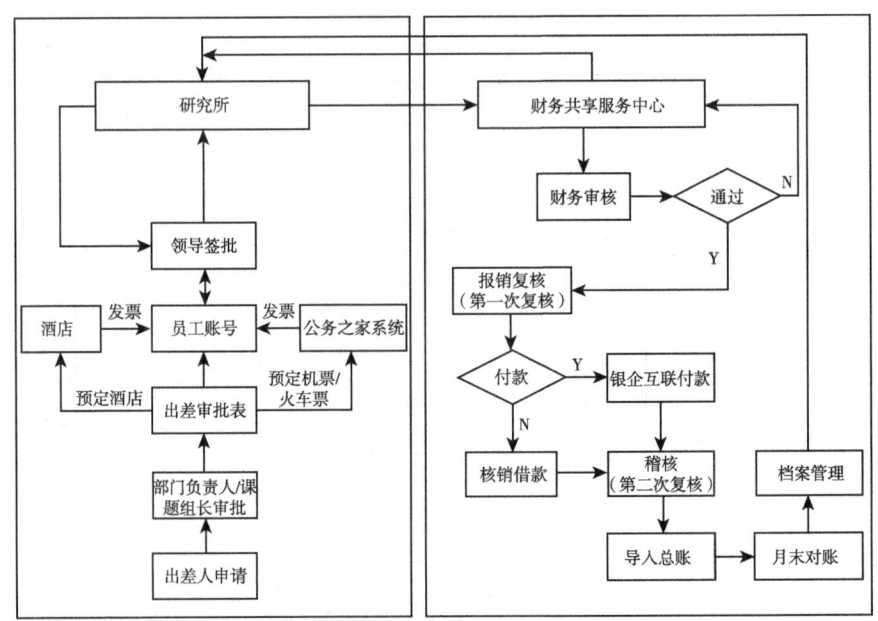

图 5　差旅费报销流程图

（三）预算决算控制系统建设方案

在前面的分析中我们看到，建立一个与财务核算系统相结合的预算控制系统进行项目预算和决算管理是非常必要的。为加强院内研究所的预算控制和决算管理工作，中科院网络中心组织开发了预算控制系统。预算控制系统是作为核心财务核算系统的外挂系统开发的，由于两者结合紧密、数据相互融合，因此预算控制系统也可以看作是总账系统的一个功能模块。

运用预算控制系统实现预决算管理首先要做好基础数据维护，基础数据的正确与否决定着预决算结果的准确程度。基础数据维护主要分为三个步骤：

1. 步骤一，设置预算模板

预算控制系统预算模板包括两部分：

（1）部门内部预算模板设置。

该模板以会计年度为周期，按照支出明细类别进行设置，具体包括：人员费用支出，包括工资、津贴、绩效、保险、住房公积金、伙食补助费、退职（役）费、助学金（研究生预算支出专用）、离退休人员工资（离退休预算支出专用）；商品和服务支出，包括办公业务费、交通差旅费、国际交流费、燃料动力费、职工福利费、工会经费、会议事务费、劳务/咨询费、培训费……其他商品和服务支出等；资本性支出，包括办公设备购置、专用设备购置、交通设备购置、信息网络构建、房屋建筑物构建、其他资本性支出（含家具、软件）等；自筹基建支出，指经批准用财政拨款以外的资金安排自筹基本建设所发生的支出。

（2）项目预算模板设置。

根据经费来源渠道及管理要求的不同，预算控制系统设置了重点研发计划、重大专项、国家自然科学基金项目、国家科技计划项目、院知识创新项目、其他国家项目、JKW、ZF、所级项目、横向委托共十类项目模板。具体预算科目包含设备费（设备购置费、设备研制费、设备租赁及更新改造费）、材料费、测试化验加工、燃料动力费、差旅费/会议费/国际合作费、出版/文献/信息传播/知识产权事务费、劳务费、专家咨询费、其他费用、间接费用等。

根据 GF、JG、ZF 项目性质及管理要求，具体设置了项目预计成本、不可预见费、项目预计收益三大类。其中预计成本分为材料费、专用费、外协费、燃料动力费、事务费、固定资产折旧费、管理费、工资及劳务费八个预算科目。根据事务费及管理费的测算标准，系统通过预设相对应的公式实现预算数据控制。

2. 步骤二，预算科目与会计科目对应配置

（1）内部预算科目与会计科目对应配置。

内部预算支出分类是根据会计支出类别进行设置的，所以内部预算以部门段代码前四位为关键字，直接调取账务系统中的财务数据。

（2）项目预算科目与会计科目对应配置。

由于经费来源渠道及管理要求不同，故项目预算核算内容存在很大差别。预算控制系统根据任务书或合同以及管理要求，进行了项目预算科目与会计科目的对应。例如，项目预算中的"劳务费"与财务系统中的"劳务费"会计科目是一致的，可以设置为直接对应关系；而 ZF 项目预算中的"工资及劳务费"对应于财务系统"工资福利支出"和"商品服务支出——劳务费"两个科目，因此要设置为前者对应于后两者之和的关系等。

3. 步骤三，预算数据的录入与调整

项目管理部门负责将符合各专项经费管理办法规定的成本支出总预算、明细预算、调整后预算上报财务部门，由财务部门将各课题明细的预算科目和金额通过预算凭证录入系统，再通过外挂的模块对财务系统中预算凭证数据及相关信息进行抽取，最后生成预算支出分析表或预算分析图。

在基础数据维护完成后，财务系统数据会实时同步到预算控制系统，只需进行部门的选择或选择相应课题即可以生成最新的预算分析表或预算分析图，不仅为单位提供事前控制如让业务部门负责人了解预算已执行情况以及能使用的金额；事中控制如在申请报销时，能让领导实时了解课题余额情况，以便做出合理审批；事后对申报的实时数据，作差异分析，进行调整等。在项目结题或验收时，可以由系统直接生成符合检查或验收要求的决算分析表。

四、预期效果

通过建设财务共享服务中心和预决算信息系统，中科院各研究所的财务管理部门和财务管理人员的职能将发生根本性转变，管理能力会得到进一步提升，员工职业环境将获得更大拓展，预期成效如下：

（一）提升价值创造和风险管控能力

财务管理在原来财务会计工作的基础上，重点工作将逐步转换到预算预测、资金统筹、税务筹划、业务活动绩效评价等单位价值创造活动上来。

财务人员工作从事后核算和监督，发展到对前台业务的事前预测、计算业务活动的绩效，把这些信息反馈给科研管理部门和科研业务人员，给单位领导决策提供参考，通过结合上级主管部门的业务考核标准，进而完成指导研究所的科研工作实践。此外，在实施"放管服"的同时，结合审计、税务等要求，完善内部控制体系建设，以风险管理为导向将把风险控制在合理的范围内。

（二）优化决策支撑和协同服务能力

会计基础核算等低附加值的作业集中以后，财务管理人员从核算和监督的会计基本职能转型到预测经济前景、参与经济决策、评价经营业绩的拓展职能上来后，可实现对单位领导及项目负责人的决策支撑。同时通过加强全面预算管理、决算管理和财务信息化系统建设，从而实现财务体系与业务体系的相互协同，提高财务专业服务水平。

（三）改进预算控制和决算管理能力

经过两年多的运行，预算控制系统的功能也在不断升级完善，日趋成熟。预算控制系统信息化平台使财务核算人员摆脱了繁重的事后通过手工并依据主观判断调整出具的各类项目决算报表的模式，取而代之的是通过预算控制系统功能生成实时的经过预算控制的项目决算报表，不仅提高了财务项目管理工作效率，同时实现了对业务管理的支撑。通过授权流程，使各部门、课题负责人能够实时查看所负责课题的预算执行状况。业务管理与财务管理的有效衔接，强化了课题负责人的项目成本管理意识，大大减少了后期调账的工作量和由此可能带来的错误和风险。我单位作为首个预算控制系统试点单位，各业务部门在使用平台过程中提出很多建设性意见，这些意见已被吸纳、融合到了预算控制系统平台中，为完善预算系统平台功能作出了较大贡献。

总结

新时代新形势对科研事业单位财务管理的工作愿景、组织架构、人员团队、工作流程等都提出了新的要求。我们期待国家科技主管部门和各科研事业单位能够逐步设立财务共享服务中心，资金统一由共享中心调配与使用。实现预算控制与日常报销、财务核算、项目决算一体化，真正做到"预算编制有目标、预算执行有监控、预算完成有评价、评价结果有反馈、反馈结果有应用"的全过程预算绩效管理机制，同时财政部或纪检部门负有对各个共享中心的管理监督职能。这样既保障科研和行政活动的顺利进行，又能保证经费支出的合法、合规，减少资金使用中的错误与舞弊行为，完成从个别、孤立、手工操作向环节化、连续性、电子化管理转变，完成缓慢的、滞后的管理模式向快捷的、超前的管理模式转变，实现财务管理的最终目标。

参考文献

[1] 行政事业单位内部控制规范（试行）（财会〔2012〕21号）.

[2] 国务院关于优化科研管理提升科研绩效若干措施的通知（国发〔2018〕25号）.

[3] 事业单位财务规则（财政部令第108号）.

[4] 张庆龙. 数字经济背景下财务共享服务建设［R］. 2019年第四期中央国家机关会计人才第一次集训（行政事业类）课件.

[5] 李淑坤. 新时代科研事业单位财务管理模式探讨［J］. 科学新闻，2020（03）46-51.

PDCA 在企业资金管理中的应用实践
——以 R 公司为例

张建平

摘　要：随着中国国家经济管理体制改革的不断深化，很多基于国家机关、事业单位而组建并延续的公司也已逐渐壮大，并经过了不断的资源划转与整合建立了具备相当规模的公司集群，但随之而来的管理机制不适应、对资源管控不力、使用效益低下等问题仍然突出。资金管理是企业集团运营的主要动力，企业运营的各个环节都离不开资金，因此，做好企业集团资金管理工作是有效降低企业运营成本、最大程度运用企业集团自有资源的重要手段，通过利用资金管理来加强企业集团对资金运用的有效控制，从而进一步提升企业集团资金运用效益，进而增强企业集团执行力，最后达到企业集团的战略经营目标。

本文将通过分享 R 公司资金集中管理项目实施过程的背景、总体设计、实施过程和应用成效，提炼总结如何运用管理会计的 PDCA（Plan、Do、Check、Act，即规划、落实、检验、修正，简称 PDCA）循环工具对资金集中管理进行整体设计和计划实施，并从实施过程中找出不足，通过调整设计进一步优化，使得 R 公司资金集中管理更加满足公司发展的需要，为集团化战略管控奠定基础，加快 R 公司集团化发展进程。

关键词：PDCA；战略管控；资金管理

一、背景描述

（一）R 公司概况

1. R 公司简介

R 公司是全国社科界唯一享有外贸经营权的单位，是直属中国社会科学院的综合性国际贸易公司。公司的主要任务是为社科研究机构和教学单位提供图书、资料、文献等各种出版物的进出口业务，为社科界的学术交流、考察、讲学访问、展览、会议等活动提供服务，也为科研办公设备、器材及零配件的进口提供服务。R公司共管理10家企事业单位，主要经营范围包括两大部分，一部分是服务于社科院内部科研机构科研办公及生活需求，包括服务于社科院系统的人文社会科学类图书、报纸、期刊、文献资料微缩制品、只读光盘及交互式光盘进口业务，境外数字文献数据库网络进口业务；工程装饰、装修服务；住宿、会议服务；办公使用设备及用品的配送、销售、维修；信息网络工程服务等。另一部分是基于社科系统资源优势对外提供的市场化服务，主要包括举办有关学术讲座；社科类宣传片、短视频制作、电视节目制作；政策咨询及服务；展览、学术交流业务；进出口业务等。

2. R公司组织架构

R公司及所属企业都是根据服务科研的需要，在不同历史时期设立的，大多归属于不同的投资主体。主管部门决定由R公司统一经营管理后，R公司及所属企业体现出类集团化体系，涉及业务种类多样，但没有太多关联性，形不成有效的集团化规模效应。在划转初期，未进行管理改革前，R公司组织架构如图1所示。

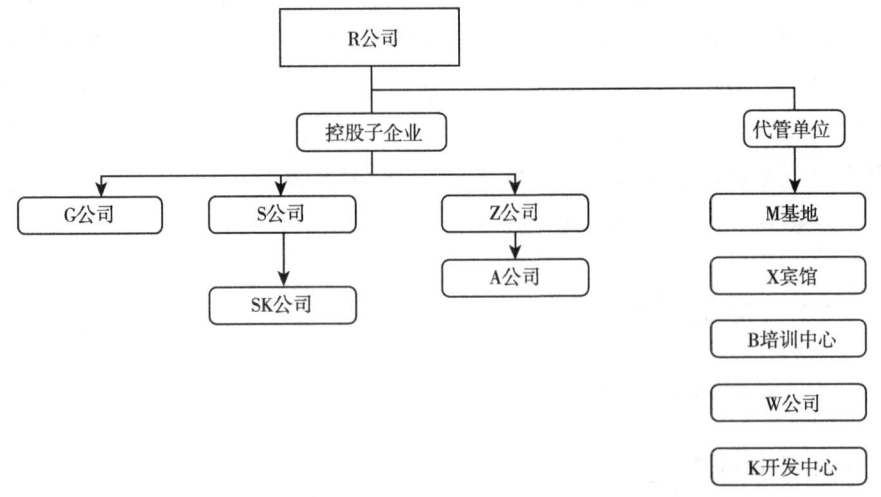

图1 改革前组织架构图

（二）R 公司资金管理存在的问题

从 R 公司业务范围和组织架构可以看出，R 公司及所属企业业务种类多样，但没有太多关联性，形不成有效的集团化规模效应。在业务管理方面，由于所属公司过多且业务管理方式为各自独立经营管理，R 公司的对下属公司控制力度偏弱，导致整个系统内资金陷入了过于分散管理的状态。

R 公司资金管理具体问题主要在以下几方面体现得比较突出。

1. 资金管理分散，资金利用效率低

在实施集团化统一管理之前，R 公司旗下的十家企业或经营单位都单独在各大商业银行开立有若干个银行账户，用于企业经营资金结算，导致从整个体系角度来看，银行账户开立过多，R 公司既不能对成员公司的资金实现有效管理，更无法对相应的资金资源实现合理调度，资金使用效率明显低于行业水平。

2. 没有统一的资金管理制度，收支管理粗放

由于各企业历史沿革问题，R 公司及所属企业之间没有建立统一的资金管理制度，各公司及业务单元自主进行资金收支管理，而且各成员公司之间因为生产经营特点的差异，造成支出不均衡，因此经常出现有的单位结余较大余额的流动资金，而有的单位却因资金不足无法拓展更多的业务领域。

3. 预算体系不完善，预算形同虚设

在没有集团化管理前，各公司各自进行资金粗放的计划管理，且没有进行系统全面的预算管理，也没有形成集团化完善的全面预算管理体系。有预算的企业也只是简单的历史加总和平均，完全达不到与公司整体战略相匹配的预算目标，预算过程管理形同虚设，预算结果基本无效。

4. 信息化程度不足，管理效率较低

由于各子公司及业务单元规模大小不一，没有形成集团化管理前，整体信息化程度较低，基本只有财务基础软件是统一的系统，其他办公及审批等信息化系统均各自为政，大部分还未实现无纸化办公，管理效率较低。

形成以上资金管理问题的原因主要有：（1）R 公司对所属企业进行统一集中的经营管理时间尚短，是历经多年才逐步形成了集团化雏形，但并没有采用合理有效的集团化管控模式对所属企业进行管理；（2）R公司及所辖企业因历史原因，原归属于不同的投资主体，有较多企业延续了原事业单位管理模式，没有市场化、现代化的企业管理思维，没有符合企业经营发展的计划性和执行力。

二、相关概念

（一）企业集团化管理控制模式

资金集中管理是企业进行集团化管理过程中的一个非常重要的方面，而对资金集中管理方式进行选择的前提是企业集团选择什么样的管理控制模式。

诸多学者在各种学术资料中都对企业集团化管理控制模式有了较系统的研究和阐述。多数研究者指出，企业的管理控制模型从划分的基础依据出发，重点从企业和下属单位内部的集权与分权水平程度来划分。按照集团公司对所属单位的职能控制范围以及对运营战略管理把控力度，将集团公司管理控制模型界定为如下三个类型：财务控制模式、战略管理管控模式、运营管控模式。

1. 财务控制模式

即高度分权理论背景下的管理模式，公司总部可以赋予成员企业完全的经营权力，而成员公司也可以独立运营或管理公司。企业总公司只是单纯的管理单位，对企业公司的财务运作情况、资产经营、财务预算、投资、企业内部管理等环节进行监督管理。

2. 战略管理管控模式

即介于高度集权和高度分权理论之间的管理模式，集团总公司在赋予成员企业完全经营自主权的前提下，对成员企业的关键指标实施考核。由集团总公司通过提出财务策略、资本市场经营策略以及公司的总体战略规划等，并细分为具体的项目指标，再针对指标作出整体战略部署调整。各成员企业按照集团总公司的整体策略安排，编制好自身的战略规划，并测算所需要的资金计划，由集团总公司有关审核部门对成员企业的战略规划和资金计划作出全面审核，并给出相应的管理意见，最后让成员企业遵照计划执行。之后集团总公司对规划和预算以及指标实现状况作出综合考评，以实现有效管控的目的。这种模式，既能够提高集团总公司对成员企业的监控能力，也能够让成员企业有完全的自主经营决策权，从而使成员企业经营者有较高的工作积极性。

3. 运营管控模式

即高度集权理论下的管理模式，企业集团内成员只有执行的权力，基本没有决定权。集团总公司实行中央集权的经营管理模式，对成员公司的日常业务活动实施全面监督管理，并在各个业务管理线上均设有专职管理人员，集团总公司对成员公司从战略规划到具体开展整个过程进行全面监督管理，以确保公司战略目标的完成，这种监督管理方式非常深入。

针对企业所处发展阶段不同和所选择的集团化管控模式，可根据需要选择适合的资金集中管理控制模式，通常有财务结算中心方式、集团内部结算银行模式、独立财务公司管理方式等可供选择，但具体实施过程中可以根据集团企业实际情况进行管理架构的细化设计。

（二）PDCA 管理会计工具

PDCA 环，又称戴明环，P——Plan（规划）、D——Do（落实）、C——Check（检验）、A——Act（修正）。PDCA 循环系统最初是由休哈特教授在 1930 年提出构想，后来被美国的质量管理工作专家戴明博士于 1950 年再次利用起来，并得到了普遍推广且运用到企业不断提高质量的过程中。由于 PDCA 循环系统是全面质量管理工作中必须遵守的科学管理程式，它的整个过程，也就是全方位品质规划的制定与组织实施的整个过程，而这种流程也正是按照 PDCA 循环系统，永不停止、周而复始地运行，从而体现了全面质量管理工作活动的规律性。PDCA 循环系统其实也是一个科学研究的质量管理工作方式，是使有效地完成任意一个管理活动都合乎逻辑的项目管理程式。它的基本原理即做好任意一个管理工作时，先有一个构想，再按照预想提出一个行动计划，然后根据计划规定去实施、检查和总结，最后再经过工作循环，逐步提高管理水平。

三、总体设计

随着 R 公司管理的企业逐渐增多，R 公司及所属企业已初步具备集团化管理的条件,也亟需通过集团化管控模式的改革,加强内部管理,提质增效。企业管理的重要组成是资金的管理,R 公司在进行集团化管理改革的第一步,首先选择从资金管理入手。为发挥资金的综合优势,有效保障资金链安全,R 企业积极开展了资金管理集中工作,通过对资金的集中化监管,有效盘活存量资金,提升企业资金使用效率,提高企业资金风险防范水平,进一步增强了 R 企业集团化管控能力。

(一) 资金集中化管理控制目标

资金集中化管理控制是国内国际上的一些公司企业广泛采用的一项资金管理控制模式,其主要目标是提升公司内部资金使用率,减少公司总体资金使用成本,减少公司内部各企业财务管理成本,进而降低公司总体财务管理风险。主要运作方法是把整个集团公司内各企业的资金加以综合、集中、统一管理与使用,平衡集团公司内各企业的流动资金存量,并盘活集团公司内个别企业的闲散资金,加强集团公司对内部资金流动和使用的有效管控,以达到对整个集团公司内各企业之间资源的统筹运用与对集团公司内整体资源的宏观分配,结合 R 公司管理面临的财务管理问题和公司党委会、董事会的重要指示,确定 R 公司采用 PDCA 管理会计工具推行资金集中管理的目标是:解决目前 R 公司出现的一系列资金管理问题,实现企业的资金集中管理,进而推动整个 R 公司集团化管控模式的改革;通过资金集中管理,促进各经营单位业务数据的互通,再造管理架构,搭建集约化管理平台,有效调整资源分配,使各子公司、业务部门更加紧密、有机地开展经营业务,提升集团化协同管理能力,达到提质增效的目的。

(二) R 公司资金集中管理总体设计框架

我们分析了 R 公司组织架构、业务结构特点等情况以及现存的诸多问题,比如资金使用效率不高、预算基本失效等,结合三大集团化管理控制模式的特点及适用条件,R 公司决定由原来的非集团化分散经营模式向集团化企业战略管控模式进行改革,并重点进行资金集中管理改革。

R 公司在集团化战略管控模式下,以资金集中管理为抓手,以实现各业务单位间资源共享、提升协同效应为目标。在具体实施方案设计过程中，基于改革前 R 公司集团化管理基础和管理环境较差，需要根据新的组织架构新建规范的集团化管理体系和运营制度，R 公司通过制度控制、预算控制两个方面来促进集团化管控模式的落地。制度控制主要是从统一规范各业务单位财务管理制度，优化成本费用审核、审批流程入手，为资金集中管理提供制度上的保障；预算控制主要是加强集团化资金管理的过程控制，在 R 公司及所属企业搭建集团化全面预算管理体系，通过资金预算的方式加强对资金管理控制。这两种控制方法加上相应的配套措施，可以有效促进 R 公司及所属企业的资金集中管理效果，达到我们预期中提高资金使用效率效益、控制风险的效果目标，从而促进整个集团体系的资源共享，产生协同效应。

根据集团化管控改革总体要求，R 公司对资金集中管理具体方案进行了详细设计：R 公司借助 PDCA 这一管理会计工具规范本次资金集中管理的实施过程，通过 PDCA 的闭环管理思想来优化资金管理过程，促进资金集中管理的顺利实施，并使得 R 公司资金集中管理及集团化管控模式改革成为一个可持续的、逐步推进的管理提升过程。根据 PDCA 的闭环管理思想，R 公司本次资金集中管理过程分为四个阶段：在计划（P）阶段，从领导层及管理层统一思想认识，结合 R 公司资金管理现状，调整组织架构，制定资金集中管理详细实施方案，并作相应的前期准备；执行（D）阶段，从集团化资金管理体系搭建、优化资金管理模式出发，在资金集中、预算提升、流程再造等方面全面落实资金集中管理的实施方案；检查（C）阶段，结合集团化管控模式改革目标，对资金集中管理详细方案的实施效果进行归纳总结；纠正（A）阶段，针对归纳总结实施过程中遇到的具体问题，提出修正建议并进行改进。

四、R 公司资金集中管理应用过程

（一）前期准备及实施计划（PDCA——P）

1. 前期准备

（1）领导层重视和搭建专门组织机构

R 公司以集团化方式对所属企业进行战略管控，在资金管理方面进行资金集中管理是一项系统而重大的工程，直接影响到 R 公司及所属企业的长远发展。在实施集团化管控改革前，公司领导层通过班子会、党委会、总经理办公会扩大会议等方式在领导层、各子公司管理层等层级广泛征求意见，达成统一共识。整个公司领导层、管理层达成改革方式的统一共识后，根据集团化管控模式改革及资金集中管理的目标成立改革领导小组及工作小组，并设置项目推进督导机构，科学分工，职能部门及各业务单位之间密切合作，相互监督，相互制约，共同促进改革落地。

（2）集团化组织架构调整

在进行管理改革前，R公司所属企业大部分为授权代管企业，只有4家为控股子公司，另外6家由上级单位划入R公司经营管理，与R公司没有股权关系。确认集团化管控改革后，公司领导层与上级主管部门、相关公司股权所有单位进行沟通和协调，将所有经营管理企业的股权关系转入R公司或其控股公司，使得R公司成为典型的集团结构，R公司为母公司，其他公司为子公司。调整后组织架构如图2所示。

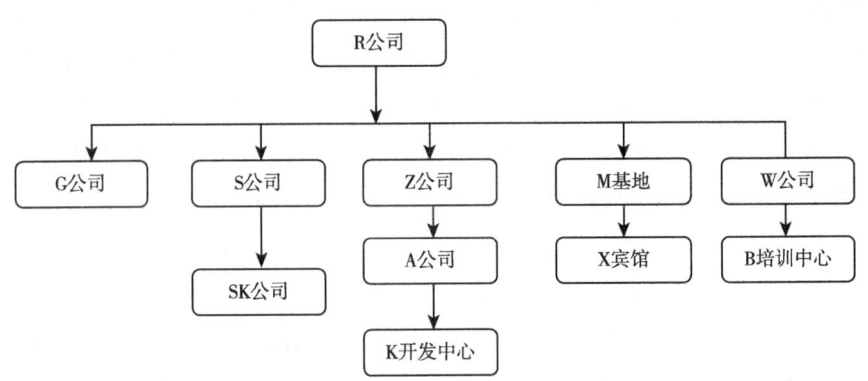

图2　R公司调整后组织架构图

（3）财务管理人员集中管理

R公司所属企业业务板块涉及范围较为广泛，各企业规模和管理人员水平有较大的差异，财务管理机构的岗位设置和人员配置也参差不齐。为了更好地推进资金集中管理改革，R公司领导层决定成立财务结算中心，统一负责所有企业的财务管理工作，下属企业财务人员集中在集团办公，设置会计核算岗、出纳岗、收入核算岗、报表岗等专业岗位。各下属企业不设财务部，设置兼职报账人员，承担各公司凭证接收、审核流程处理工作。

财务管理制度及集团体系财务表单与财务岗位说明书由集团财务结算中心进行统一制定和规范。

2. 实施计划

本次 R 公司资金集中管理工作在集团化组织架构调整的基础上，运用预算工具，主要以管控体系搭建、管理流程再造为抓手，保证资金集中管理工作可控、顺利地推进。具体措施主要有：在集团化组织架构调整的基础上，对各企业进行管理体系重新搭建；财务管控改革方面进行集中财务人员统一办公、统一财务管理制度、统一审批、审核流程；详细梳理所属企业银行账户情况，利用资金集中优势，与金融机构优化资金管理合作模式，合理调整资金运作方式；通过统一实施全面预算管理，强化集团管理手段；全部管理流程再造，制度上重新规范集团内部各企业管理流程，对集团内部各企业管理流程进行整合与优化，提高资金集中管理工作推进的效率与效果。

在管理改革具体实施阶段，R 公司按照多层面细化实施方案、资源统一调度的原则进行推进：一是实施先后顺序层面。首先选取经营模式比较完善、与总部相距较近的单位开展试点，待试点单位内部管理制度调整完毕，管理过程重建运行平稳之后，再开展全面推广。二是管理模式选择层面。首先借助财务结算中心的建设，对下属企业进行资金收支实时监测，在财务结算中心组织与管理体系的建立逐步完善之后，再根据各公司的经营实际状况，设定备用金与资金留存额度，实现资金集中管理目的。三是资金运用计划管理层面。由于公司体系资金预算计划管理基础比较薄弱，短期内允许所有公司在设定的备用金额度内自主付款，但后期随着公司资金计划管理体系的不断完善和管理考核模式逐步推进，先着重考核各公司资金使用计划的精确性，再进行大额付款计划管理，并定期考核资金计划的完成比率。

（二）实施内容（PDCA——D）

1. 优化管控模式

（1）搭建集团化资金集中管理体系。

R 公司实现集团化资金集中管理，首先要建立统一完善的资金集中管理体系，从各子公司签约银行入手，规范各个银行账户，按照拨付备用金模式对各子公司资金进行归集和管控。同时，通过银行账户与资金运作方式的优化，实现资金快速归集和调度，提高资金运作效率、降低资金运营成本，切实从资金集中管理中取得效益，促进业务发展。

R公司从分散的经营管理体系向集团化战略管控进行转变，需要集团总部对各子公司资金有较强的管控能力，属于集团化管理的初级阶段。因此，在资金管控方面采用拨付备用金模式，集团财务结算中心根据每一个下属成员单位所提交的资金使用申请情况以及对历史数据的分析，确定各成员单位备用金额度标准，供各成员单位日常经营过程中的现金使用及报销。通过资金管理模式改革，R公司完成对集团企业内部所有资金决策权和分配权的控制。

R公司对所属企业的资金进行集中管理后，集团总体资金具有一定规模，比较有利于R公司成为金融机构的重点客户和优质客户。目前，R公司与工商银行、招商银行、民生银行、中信银行等金融机构均接触洽谈资金集中管理合作事宜。通过对比各家银行网上银行系统模式、承诺的条件、费用的收取额度等服务内容，结合公司资金规模及资金安全要求，拟在工商银行与招商银行设立两个资金池。财务结算中心根据资金集中规模和经营资金预测，提出科学的资金集中管理需求，金融机构按照管理需求制定和提供资金集中操作方案。在和银行进行多次协商后，银行需要独立向资金池内所有企业提供银行对账单，显示各企业账户的资金收支明细及余额状况，包括对集中资金进行存款产品及理财产品的收益情况及各企业账户的分配；同时还需要提供实时的资金信息证明，用于各企业投标、审计等工作。

（2）加强资金预算管理。

R公司加强资金预算管理主要进行以下三方面工作：

①R公司党委会于每年的十一月中旬制定下年度集团体系总体的战略目标，由公司财务结算中心根据战略目标，对企业下年度的资金预算作出具体部署，并将年度战略目标根据各公司具体经营状况和上年度预算的实施状况加以合理细化，并将资金预算合理分解到下级单位，然后由各二级单位根据各自的实际经营状况，将资金预算指标进行合理细分下发至具体经

营单元，从而构成了自上而下的企业资金预算目标管理系统。

②进一步强化对预算工作的监管，明确资金预算工作各岗位职责分工，通过从业务员、预算员再到主管三个层面来完成管理控制。将如何按规定的时限完成填写预算实施情况、各公司及各部门的预算执行指标完成情况等均列入资金预算工作的控制范畴之中，将各方面责任具体落实到人。

③通过制定资金预算的考评指标体系，进一步加强资金计划管理与检查评估管理工作。财务结算中心通过资金预算考核体系对各部门都实施约束管理，使资金预算管理工作在各部门中都能够受到高度关注和高效的实施。在资金计划的实施过程当中，财务结算中心相关人员能够随时检查资金计划的实施状况并加以监控管理，把所有企业的资金都限制在计划规模以内。对超出预算范围的资金，财务结算中心实施了严密的审核制度，将资金符合条件的加以审批，不符合条件的不加以审批使用。在每年的资金计划完成后，可以根据资金计划管理考评表对工作人员实施全面的考评，形成考核系统，公正透明地实施考评管理工作，确保资金预算考评管理工作的高效开展。

2. 制度完善与流程再造

集团化组织架构的调整，直接导致管理体系流程的变化。原来由各企业分散管理的财务业务都集中到了财务结算中心进行，进一步加深了集团化制度体系调整完善和管理流程再造的必然性。R公司依据集团化战略管控的运作特点，针对调整后的组织架构及整合后的业务重新统一规范制度及管理流程再造，以适应集团化统一管理的需要。

在资金集中管理方面，R公司首先统一规范集团体系内部财务管理制度和资金管理制度，通过制度控制，加强对整个企业集团活动的约束和规范；通过审批流程、成本控制流程、事项审核流程等流程的再造，强化R公司对所属企业的管控，使集团体系内生产运营活动得以规范，促进R公司集团化战略管理顺利、有序、高效地实施。

（三）取得成效（PDCA——C）

1. 资金集中管理成效进展

R公司通过应用管理会计相关理念与方法，对所属企业进行资金集中管理，以逐步实现对所属企业进行集团化战略管控的目标，经过近两年的推进，从财务指标来看取得了突破性进展，取消重复账户8个，资金集中规模达到2亿元，资金集中后理财收益较集中前增加近300万元，增长近一倍，资金预算执行率从78%提高到90%；共修订18项财务管理制度，规范集团财务流程23个，提质增效目标基本实现。

发布并修改了投资项目管理办法、全面预算管理办法、企业成本费用报销管理办法、企业内部资金往来管理办法、固定资产管理办法、建设项目合同审查管理办法等，规范了企业成本费用报销审核流程、项目合同审查流程、预算审批流程等，为公司各业务板块的协同发展提供了制度支撑和保障。

2. 不足之处

（1）资金预算执行力不足。

R公司及所属企业在资金预算执行过程中存在一定的问题，主要体现在以下几个方面：

①部分公司出现了虚报用款需求的情况，早报或者多报预算资金，从而影响了资金预算的准确性，由此导致公司总部对各下属企业流出资金的管理不能达到实际效果，造成了在每个公司账户保留过多的储备资金，从而影响了集团体系内资金的有效利用。

②在实施资金预算管理的过程中，R公司对各下属公司下达资金预算考评指标不够科学细化，预算考评也不够规范，经常有走过场的情形出现。多数公司对资金预算的落实缺乏关注，当流动资金有缺口需要时，往往依赖财务结算中心完成资金划转，对流动资金的进入与支付也缺乏细致的计划，财务结算中心资金管理工作有很大压力。

（2）集中管理推行不当，挫伤子公司积极性。

对资金实施集中管理后，R公司遇到了大多数进行资金集中管理变革公司同样的问题，当无法充分控制好"分权"与"集权"的比例关系时，就会产生有时管理控制过细、管理力度过重等问题，从而减少了部分灵活性和弹性，并导致整个流程的臃肿，从而极大降低下属单位的工作热情与积极性，容易形成对公司总部的消极依赖性。各公司业务人员的业务积极性被大大削弱，而财务人员忙得不亦乐乎，导致了工作状况的二极分化。

此外，R 公司将所属单位全部的财务工作集中在总部之后，业务人员并不能时时刻刻联系到分管财务核算工作的财务人员，而报账员受专业素质的约束，在服务上也无法适应企业一线需要。同时，业务人员与财务人员处于不同环境办公时，也无法实现有效高质量的沟通，造成企业经营工作和财务核算分割问题严重。此外，由于没有完善的运营管理网络系统，也就没有信息沟通的桥梁，从而凸显了距离和时间等因素造成的工作效率下降问题。

（四）调整工作（PDCA——A）

1. 调整预算考核指标，提升预算执行力

针对 R 公司现行预算体系仅仅包含财务指标且控制力度不够的问题，我们在原有资金财务预算的基础上扩大了预算考核内容，并设立了较为科学的预算考评指标体系。调整后的预算构成如表1所示。

表 1　　　　　　　　　调整后预算构成表

预算管理体系		
经营预算	财务预算	资本预算
收入预算	预计资产负债表	固定资产购置预算
直接成本预算	预计利润表	长期投资及投资收益预算
经营费用预算	预计现金流量表	
管理费用预算		
人工成本预算		

为了提升预算控制工具对绩效的测量效果，R 公司重新设置了预算考评指标体系，从定量和定性两个方面设置考评指标体系，较为全面合理地对所有业务板块进行预算考核，提高预算执行力。

2. 调整管理"一刀切"，合理设置管理等级

针对资金集中管理后，部分子公司经营积极性被挫伤，管理效率没有达到预期效果的情况，R 公司通过对下属公司进行分级管理来进行调整，如：为所属公司评定分级，对不同级别的公司，采取差异化的资金管理等措施。对级别高的公司，可相应放松资金控制条件，相应提高批准权力；

对级别低的公司,则要强化资金管理的监控,减少授权批准的权力。

在确定下属企业的资金管理等级时,我们重点考察如下几种因素:(1)历年财务审计结果;(2)业务市场化程度;(3)对公司总部新制定管理制度和管理办法执行程度;(4)单笔合同最大金额;(5)经营难度(院内资源业务或者外部创新业务);(6)整体人员素质情况。另外,对所属企业管理等级评定标准和依据,每年根据上一年实际情况进行调整,并按照调整后的管理等级制定相对应的资金管理办法,以增强管理等级评定制度执行的有效性。各因素具体占比及评分标准如表 2 所示。

表 2　　　　　　　　　资金管理等级评分表

评分因子	评分范围	评分标准
历年财务审计结果	0—10	根据审计发现问题扣分,从 10 分扣起,扣完为止
业务市场化程度	0—20	市场化程度越高得分越高
制度执行程度	0—20	根据制度执行实际情况扣分,从 20 分扣起,扣完为止
单笔合同最大金额	0—20	从 10 万元起,每增加 10 万元,增加 1 分,满分 20 分
经营难度	0—20	院内业务视业务复杂程度得分区间为 0—10 分 院外业务视业务复杂程度得分区间为 11—20 分
人员素质情况	0—10	根据管理层学历水平、工作经验进行打分

根据得分情况,将所有公司分成三个级别进行管理,60 分以下为一级、60—80 分为二级、80 分以上为三级,级别越高资金管理权限下放越多,公司经营管理层自主权更大,从而兼顾控制风险和管理灵活性两方面。

总结

运用 PDCA 工具进行资金集中管控模式优化之路就像是一个企业的登山进阶之路,而登山的工具是一个个连续的 PDCA 环。PDCA 循环不是在同一水平上循环,而是每循环一次,就解决一部分问题,取得一部分成果,管理水平就进步一步。对于集团公司来说,实现资金管控是发展的必然需求,而资金管控模式并不是一成不变的,需要根据集团对下属企业的管控模式及发展阶段选择适合的资金管理模式。也就是当前的资金管理模式不能与企业发展状况相适应时,新的资金管理模式就会随之而来,一个新的资金管理模式的出现是为了更好地将上一个资金管控模式存在的问题妥善解决。每通过一次 PDCA 循环，都要进行总结，提出新目标，再进行第二次 PDCA 循环，使公司治理的车轮滚滚向前，助力企业不断登上更高的发展阶梯，适应公司业务发展的需要。针对这一轮应用 PDCA 工具进行资金管控模式的改革，我们得到很多宝贵的经验，供后续进一步改革借鉴。

（一）合法合规性须在执行过程予以考虑

集团化资金集中管控措施正式实施时，公司总部将可能涉及的司法问题全面征询法规部门意见，以确保资金集中管理整个流程的合法合规。针对一些历史沿革较为繁杂、非全资并表的下属企业，就其持股比率以及实际经营管理状况，建议先由上级管理单位统一下达经营管理授权书，或者在管控措施、管理制度具体实施过程中，经所属企业管理层书面回复执行意见，然后再列入归集范畴，以确保资金归集过程平稳合规。

设立资金收益分配机制，把已汇集资金的存款、理财收益根据资金集中贡献率分摊给各单位，让资金汇集机制变成各单位的利益共同体，可以有效提升各单位资金汇集的积极性。

（二）做好资金集中管理可以促进企业经营良性循环

采用新的管理模式做好资金集中管理工作，R 公司能够更高效地进行内部资金的再循环，财务结算中心通过将 R 公司集中上来的资金统筹管理与分配，将 R 公司下属单位的存量资金进行归集与上收，再分派给资金紧缺的单位，有效进行了企业内部资金调度管理，减少了企业资金成本，提高了集团公司内企业的协同效益，有效促进企业经营业务的良性循环。

（三）制度统一及流程再造是集中管理的重要保障

针对 R 公司及所属公司没有统一的管理制度，我们在战略控制的管理控制过程中，对资金集中管理采用了制度控制工具，完善了企业的相关财务制度，提高了对整个企业集团活动的约束和规范，为资金管理提供了制度保障；同时，通过整体业务流程再造，优化了资金集中管理的流程，强化资金管理过程的控制，提高了资金集中管理实施过程中的效率及效果。

（四）运用信息化技术手段，提升资金集中管理效率

从 R 公司资金集中管理实施过程来看，一些好的方案和措施往往由于原有的信息化程度太弱而无法达到预期效果。因此信息化程度的提高是实现资金集中管理更大效能的必须条件，以信息化代替人工，既能提高工作效率又能减少人工所造成的错误。

审计风险模型在行政事业单位
经济责任审计中的应用

张 兴

摘 要：经济责任审计是中国特有的一种审计监督制度，在我国的审计体系中具有特殊地位。党的十八大以来，国家更加强调全面从严治党，将领导干部监督摆在更加突出的位置。经济责任审计作为规范权力运行的重要手段，在领导干部监督方面具有不可替代的重要作用。由于行政事业单位领导经济行为较为复杂、缺少科学评价标准等原因，行政事业单位领导经济责任审计存在审前调查准备不充分、审计发现问题同质化、审计评价不准确等问题，审计质量的稳定性不高。因此，在行政事业单位领导经济责任审计的过程中，如何合理管控经济责任审计风险，不断提升经济责任审计质量，是一个值得深入探讨的问题。

本文从某部委经济责任审计工作实际出发，充分使用对比分析、理论研究、文献归纳和案例分析等方法，通过对行政事业单位经济责任审计风险特殊性的分析，以现代审计风险模型为基础，根据经济责任审计工作现状及存在的主要问题，确定经济责任审计风险模型的目标和总体思路，将审计风险细化为四方面子风险。将上述模型在 JT 部的应用过程中，重点探讨如何识别固有风险、评估控制风险、控制检查风险、降低评价风险，并从管理体制、审计内容、方法转型、人才建设等方面提出一系列审计保障措施。

关键词：审计风险模型；经济责任审计；行政事业单位

一、研究背景

（一）研究意义

经济责任审计是中国特有的一种审计监督制度，通过加强对党政主要领导干部和国有企事业单位主要领导人员经济责任履行情况的监督、审查，达到强化权力运行监督、预防惩治腐败、推动经济高质量发展的目的。

党的十八大以来，以习近平同志为核心的党中央对加强审计工作、完善审计制度等作出了重大决策部署。党的十九大提出，要改革审计管理体制。十九届三中全会作出组建中央审计委员会的决定，提出要加强党对审计工作的领导，构建集中统一、全面覆盖、权威高效的审计监督体系，更好发挥审计监督作用。在审计形势和国家政策的双重要求下，2019年7月，中共中央办公厅、国务院办公厅修订印发《党政主要领导干部和国有企事业单位主要领导人员经济责任审计规定》，修订内容涉及指导思想、审计对象、决策机制、组织协调、审计实施、审计评价、结果运用、审计机关和被审计单位责任和权力等各个方面，标志着经济责任进入新阶段。因此，做好经济责任审计工作是时代的呼唤，提升经济责任审计质量是值得长期坚持研究的命题。

从经济责任审计的特点看，经济责任审计在审计对象、目标、内容、用途等方面与一般审计有明显的区别。经济责任审计的对象为各级国家机关、党政部门主要领导干部和国有企事业单位的法定代表人，总的目标是促进领导干部规范权力运行，树立正确的政绩观，正确履行经济责任。审计内容除被审计领导干部履职单位的真实、合法和效益情况外，一般应还包括领导干部在岗位工作中贯彻执行国家财经法律法规情况、经济目标完成情况、重大投资决策及建设效益效果情况、被审计人的廉洁自律情况等。此外，审计结果报告呈报的对象更加多元，审计结果报告应当存入被审计领导干部或领导人员个人档案。可见，提升经济责任审计质量，具有其自身的规律性，需要不断研究创新。

从JT部经济责任审计的实际情况看，由于审计机构不健全、审计方法过度依赖传统查账、部属单位业务性质种类较多、审计评价缺少科学标准等原因，行政事业单位领导经济责任审计存在诸多的不确定性，审计风险较一般审计更高。如何通过有效管控审计风险，实现经济责任审计质量提高的目的，是未来经济责任审计发展的方向，因此成为当前十分值得深入探讨的问题。

本文主要借鉴传统审计风险模型，探讨建立行政事业单位经济责任审计风险模型，在识别固有风险和评估内控风险的基础上，通过在检查、评价环节上采取措施，将审计风险控制在合理水平，更好发挥经济责任审计的职能作用，对于新时代经济责任审计工作发展具有积极意义。

（二）研究工具与方法

本文以 JT 部内部审计工作为例，通过对比分析、理论研究、文献归纳和案例分析法等方法，建立行政事业单位审计风险模型。论文将首先探讨行政事业单位经济责任审计风险模型的内容，将经济责任审计风险细分为固有风险、控制风险、检查风险、评价风险四个风险。通过系统综合运用识别固有风险、评估控制风险、控制检查风险、运用量化体系降低评价风险四方面措施，达到管控审计风险、提升审计质量的目的。最后研究新形势下实施审计的保障措施，探讨在当前形势下做好审计工作的机遇和挑战。

1. 风险导向审计

风险导向审计发端于 20 世纪 60 年代中期，由于被审计单位舞弊的现象明显增多，特别是管理方原因引起的舞弊案例越来越多，使得针对注册会计师发生了更多诉讼，给注册会计师本人带来巨大经济损失的同时，严重威胁着注册会计师行业的生存和发展，审计风险逐渐走入人们的视野，成为关注和讨论的焦点。

2. 审计风险模型

2003 年 10 月，国际审计与鉴证准则委员会（IAASB）适应新形势，总结提出了现代审计风险模型：审计风险 = 重大错报风险 × 检查风险。我国自 2007 年实行的新审计准则体系，吸收了 IAASB 的风险模型，将风险导向审计的思想引入其中。

3. 经济责任审计风险模型

根据行政事业单位领导干部经济责任审计的特点，审计侧重于对所在单位财务收支的真实性、合法性和效益性的审查，其审计的主要目标是客观评价领导干部履行经济责任的效果。为实现这一目标，模型中既要包含被审计单位自身存在的风险、审计查证阶段的风险，以及评价阶段的风险，其中被审计单位自身的风险分为不受管理层影响的固有风险以及受管理水平影响的控制风险。借鉴2003年之前的经典传统审计风险模型，经济责任审计风险 = 固有风险 × 控制风险 × 检查风险 + 评价风险。

（三）研究创新

一是构建行政事业单位经济责任审计风险模型。将经济责任审计风险细分为单位层面和检查层面两类风险，具体包括固有风险、控制风险、检查风险、评价风险四个风险。

二是探讨审计风险模型在审计实践中的应用。具体包括识别固有风险、评估控制风险、控制检查风险、运用量化体系降低评价风险四方面内容。

三是研究新形势下实施审计的保障措施。具体包括建立健全审计监督管理体制、着力提高审计质量和效率、深入开展研究型审计、加强审计人才队伍建设。

二、总体设计

（一）JT部基本情况介绍

JT部为国务院直属部门，内设15个司局，直属一级单位18家、基层单位315家，包括业务保障单位、科研教育单位和党校等其他单位，共有在职职工5万余人。JT部内部审计机构设在财务审计司审计处，编制8人，实有人员6人，设一正两副3名处级领导，平均年龄38岁。主要职责是"负责组织拟定JT行业内部审计规章制度并监督实施，指导JT行业内部审计工作；负责部机关及直属单位的内部审计工作；组织实施部投资建设项目和部管专项资金征收、使用及管理情况的审计或审计调查工作；负责部管干部的经济责任审计"。作为审计监督主责主业，JT部审计处对部属单位主要开展经济责任审计、专项审计等；对行业单位主要开展中央专项资金审计。

经济责任审计是我们审计工作的重中之重，纳入部每年党风廉政建设的重点任务。按照干部管理权限，审计处受部人教司委托开展部管干部（局级领导 60 余名）任期审计，每年审计处负责的经济责任审计项目平均超过 10 项。JT 部经济责任审计主要做了如下工作：

（1）注重健全审计制度。2016 年以来，先后制定制度 10 余项，如以部党组文件制定《关于加强和改进内部审计工作的意见》，为 JT 部开展内部审计提供了强力支撑，指导部本级与部属单位做好审计工作；根据中共中央办公厅、国务院办公厅经济责任审计规定，及时修订印发《部管主要领导干部经济责任审计规定》，强化经济责任审计工作，同时修订印发《经济责任审计工作联席会议制度》，将联席会议成员单位由 4 家扩充为 7 家，调整了联席会议单位的职责分工；制定《关于进一步加强审计整改工作的意见》《JT 行业内部审计工作规定》《JT 部内部审计操作规程》，提升经济责任审计工作规范化水平。

（2）注重确保审计质量。一是以直接审计为主。按照《部管主要领导干部经济责任审计规定》，审计方式可采取直接审计或委托审计，不向会计师事务所委托。直接审计即审计处牵头组成审计组，审计处人员担任审计组组长、主审等关键职务，负责审计实施方案、审计组织以及审计报告等主要工作。委托审计一般委托部属单位组成审计组开展审计，但审计处派员参加。现场审计结束后，均以部名义出具审计报告征求意见稿及正式报告。二是有效整合审计力量。面对人少工作任务重的现状，每年开展审计项目时，从部属单位现有的专兼职审计人员中，抽调业务骨干参与审计，每年约 40 人。同时，适度采购中介机构服务，我部在财政部评审中心招标采购选定的会计师事务所中选取了 4 家签订《委托审计（检查）协议》（单价合同），按人、天、工程量结算审计费用。中介机构人员仅按照审计分工参与具体工作，不担任审计组长、主审等关键职务。三是提高审计人员素质。重视审计人员培训，每年组织一次全系统审计人员业务培训班，每次超过 100 人，审计内容突出审计实务。编写《JT 部内部审计操作指南》，从审计方法、审计内容、审计案例等方面入手，指导审计人员具体查证工作，对于指导系统内审工作具有重要作用。

（3）注重审计结果运用。一是制定专用文书。2020年起，使用审计专用文书下达审计通知书、审计征求意见、审计报告、审计决定，其中审计结果文书由部主要负责人签署，以部名义下达，进一步增强审计效力。二是编写审计案例。2018年起，每年汇总内部审计、审计署审计问题，梳理编写1册《审计案例选编》，发放给部属各单位，以案明纪，进一步增强部属单位财经纪律意识。三是形成监督合力。内部审计与部党组巡视、纪检监察形成合作机制，审计结果及整改报告抄送相关单位，部分问题向纪检监察部门移交，促进各种监督贯通融合。

多年的实践表明，在部党组的领导下，JT部开展的经济责任审计中，坚持问题导向，敢于动真碰硬，勇于揭短亮丑，善于纠错防弊，在促进部属单位增强财经纪律意识、规范领导干部权力运行方面发挥了积极作用，得到了部领导和部属单位的认可。但同时，我们也清醒认识到经济责任审计工作距离单位的需要、领导的期望也有一定差距，集中体现在审计发现问题的广度和深度不够，部领导在较早之前的场合也曾提出"内审无问题，外审有问题；内审小问题，外审大问题"的批评意见，使我们如芒在背、时刻警醒，成为我们不断提高审计质量、严控审计风险的鞭策。

（二）JT部经济责任审计工作的困境

作为领导干部管理的重要手段，JT部经济责任审计具有特殊的地位和意义。对于内部审计机构而言，经济责任审计也是主责主业，受到单位的高度重视。但受内部审计机构履职能力、审计方式方法等因素影响，内部审计机构开展经济责任审计的效果和质量参差不齐，主要表现在以下几个方面。

1. 审前调查准备不充分、缺乏深度

一是编制计划偏短，难以保证审计效果。内部审计机构一般奉行"凡离必审，任中不审"的原则，审计工作缺少计划性，审计项目的安排缺少主动性，从接到审计任务到审计实施时间紧张，审计人员缺少足够的时间和精力开展审前调查、制定审计实施方案，审前准备工作不充分、不深入，审计过程中受时间限制而抢进度，无法保证审计工作质量。例如，在对部属某行政单位的经济责任审计中，按照一般的经验，该单位下属的企业不

属于关注的重点,因此在分配审计人员时,安排了一名审计经验欠缺的新手。但于在审计进场后发现,该行政单位下属企业经营规模大,业务与行政单位关联密切,内部管理不够健全,政策风险和管理风险较大。因此审计启动后,初期的工作较为被动,审计组临时调整了审计实施方案,从组内抽派人手,审计组长亲自参与查账审计,勉强完成审计任务,但对审计整体效果造成了影响。

二是审前调查缺乏深度,审计实施方案千人一面。由于经济责任审计对象是部属单位,很多内部审计机构自视熟悉单位情况,在编制审计实施方案时,主要在历次审计实施方案基础上做"增量预算",往往和其他单位审计实施方案区别不大,未做到"量身定做",针对性不够,审计实施方案对审计过程的指导意义有限,形式上的意义大于实质意义。例如,在一项科研单位经济责任审计中,审计实施方案参照数年前的模板制定,忽视了近年来国家关于科研松绑的政策要求,导致审计实施方案关注的重点发生了较大的偏差,影响了审计实施效率。

2. 审计发现问题同质化现象严重、表象问题居多

审计署侯凯审计长在2022年全国审计工作会议上强调,审计要立足"审计监督首先是经济监督"定位,聚焦财政财务收支真实、合法、效益审计主责主业,做好常态化"经济体检"工作。实践层面,问题导向是审计领域普遍的共识,也是审计业务实践的出发点和落脚点。因此,能否查出有质量的问题,真正揭示被审计单位客观存在的问题,是能否发挥常态化"经济体检"作用的基本评价标准,也是关系到审计存在意义和价值的基本衡量标尺。从实际情况看,很多内部审计发现的问题趋同化、浅层化的现象严重,历次审计发现的同类型问题重复出现,财务核算等表象性问题居多,犹如隔靴搔痒、蜻蜓点水,被审计单位乐于接受,但审计效果难言成功,长此以往将严重削弱内审机构的权威性和存在的价值。

例如,在某行政单位的经济责任审计中,由于未充分评估单位风险,在审计组配置上未作针对性安排,而是同其他行政单位等同化处理。审计结果显示该单位内部控制制度较为健全,也未发生重大财经纪律问题。但在审计结束后不久,该单位的行政负责人因涉嫌违反廉政纪律接受纪检监察部门调查,经查明的事项中既有个人违规收受贿赂的行为,同时也有利用单位内部漏洞贪污公款的行为。

3. 审计评价依赖主观判断、难以量化界定

在经济责任审计中，如何准确、客观、全面评价领导干部经济责任，历来都是经济责任审计的重点和难点，特别是缺乏系统评价体系的情况下，审计评价仍主要靠审计人员的主观判断，审计人员的"自由裁量权"较大。在评价领导干部经济责任时，直接责任与领导责任、集体决策责任与个人决策责任等方面缺乏统一的认定标准，影响审计评价的质量和效力，存在一定的随意性。

例如，在部属某事业单位的审计中，审计组在审计报告中对被审计领导干部进行了审计评价，主要考虑到该单位的问题较多，评价其基本履行了经济管理责任，而未评价为"较好"等次。该领导干部在反馈意见阶段提出，其前任领导干部经济责任审计时反映的问题在数量上更多，严重程度也更甚，评价却更高，有失公平。经过沟通解释，该领导也认可了审计的评价意见。但评价标准的不统一、不确定，将在一定程度上影响审计的公信力。

4. 审计独立性较弱、处理力度不够

一是内部审计独立性影响审计处理的公正客观。独立性是审计工作的灵魂。内部审计机构在组织体系上实行领导负责制，在独立性上不如外部审计，容易站在部门利益的角度对一些行为采取默认的态度。同时，审计现场工作容易受到人际关系的多方面压力，在一定程度上影响了工作的顺利开展，降低了审计作用的发挥。二是审计处理空泛、可操作性差。审计人员未能深入分析问题的根本原因，与被审计单位沟通不足，与当前政策、经济、社会环境联系不够，审计处理不够恰当有效，被审计单位可执行性差，处理结果难以落地，前审后犯、屡审屡犯、此审彼犯时有发生。

例如，在对部属某事业单位的审计中，审计组发现了超范围使用行政事业类经费的问题，并作出依法上缴资金并调整账务的处理。但该单位在反馈意见过程中，提出同样问题在其他单位的处理仅为停止违规行为，未对资金上缴作出要求，审计处理存在差异。可见，审计处理不当，也将削弱审计的权威性。

(三) 建立审计风险模型的目标及总体思路

审计实施过程中，领导经济责任审计存在诸多的不确定性，原因既有领导经济行为复杂、审计内容广泛等客观因素，也有审计层面的主观因素。因此，在领导干部经济责任审计的过程中，如何做到既提高经济责任审计质量，又把经济责任审计风险规避在合理的范围内，是一个值得深入探讨的问题。即通过建立行政事业单位经济责任审计风险模型，分析影响审计质量的风险因素，提出系统化的过程控制，在审前、审中提出有针对性的应对措施，尽量减少审计因素对审计质量的影响，达到有效管控审计风险的目标。

一是建立行政事业单位经济责任审计风险模型。借鉴审计风险经典理论，结合行政事业单位内部审计特点，建立模型，即经济责任审计风险 = 固有风险 × 控制风险 × 检查风险 + 评价风险。

二是分析各类经济责任审计风险的具体内容。审计工作更强调实践，因此风险模型要发挥作用，必须落实到实践中，将风险与审计操作层面相贯通。分析风险的具体内容，就是将各类风险具化到审计操作层面，研究影响风险大小的实际因素和表现形式。

三是研究经济责任审计风险管控的保障措施。做好经济责任审计工作，需要在领导体制、队伍、制度、信息化等方面具备配套的审计保障措施，确保审计工作高质量实施。

(四) JT部经济责任审计风险模型的内容

2019年，中共中央办公厅、国务院办公厅印发的《党政主要领导干部和国有企事业单位主要领导人员经济责任审计规定》中，第三章第十八条列示了行政单位的主要审计内容。与第十九条国有企业的审计内容相比，其特点有：

一是更加突出单位重要发展规划和政策措施的制定和执行。行政事业单位往往具有一定的公权力，其发展规划和政策措施对社会和公众都具有较大的影响力，因此审计要关注经济责任审计对行政事业单位权力运行的约束，在审计实践中更加注重行政事业单位各项行为的外溢效应。同时，关注发展规划和政策制定也是经济责任审计区别于其他审计类型的重要特点。

二是更加突出财政财务管理和经济风险防范情况。行政事业单位大多得到财政资金的支持，因此更加注重财务管理的规范性和财政资金的效益性。《行政单位财务规则》和《事业单位财务规则》明确了行政事业单位财务管理方面的职能包括科学、合理编制预算，建立健全财务管理制度，实施预算绩效管理，加强对行政单位财务活动的控制和监督，加强资产管理，合理配置、有效利用、规范处置资产，防止国有资产流失等。

三是更加突出预算管理中执行机构编制管理规定情况。相关文件明确要求经济责任审计中要将机构编制管理规定纳入审计范围。主要考虑是，行政事业单位的编制情况是单位申请财政预算的基本依据，在当前推行定额管理的背景下，机构编制的意义更加凸显，同时，以编定岗也是维护单位基本管理秩序的重要内容。

从上述分析来看，行政事业单位经济责任项目与一般审计项目相比较，具有一定的特殊性，涵盖领导干部在任职期间对其管辖范围内贯彻执行党和国家经济方针政策及决策部署，推动经济和社会事业发展，管理公共资金、国有资产、国有资源，防控重大经济风险等有关经济活动应当履行的职责。根据前述分析，行政事业单位经济责任审计风险＝固有风险×控制风险×检查风险＋评价风险。

1. 固有风险

固有风险是指在不考虑单位内部控制的前提下，行政事业单位业务管理发生违规问题的可能性，是被审计单位管理过程中自带的风险。审计人员可以通过积极获取信息，对被审计单位固有风险进行识别。

2. 控制风险

2012年，财政部颁布《行政事业单位内部控制规范（试行）》（财会〔2012〕21号，以下简称"21号文件"），成为行政事业单位内部控制的基本指南。对于内部控制，可从以下四个方面理解：

（1）内部控制的价值追求在于合规高效。按照21号文件，开展内部控制要实现的是合规和高效两个目标，不可偏废。一方面，通过制度设计和执行，约束限制个人的自由裁量权，规范单位经营管理行为，确保经济活动的合规性。另一方面，开展内部控制也绝非可以忽视效率，反而，内部控制的价值主要体现在单位运转效率的提升。

（2）内部控制的精髓在于形成制衡。法国孟德斯鸠认为，谁掌握了大权都会滥用职权，都会把他的权威运用到极点，要制止这种权力的滥用，只有用权力来牵制权力，因而提出政府中的立法、行政、司法等权力相互制约与相互制衡的理论。21号文件提出内部控制的四原则中，制衡是实现内控风险防范的基础，是设计内部控制制度的基本出发点。某种程度上，内部控制就是形成有效制衡。

（3）内部控制的重点难点在于量身定做。量身定做体现的是内部控制的"适应性"原则，内部控制应当符合国家有关规定和单位的实际情况，这是底线。目前，国家有关规定条款繁多，制度的笼子越扎越密，但这些制度出台更多是考虑国家管理的需要，而非站在微观层面满足诉求，更多是设定了一个基本框架，提出了红线底线。对于一个单位而言，直接使用国家的规定远远不够。同样，照抄其他单位的制度也大多水土不服。因此，好的内部控制制度必然是在国家规定的框架内，将适合单位实际需求作为出发点和落脚点，在实践中不断自我更新和完善。

（4）内部控制的突出问题在于重形轻效。在当前巡视、审计等监督力度进一步加大的形势下，行政事业单位风险意识普遍加强，建立了内控制度体系，但是审计中也发现，有的单位为内控而内控，将内控变成了各部门各岗位推卸责任、转移风险的手段。常见的表现是不考虑单位业务开展的实际情况，不仔细区分内控风险大小，设计看似复杂精密、实则难以操作的管理流程。表面上看，这种管理形式上很规范，控制很到位，却起不到真正的作用，成为摆在桌上的"花瓶"，成为挂在墙上的"壁画"，甚至有的制度由于管理成本大于对应行为产生的风险，成为影响单位发展的负能量。

从上述分析来看，审计控制风险与审计人员的工作无关，属于单位自身的风险，但受单位管理水平和内部控制有效性的直接影响。

3. 检查风险

审计检查风险指审计人员通过预定的审计程序未能发现被审计单位重

大违规问题的可能性。被审计单位经济业务中存在的问题，架空内部控制制度体系，形成违规事实，审计人员有必要采取审计手段来揭示这些问题，以保证审计结果真实、公允。检查风险不受固有风险和控制风险的影响，而是审计实施阶段的独立风险，同时也是审计人员可以控制的风险要素，与审计人员的工作直接相关。

4. 评价风险

经济责任审计评价风险是指审计人员在完成经济责任审计法定内容和程序的基础上，对领导干部履行经济管理职责的好坏，对经济活动的真实性、合法性、效益性，及对其负有的经济责任作出的不恰当结论性评价的风险。经济责任审计的最终目的在于审计评价，而审计评价又涉及主观与客观、定性和定量、过去与现在等诸多方面。行政事业单位领导干部的评价要更加注重和我国的干部考察、考核、任免相结合，与纪检、监察和廉政建设相结合，廉政方面出现问题实行一票否决。审计评价应建立在查清审计事实的基础之上，充分考虑政策、市场等主客观因素，探索量化方法来进行。一方面，审计评价应要与审计证据相匹配，审计评价要与审计报告内容相匹配，评价内容不应超越审计内容范围，也不宜与报告反映问题产生矛盾，避免越权评价、片面评价的风险。另外，审计评价还要认真注重运用"三个区分开来"的原则。另一方面，经济责任审计既是对领导干部的审计，也是对单位管理行为的审计，审计过程中要充分考虑主客观的因素，比如前任与现任、个人和集体、领导和直接责任等，这也是审计人员界定相关责任中的主要风险。

三、审计风险模型的应用过程

（一）基于审计风险模型的经济责任审计

按照审计风险模型，经济责任审计的风险体系包括固有风险、控制风险、检查风险和评价风险，四类风险互相影响，共同作用。其中：固有风险和控制风险属于被审计单位层面的风险，检查风险、评价风险属于审计机构实施过程中的风险。但如何识别和评估被审计单位存在的固有和控制风险，对于审计实施过程中制定审计方案、落实审计措施、关注审计重点、做出审计评价等都具有重要影响。

1. 识别固有风险

固有风险与单位相伴相生，不受审计手段影响，也不可消除。识别固有风险对于评估控制风险具有参照意义，也对管控检查风险等审计实施风险有重要意义。通常来说，固有风险越大的单位，审计对被审计单位的信任度越高，审计实施风险的可接受水平越低。识别固有风险要从如下方面着手：

（1）经济业务的特征。

固有风险水平因被审计单位及经济业务的性质、特征等因素而产生差异。具体影响因素包括：

单位的"三定"性质。行政单位仅有执法职能，支出类别较为简单，但事业单位，特别是公益二类事业单位，既有履行公益职能，也有市场行为，业务更为复杂。比较而言，行政单位固有风险较小。

单位的规模。预算收支、资产、在职人员是衡量单位规模的基本要素。一般来说，规模越大的单位，管理难度越大，固有风险越大。

财政性资产的比例。财政性资金受到财政部门零余额账户、资金监控系统等监管较多，但自有资金受到的监管偏少，因此财政性资金占比越高的单位，风险相对较小。

支出业务的复杂性。支出业务越多元、职能越复杂，发生问题的可能性也越大。某些单位职能简单，业务较为单一，但有些单位职能复杂，业务较多，相比之下，业务越复杂，固有风险越高。

（2）被审计单位的内部环境。

内部环境不同所产生的固有风险水平也不同。具体包括：

被审计单位领导班子之间的团结程度。通过审前征求人事部门意见、审计调查问卷、审计谈话等方式，听取各方对被审计领导干部的评价，特别是领导班子整体履职情况。

被审计单位的发展阶段和财务状况。如果被审计单位的发展进程缓慢，财务情况常年处于困难局面，被审计单位职工人员收入往往偏低，单位层面会有动机采用非常规手段弥补收支差额，甚至使用违规违纪手段补偿职工收入短板。因此,固有风险的水平较高。

(3)被审计单位的外部环境。

外部环境对被审计单位也有明显的影响。具体包括:

对被审计单位政策的变化。被审计单位外部政策发生变化时,如中央八项规定精神、国有资本集中监管、"过紧日子"、科研松绑等,固有风险大小也会发生变化。例如,党的十八大以来,国家层面陆续出台一系列科研"松绑减负"政策,有力激发了创新创造活力,促进了科技事业发展,增大了科研单位的管理风险。

被审计单位会计核算制度的转换。2019年起,行政事业单位统一转换政府会计制度。政府会计制度对于单位和会计人员都是不小的考验,有些要求(如双分录核算)增大了工作量,有些要求(如权责发生制)增加了主观判断。在转换过程中,单位领导重视程度、会计人员业务水平高低将影响固有风险程度。

(4)以往年度审计的情况。

被审计单位接受监督情况也是识别固有风险大小的重要因素。具体包括:

历史监督状况。以前年度审计、巡视等检查过程中发现问题较多,证明单位自身问题偏多,固有风险可能较大。

审计频次情况。如果频次较低,甚至5年以上未对被审计单位进行过审计,被审计单位接收的审计监督较弱,存在的固有风险可能较大。

问题整改情况。如果问题整改情况不理想,存在拖延整改、查而不改、屡审屡犯,甚至虚假整改的,一定程度上反映被审计单位对外部监督的不重视不自省,固有风险可能较大。

2. 评估控制风险

2012年,财政部印发《行政事业单位内部控制规范(试行)》,自2014年1月1日起执行,为行政事业单位实施内部控制工作提供科学的基本指引。2013年,JT部制定印发了《JT部部属行政事业单位财务管理内部控制评价暂行办法》,细化了开展内部控制评价的措施。结合部属单位经济责任审计实际,可分为5个方面:

(1)推动事业发展情况评估。

对推动事业发展方面内控控制评估,应重点关注但不限于以下内容:

是否执行了上级重大经济决策部署，具体包括是否制定中长期发展规划，规划是否进行了充分讨论，内容是否全面，指标是否科学；"三定"职能是否充分发挥，具体包括内部岗位设置是否严格符合"三定"要求，人员编制和在职人数是否在合理范围内，主责主业是否取得较好成绩；单位事业是否取得实质性发展，具体包括软硬件设施是否得到明显改善，是否与地方政府建立协调机制，公益职能发挥是否充分等。

（2）"三重一大"决策情况评估。

对"三重一大"决策进行评估，应重点关注但不限于以下内容："三重一大"决策制度情况，是否制定"三重一大"决策，制度内容是否全面，制度可操作性是否较好，制度是否根据政策要求及时更新；"三重一大"决策执行情况，是否严格按照"三重一大"制度执行，"三重一大"决策执行频率是否在合理范围内，"三重一大"决策参与人员是否符合要求等；"三重一大"决策结果有效性情况，决策是否形成会议纪要，会议记录是否齐全完整，是否有决策执行过程中的监督反馈机制等。

（3）财政财务收支管理情况评估。

对单位财务管理内部控制评估，主要是财政财务收支的真实、合法和效益情况，具体分为单位层面与业务层面。对单位层面财务管理内部控制有效性的评估，应着重对单位财务管理内部控制制度的合规健全性、运行机制以及实际执行情况作出评估，重点关注财务管理不相容岗位是否相互分离、相互制约，财务管理岗位人员是否坚持回避和轮岗制度，重大经济事项是否建立制度，信息系统是否与单位管理充分耦合等。对业务层面财务管理内部控制有效性的评估，应着重对单位预算管理等主要业务流程控制环节的科学性、合理性以及执行效果作出评估，重点关注预决算、收入、支出、政府采购、资产、基建等业务。

（4）内部管理情况评估。

对内部管理情况进行评估，应重点关注但不限于以下内容：是否建立完善的制度体系，是否建立并不断更新单位制度体系，制度是否符合国家和部有关规定要求；是否履行出资人责任，对所属单位（投资企业）的业务活动、经济活动的管理和监督情况及其效果等；以前年度问题整改情况，巡视巡察、内外部审计等各项检查发现的财经方面问题，是否得到有效整改,是否认真研究并制定有效措施防止屡审屡犯。

(5) 单位廉政情况评估。

对单位廉政方面进行评估,重点考察领导干部"一岗双责"的履职情况,应重点关注但不限于以下内容:单位负责人从政情况,用车、办公用房、住房是否符合要求,工资薪金是否符合国家和内部薪酬制度要求,个人奖励是否符合规定,是否因违纪违规受到处分等;单位廉政情况,领导干部履行"一岗双责"情况,任期内单位本级及所属单位发生违纪违法事件。

3. 控制检查风险

在固有风险和控制风险的基础上,为保证审计质量,控制总体风险,应采取有效措施将检查风险管控在一定程度。如固有风险和控制风险较大的单位,应加强现场审计,扩大抽查覆盖面积,抽调精干力量,延长审计时间,增加检查措施,确保审计深度。以下列示审计的常见重点关注范围,作为审计工具箱,根据风险接受水平选择使用。简言之,即风险接受水平低的,须扩大审计的范围,投入更多力量核查更多的审计重点内容;反之可适当减少。

(1) "三重一大"决策情况审计。

重大经济决策情况审计的内容主要包括对决策制度、决策内容、决策程序、决策结果执行、监督问责等环节的审计和评价。

制度建立方面,关注被审计单位"三重一大"决策制度是否建立健全,制度内容是否合规且具有可操作性。制度执行方面,关注被审计单位"三重一大"决策制度是否执行到位,属于"三重一大"事项范围的重大经济事项是否履行了重大经济决策程序。决策内容的合法性方面,关注上会决策的内容是否遵循国家法律法规,是否符合上级部门及本单位制度要求。决策程序的规范性方面,关注是否由相关主要领导主持会议,是否按制度规定的程序和方式进行决策,与会人员是否充分发表意见。决策事项的执行方面,关注决策事项是否按会议决策结果组织实施。

(2) 预决算编制情况审计。

预决算编报审计的内容主要包括对预算整体情况、基本支出预算编制情况、项目支出预算编制情况、项目绩效目标编制情况和决算编报情况的审计和评价。

①预算编制整体情况。预算编制是否完整，有无预算单位未纳入预算，是否严格控制"三公经费"；预算编制是否与单位真实情况相符，预算报出是否经单位三重一大程序审核通过；当年预算编制相比其他年度是否存在异常变化；追加预算程序是否合规；预算调整程序是否合规。

②基本支出预算编制情况。人员经费标准是否准确，公用经费定额是否合理；公用经费与人员经费的内容是否真实、准确、合理。

③项目预算编制情况。申请项目是否与单位职责或发展相关；项目是否通过可行性研究论证；是否按照预算批复安排项目，下达项目资金；是否将上年结转资金纳入本年预算使用；是否按单位主要业务和工作重点优先安排财政资金支持；是否存在项目重复申报的情况；是否按项目执行进度申请项目资金；是否存在项目预算中代列其他单位项目。

④项目绩效目标编制情况。项目绩效文本填写是否全面完整；项目绩效指标编制是否细化量化，是否有可衡量性、可操作性；项目绩效指标编制是否合理可靠，是否与项目的计划预算相匹配。

⑤决算填报情况。决算编报是否符合规定；是否涵盖单位所有下级机构和内设部门；报表中银行余额与银行对账单余额是否一致；对外投资、固定资产等科目填列是否与实有数一致；报表与财务账簿上收入与支出科目是否一致；政府性基金收入是否在决算报表中反映；报表是否与单位实际收到的财政资金、财政下达预算一致；结余资金是否如实填列；单位机构增减变动是否符合规定。

（3）收入管理情况审计。

收入及预算收入审计的内容主要包括对各类收入确认、计量的条件，收入信息披露的完整性，收入内控的健全完整性，票据、合同管理的严谨性等的审查和评价。

①收入预算编制情况。是否按照国家有关年度部门预算编制工作的要求及财政收支预算编制的口径，全面、系统、完整地予以反映；动用以前年度结余资金是否纳入预算。在履行职能、完成特定工作任务过程中，是否所有收入事项都纳入了预算管理；在进行收入预算编制时是否能够做到有理有据；收入预算是否明确界定了收入项目范围和适用对象。

②收入内控管理情况。是否根据业务实际需要建立健全单位收入业务内部控制制度;是否明确收入预算编制、政府性基金等收入收缴各个阶段的具体工作程序。

(4) 人员经费情况审计。

人员经费审计的内容主要包括对人员经费预算编制与执行的科学性、严谨性,工资、津贴补贴(含购房补贴、住房公积金、公车改革补贴等改革性支出)政策执行的合理性、合法性,事业单位绩效工资来源及发放的合规性,与工资津补贴及职工福利相关的内部控制的健全性及发放程序的合规性等进行审查。

①人员经费支出预算及执行情况。关注人员经费支出是否遵循"先有预算、后有支出"的原则,是否超预算,是否挤占公用经费或项目经费;是否存在虚报冒领人员经费的情况;是否为下级单位代编预算,是否为经费自理和企业化管理的事业单位申请人员经费财政拨款。

②工资津补贴政策执行情况。关注各项工资、津贴补贴发放的政策依据、发放标准和内部核准程序、职工住房公积金缴存情况;离退休费用及其他对个人家庭补助支出的内容是否符合国家政策规定。

③事业单位绩效工资情况。关注被审计单位的绩效工资规定与事业单位绩效工资政策是否相符,绩效工资发放总量是否在预算及主管部门核定的发放总额范围,考核及发放程序是否合理、规范等。

④社会化用工情况。关注费用是否有预算、费用构成及资金流向,社会化用工程序是否规范、是否存在风险等。

(5) 公用经费情况审计。

公用经费审计的内容主要包括财政和非财政资金安排的"三公经费"、会议费、培训费、差旅费及根据被审计单位开展基本业务所发生的重要经济事项,结合"厉行节约,反对浪费"及相关政策,对被审计事项的真实性、资金来源的合法性、资金支付的合规性、相关内控制度的健全性和有效性等进行审查。

①公务用车。a. 公务用车日常管理:关注是否建立公务用车管理台账,是否实行公务用车保险、维修、加油政府集中采购和定点保险、定点维修、定点加油制度,公务用车加油管理情况,车辆相关证照档案的保存和管理

等。b. 公务用车购置及运行维护费：关注公务用车支出预算控制情况，财政资金支出是否按规定进行了压缩；公务用车支出是否规范，结算方式是否合规；是否有下属单位或其他单位转移摊派公务用车购置及运行经费等问题；是否存在公车私用，私车公养的情况；实行公车改革单位，是否存在既领取公务交通补贴，又违规使用公务用车或报销公务交通费用等问题。c. 其他方面：关注是否存在超标准租赁各类高档豪华车辆的问题、是否存在放宽租用条件变相增加保留车辆的问题；是否存在超编制、超标准配备公务用车的问题；是否存在借用、占用下属单位或其他单位和个人的车辆的问题。

②公务接待。关注是否建立了审批制度、清单制度；接待费报销凭证是否齐全，报销单据是否合规，是否存在采购香烟、酒水和高档食材的问题；资金支付是否严格使用公务卡；是否向下级单位及其他单位、企业、个人转嫁接待费用，是否替上级单位承担公务接待费用；是否存在超标准、超规格、超范围接待的问题等等。

③因公临时出国（境）。关注因公临时出国（境）的预算控制情况，因公出国计划是否有报批手续；是否存在超出有关部门批复的因公出国计划或超过规定人数、次数或时间安排出国（境）的情况；有无私自通过旅行社等组织出国（境）活动，出国（境）团组的日程安排是否符合相关规定，有无擅自更改行程，增加出访国家、地区或城市，延长境外停留时间的情况；报销经费渠道，是否存在接受或变相接受企事业单位资助或转嫁、摊派的问题；报销标准、报销内容，是否存在擅自提高经费开支标准，使用虚假发票套取出国费用的问题，以及变相公款出国（境）旅游等问题；因公短期出国培训期间是否存在铺张浪费、公款旅游的行为。

④会议费。关注会议费是否有预算控制，是否按规定编报了会议计划，有无未经批准、无计划开会的情况。会议费报销标准、会期、规模是否符合规定，是否在风景名胜区和非定点酒店召开，是否转嫁、摊派会议费给下属机构、企事业单位；是否存在骗取会议费，或拆分会议规模、天数、人数，违规转嫁或摊派会议费用以及报销与会议无关费用等问题。

⑤培训费。关注培训费的预算控制情况，是否按规定编报了培训计划，有无未经批准，无计划举办培训的情况；是否超标准举行培训，是否存在虚

报培训费用或转嫁摊派培训费用的行为等；关注领导干部的个人培训事项。

⑥差旅费。关注单位差旅费的预算控制情况；差旅费审批制度是否健全；出差活动是否按规定履行审批手续；是否存在无实质内容、无明确公务目的的差旅活动；差旅费开支范围和标准是否符合规定；差旅费报销是否符合规定；是否向下级单位、企业或其他单位转嫁差旅费等问题。

⑦其他情况。关注公用经费的实际执行情况，公用经费支出是否存在异常波动情况，关注日常公用经费支出标准、支出依据的合理性，是否存在扩大支出范围的情况；资本性支出中资产的购置程序是否合规，有无超标准配置办公家具等。

（6）行政事业类项目管理情况审计。

行政事业类项目的内容主要包括预算编制、项目执行、绩效评价的审计和评价。

①项目立项和预算编报。a. 是否严格执行项目的可行性研究和评审程序、项目库的管理和维护是否符合相关规定、是否按规定从项目库中提取项目并按优先顺序排列申报；b. 项目立项是否科学、是否存在重复申报项目套取财政资金等问题，是否厘清不同项目之间的界限，是否存在项目重叠、范围交叉的情况；c. 项目预算文本内容是否完整、支出范围是否明确、支出安排与项目内容是否紧密相关、测算依据是否详细、绩效指标是否合理；d. 是否将上年度财政结余资金纳入本年度预算管理，是否积极盘活存量资金，存量资金的管理和使用是否规范。

②项目执行和日常监管。a. 是否存在无预算支出、超预算支出、挤占挪用项目资金；b. 项目经费是否专款专用，是否存在列支与项目无关的支出、基本支出挤占项目支出、项目间支出互相挤占的情况；c. 项目支出预算执行进度是否合理、是否存在年底突击花钱、项目资金付款进度与项目执行进度以及合同约定是否一致；d. 是否存在资金收款方并非项目承担单位或合作单位，是否存在使用假发票或虚假业务套取项目资金、违规使用项目资金等情况；e. 与项目有关的所有支出是否都已入账、没有遗漏，相关支出是否严格遵守国家定额标准，是否存在将本单位支出转嫁给其他单位或个人的情况；f. 项目中发生的采购事项，采购程序是否合法合规，是否存在虚假招标、高价采购低质商品或服务等违法违规问题；g. 项目支出

形成的资产是否按规定登记入账；h. 是否存在因内部监管缺位导致重大损失浪费、重大安全隐患等情况。

③项目验收和绩效评价。a. 项目成果、立项文件中的项目绩效目标和绩效指标是否一致，项目验收控制是否有效，项目经费中涉及的外包支出是否有相应的考核办法或考核结果；b. 项目成果是否真实、是否存在虚报项目套取专项资金；c. 项目支出的财务账簿和决算报表是否准确一致，是否存在多计或少计项目支出、表表不一致、账表不一致等；d. 项目经费绩效自评是否全面及时开展，有无弄虚作假情况。

（7）科研项目管理情况审计。

科研项目审计的内容主要包括对科研项目管理机构和制度的建立、科研项目合作、科研项目立项、调整、验收、形成科研成果的管理以及科研经费管理等方面的审查和评价。

①科研管理机构建设情况。关注科研机构是否设立了合理的科研管理部门，有关科研管理的重大事项是否经集体讨论决策；是否有明确的中长期科研发展规划或目标；科研管理规章制度是否健全，是否根据中央文件规定及时进行修改。

②科研合作情况。重大科研合作项目是否合规。

③科研项目调整情况。关注科研单位是否建立了项目调整制度，相关制度符合中央有关文件的要求。

④科研成果验收情况。关注科研项目验收、科研成果的形成和保管情况，项目结束时是否形成科研成果，成果资料管理是否规范。

⑤科研成果管理。对科研成果管理的核查主要是对科研成果审核、成果登记、成果转化三个重要方面进行审查。

⑥科研经费管理。科研经费的拨付，单位是否收到财政资金后及时完整地下拨科研经费并及时通知项目负责人。科研经费的管理，科研经费支出是否符合规定；向外单位外拨科研经费是否有合理理由。直接费用的管理，关注设备费、材料费等费用的报销管理是否符合规定。经费支出是否符合预算；结余经费的使用是否符合规定。

（8）建设项目管理情况审计。

建设项目内部审计的内容包括对建设项目投资立项、设计（勘察）管理、招投标、合同管理、设备和材料采购、工程管理、工程造价、竣工验收、财务管理、后评价等过程的审查和评价。内部审计机构根据建设项目的投资金额和实际工作需要,可选择是否开展前期审计或期间审计,也可进行项目全过程跟踪审计。

①建设前期情况。建设项目的项目建议书、可行性研究报告、初步设计、概算、规划等文件是否经相关管理部门审查批准;建设项目及其所需要资金是否纳入预算,资金来源是否合规、合法,是否到位;工程的招投标是否按规定程序进行,双方签订的合同内容是否与招标文件的要求相符;与工程相关的服务的采购是否符合《政府采购法》或《招投标法》规定的程序,有关单位的资格是否合法,资质是否符合项目建设要求;与建设项目管理相关的内部控制制度是否得到有效执行。

②建设期间情况。对于重大变更的提出、批准是否进行了集体决策以及内部审批;概算调整、设计变更、建设内容变更等事项,是否按照有关规定程序报批,有无擅自扩大建设规模和提高建设标准;与工程相关的货物的采购是否符合《政府采购法》或《招投标法》规定的程序。是否及时开展工程竣工决算审计。是否开展了工程竣工验收,完工资产是否及时办理交付使用手续。与建设项目管理相关内部控制制度是否得到有效执行。

③财务管理情况。是否按合同约定支付工程进度款,资金支付手续是否完备;工程质量保证金是否按照规定预留。项目核算是否严格按照概算及有关规定对建设成本进行正确归集。项目资金是否专款专用,结余资金是否及时上缴财政或按批复用途留用。债权债务清理情况,有无虚列往来、隐匿结余资金等。交付使用资产是否及时结转固定资产。是否在规定时限内准确编报竣工财务决算报告并及时报送上级管理部门审批备案。与建设项目管理相关内部控制制度是否得到有效执行。

(9) 国有资产管理情况审计。

国有资产管理审计的内容主要包括对资产内控制度的建立、完善和执行情况,资产配置、使用和处置等环节的审计和评价。

①货币资金。是否账实相符、账账相符、账表一致;开立银行账户是否符合规定、账户是否通过年检;银行日记账是否与银行对账单记录一致;是否做到日清月结;有无超范围使用货币资金;内部岗位设置、印鉴保管

和使用以及支付流程是否符合内控制度要求等。

②债权债务。往来账目入账依据是否清晰、合理、准确；是否定期进行账龄分析；坏账计提是否合理、准确；是否存在往来账目核算收支的情况；是否存在往来账目核算专项资金的情况；有无定期催收措施等。

③固定资产。入账依据是否准确、合规；产权是否清晰；是否定期盘点清理，账卡物是否一致；折旧计提是否准确、连贯；资产配置、使用和处置是否符合相关规定；资产使用效益情况等。

④在建工程。各项支出是否符合基本建设项目财务管理的规定；是否及时办理资产交付和财务竣工决算手续等。

⑤存货。是否账实相符、账账相符、账表相符；存货规模是否合理；计价是否准确；采购和领用是否符合内部控制规定等。

⑥无形资产。所有权是否清晰；计价是否准确；出租出借和处置是否合规，收支是否及时入账等。

⑦对外投资。账面价值核算是否准确，收益和损失是否按规定进行核算；对外投资行为是否按规定报批等。

⑧净资产（所有者权益）。固定基金是否与固定资产金额一致；结余结转是否准确；使用以前年度结余是否符合规定等。

（10）政府采购审计。

政府采购审计的内容包括对政府采购预算编报、计划编制、组织实施、合同签订及履行等过程的审查和评价。内部审计机构根据政府采购金额和实际工作需要，可选择是否开展前期审计或期间审计，也可进行采购全过程跟踪审计。

①预算编报。是否制定了内部政府采购管理制度。政府采购预算是否符合本单位的事业发展规划。预算编制的上级单位是否在对被审计单位本级及所属各单位政府采购预算进行审核和汇总的基础上编制部门政府采购预算。年中因追加预算等原因而需要补报的政府采购项目，是否按规定补报了政府采购预算。

②计划编制。政府采购计划是否按照批复的政府采购预算编制，是否及时向上级单位进行备案。政府采购计划需要调整项目技术指标或者需求数量，是否在该项目实施前向有关部门提出变更要求。

③组织实施。列入政府集中采购和部门集中采购目录的项目，是否按规定进行了集中采购。进口商品是否获得审批后实施采购。实行政府集中采购的，部门是否与集中采购机构签订委托协议。政府采购中对公开招标、邀请招标等采购方式的选择和确定是否符合规定。是否严格按照已确定的采购计划进行采购。对公开招标项目是否在财政部和发展改革委员会指定的政府采购信息发布媒体上发布招标公告。对公开招标和邀请招标项目，评标委员会人员组成是否符合规定。中标单位的确定方式是否符合规定。投标方是否存在关联单位的情况。是否按照评标委员会推荐中标人确定为中标人。采购文件是否按要求归档。

④合同签订及履行。采购与付款职责是否相互独立。政府采购资金来源是否合法合规并及时足额到位。采购资金的申请和划拨是否符合采购预算。

(11) 对外投资审计。

对外投资审计的内容主要包括对投资项目的真实性、合法性和效益性进行监督和评价，主要检查投资决策程序是否规范、完整，是否经过必要的论证和审批，对外投资企业经营是否规范，确保投资取得收益。

①对外投资数据。对外投资的账面余额是否正确，在会计报表上的披露是否恰当；对外投资的增减变动和计价方法（成本法或权益法）是否正确，投资收益是否取得并已入账。

②对外投资决策与审批。对外投资的决策方面，是否组织有关单位和人员对拟投资的项目在技术和经济上进行全面分析、论证，编制可行性研究报告；是否建立健全对外投资项目评估制度；是否进行集体研究决策，如实进行会议记录并形成会议决议（或会议纪要），并在单位或企业内部公开。对外投资的审批方面，使用影响履行基本职能的核心资产（如飞机、船舶等）和房屋、土地、无形资产进行对外投资是否经审批；除前述两种情况，其他对外投资是否按审批权限开展报批或备案；企业对外投资事项是否建立逐级审核机制；是否存在对外投资资产化整为零规避投资审批的情况；投资的非货币性资产是否经资产评估并履行核准或备案手续；投资额是否不低于经核准或备案的评估价。

③对外投资后续管理。对外投资的日常监管方面，是否依法参与所投资企业的重大决策、选择管理者、制定企业章程，加强对所投资企业的监

督管理；派出的股东代表、董事、监事和执行董事是否将其履行职责的情况和结果及时报告单位；是否开展所投资企业领导人员经济责任审计；是否依法加强建立有效的激励和约束机制，并将考核结果作为企业领导人员任用的重要依据；所投资企业是否依照法律法规以及企业章程的规定向出资人分配利润。对外投资变更方面，对所投资企业合并、分立，增加或者减少注册资本，发行债券，分配利润以及解散、申请破产等重大事项是否按权限履行审核审批程序；转让持有的所投资企业股权的，是否在依法设立的产权交易机构公开进行；对于因经营不善导致长期停滞或效益不好等原因难以实施有效监管的所投资企业，是否依法通过解散、关闭、撤销、产权转让等方式及时进行处理；采取解散、关闭或撤销方式的，是否依法开展清算并将清算报告报部备案。

（12）重大政策决策部署落实情况审计。

审计的内容主要包括党和国家、上级党委（组）重大政策决策落实情况，本单位发展目标完成情况。

以效果为导向，关注与被审单位职责相关的国家重大经济政策措施、上级党委（组）和主管部门的经济决策部署的落实情况、实施效果，是否存在体制机制性问题；关注重点项目的推进情况，是否按计划按预算程序进行；关注财务检查、专项治理等工作是否存在走过场、是否取得实效、是否存在不按规定处理等问题；关注本单位发展规划、发展目标和重点工作（含相关考核指标）是否按计划进行、是否实现预定目标，是否存在突出问题；关注被审单位是否重视财务审计工作，是否存在财务长期空编空岗，是否落实财务审计内控制度；关注党风廉政建设和反腐败建设情况，是否存在违规违纪的情况。

4. 运用量化体系降低评价风险

评价领导干部经济责任履行情况，应当依照法律法规、国家有关政策以及干部考核评价等规定，结合行业、部门（系统）、单位的实际情况，采取分类评价和综合评价相结合的方法，结合部属单位实际情况，设置分项审计评价指标，包括定量评价指标和定性评价指标。

（1）构建指标库的基本步骤。

行政事业单位领导干部经济责任审计评价的过程是多层次和多角度的，

评价指标库的逻辑框架具有明显的层次性，各层次之间的相对权重受到经济责任审计实际情况的影响。建立一个多层次结构指标库，主要目的是全面系统地揭示被审计评价对象的真实状态，为指标库使用者提供参考信息。构建指标库遵循的基本步骤参加图1。

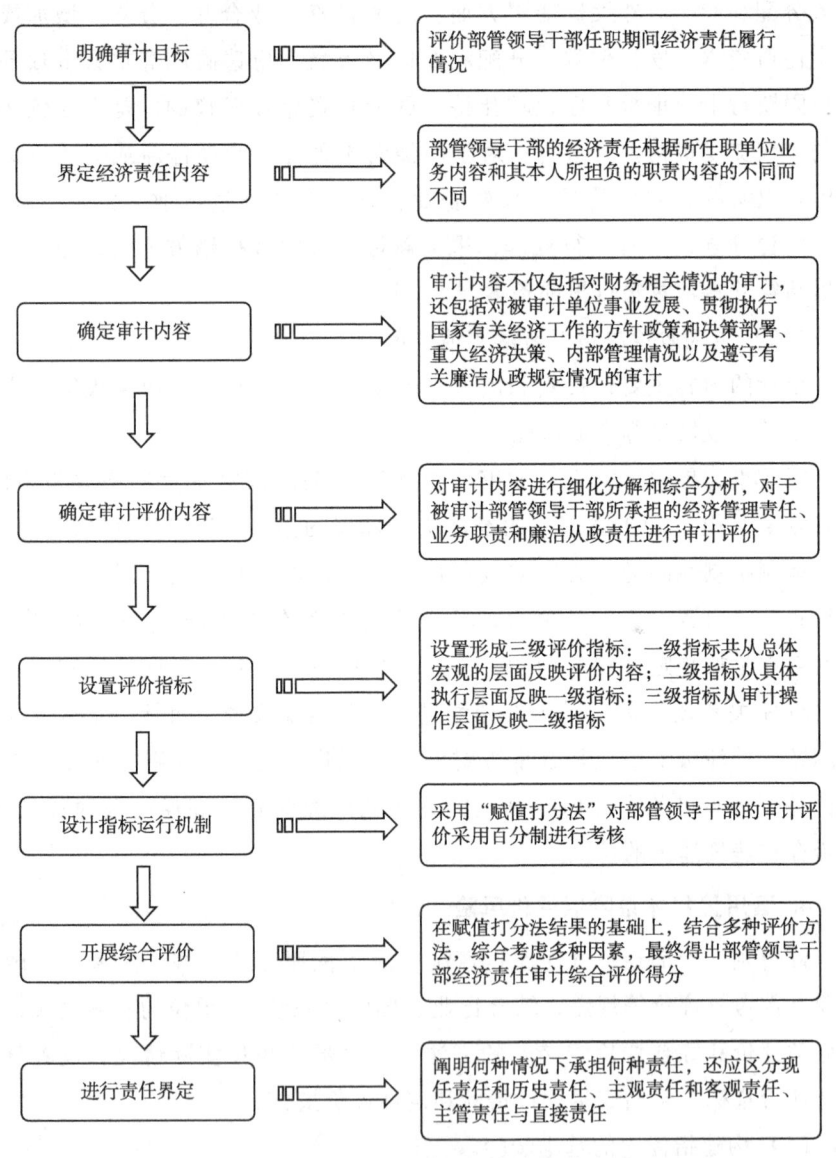

图1 评价指标库构建步骤

（2）评价指标库框架结构。

根据行政事业单位领导干部经济责任审计评价内容，探索构建行政事业单位领导干部经济责任审计评价指标库框架结构，具体包括：一级指标、二级指标、三级指标。其中，一级指标即为经济责任审计评价的5个方面，属于通用指标；二级指标从具体执行层面反映一级指标，单位性质不同，指标略有不同，行政和事业单位有所不同，公益一类事业单位和公益二类事业单位有所不同；三级指标从审计操作层面支撑二级指标，不同业务特点的单位，三级指标也有所差异。因此，对不同单位应建立不同的评价指标库。其中，一级指标为共性指标，部属单位可根据实际情况对二级指标和三级指标进行调整。

本次研究以典型的带有执法权的某部属行政单位为例，设置一级指标共计5个，二级指标共计14个，三级指标共计31个，建立标准模板。具体情况见表1。

表1　行政事业单位领导干部经济责任审计评价指标库框架结构

一级指标	二级指标	三级指标	指标解释
单位事业发展	履行主要职责	目标任务完成率/主责主业完成水平	目标任务完成率＝已完成目标任务量÷应完成的目标任务总量×100%，注重考察"三定"职责的发挥是否充分
		调查问卷好评率	调查问卷好评率＝有关单位事业发展问题的好评数÷总调查数×100%。在审计问卷调查中设置选项，请中层以上打分，较好以上等级的人数可以作为好评数，下同
	上级交办事项	交办事项落实率	交办事项执行率＝已完成上级交办的重要事项的数量÷抽查交办的重要事项的总数量×100%
重大经济决策	制定决策制度	决策制度完善程度	有无"三重一大"集体决策制度，并根据实际情况修订；是否按照"三个区分开来"的原则，建立健全决策失误纠错机制和责任追究制度
	履行决策程序	决策程序执行率	决策程序执行率＝已执行决策程序的数量÷抽查决策事项的总数量×100%
		调查问卷好评率	调查问卷好评率＝有关重大经济决策问题的好评数÷总调查数×100%
	执行决策结果	决策实施绩效	重大经济决策结果的合法合规性，决策结果是否造成了损失浪费，损失浪费的程度

续表

一级指标	二级指标	三级指标	指标解释
财政财务收支	总体财政财务收支	收支预算执行率	预算编制是否合理，是否实行全面预算绩效管理 收入预算执行率 = 收入预算执行金额 ÷ 收入预算批复数 × 100% 支出预算执行率 = 支出预算执行金额 ÷ 支出预算批复数 × 100%
		非税收入缴库率	非税收入包括各单位国有资产处置收入。关注非税收入是否足额征收，足额上缴，有无乱收费、坐收坐支现象，是否严格执行"收支两条线"规定
		财务收支完成情况	财务收支总体情况，经营性指标完成情况，税收缴纳情况等
		支出合法合规性	有无超预算、无预算问题；人员经费、项目经费预算支出情况；结合工资总额管理情况，了解工资总额分解和执行情况；结合津补贴清理规范工作，检查津补贴标准、项目增减情况；结合福利费支出，检查集体疗休养、医疗费、住房改革支出政策、经费预算和支出情况；"三公经费"使用控制情况；有无违反国家工资政策，擅自出台政策、滥发奖金、福利等问题
		投资收益率	下属单位投资企业的收益情况 投资收益率 = 投资收益额 ÷ 投资总额 × 100%
		调查问卷好评率	调查问卷好评率 = 有关财务收支问题的好评数 ÷ 总调查数 × 100%
	财务状况变动	国有资产保值增值率	国有资产保值增值率 = 任期末净资产总额 ÷ 任期初净资产总额 × 100%。注意剔除政府会计制度转换过程中的影响
		资产负债率	资产负债率 = 负债总额 ÷ 资产总额 × 100%
		政府采购预算执行率	政府采购预算执行率 = 政府采购预算执行金额 ÷ 政府采购预算批复数 × 100%
		政府采购合法合规性	是否存在规避政府集中采购、分拆规避招投标规定的现象；是否存在未经审批擅自改变采购方式的问题
		各项资产质量	是否存在账实不符、账账不符资产，账外资产对财务状况的影响程度
		各项资产管理	资产管理、使用、处置是否规范，资产的增加、减少是否依法依规，银行账户开设和年检是否规范，资产日常管理是否有效

续表

一级指标	二级指标	三级指标	指标解释
财政财务收支	重要项目执行	投资计划/任务完成率	投资计划/任务完成率＝已完成项目个数÷应完成项目个数×100%
		项目预算执行率	项目预算执行率＝实际项目支出金额÷项目支出预算批复金额×100%
		项目执行合法合规性	项目立项审批是否合法，是否存在长期拖延、进展缓慢问题，建设项目是否未履行基建程序，是否按规定支付资金，是否办理竣工决算审计和财务竣工决算审批，自筹建设资金项目是否纳入统一的固定资产投资计划或科研项目计划管理
内部控制管理	制定内控制度	内控制度完善程度	财务管理、资产管理等内部控制制度等有无缺陷和漏洞，内部审计监督制度的建立和执行情况，企业化单位是否建立了法人治理、风险控制制度
	开展经济专项工作	专项工作落实程度	是否采取有效措施积极开展上级部署的专项经济工作，专项工作是否取得了一定的成效
		调查问卷好评率	调查问卷好评率＝有关单位内部管理问题的好评数÷总调查数×100%
	对所属单位（部门）监管	监管机制的建立和执行	是否建立健全对下属单位（部门）经济业务活动进行指导、监督的规章制度，抽查下属单位（部门）的财务状况，抽查下属单位（部门）的经济工作开展及管理情况
	审计整改落实	审计整改率	审计整改率＝已整改项数÷应整改项数×100%
个人廉洁自律	个人收入	个税缴纳	个人是否按规定缴纳个人所得税
		兼职取酬	是否存在违规兼职取酬情况
	其他个人违反财经纪律行为	执行国家财经法规	配备、使用公务用车、办公用房、交流干部住房情况，群众举报查实情况等

（3）审计评价指标赋值。

用"赋值打分法"实现对行政事业单位领导干部经济责任履行情况的审计评价，采用百分制进行考核，根据评价内容分项确定分数，依据审计结果确定得分。

50个评价指标主要反映领导干部三个方面职责的履行情况，即事业发展责任、经济管理责任和个人廉洁从政责任。其中，事业发展责任和个人廉洁从政责任属于审计关注的方面只作定性评价，不纳入打分。重大经济决策、财政财务收支、内部控制管理归并经济管理责任，以打分的方式进行评价，评价总分为100分，其中，重大经济决策管理责任30分、财政财务收支管理责任50分、内部管理责任20分，以上赋值主要根据审计实践和审计经验。

各级指标的赋值情况参考表2。

表2　　　　　　　各级指标赋值表（标准模板）

评价方面	一级指标	二级指标	三级指标	分值
领导干部履行单位经济管理责任方面	重大经济决策（30）	制定决策制度（6）	决策制度完善程度	6
		履行决策程序（9）	决策程序执行率	8
			调查问卷好评率	1
		执行决策结果（15）	决策实施绩效评价	15
	财政财务收支（50）	总体财政财务收支（25）	收支预算执行率	4
			非税收入缴库率	6
			支出合法合规性	12
			投资收益率	2
			调查问卷好评率	1
		财务状况变动（10）	政府采购预算执行率	1
			政府采购合法合规性	2
			各项资产质量	4
			各项资产管理	3
		重要项目执行（15）	投资计划/任务完成率	3
			预算执行率	3
			项目执行合法合规性	9
	内部控制管理（20）	制定内控制度（4）	内控制度完善程度	4
		开展经济专项工作（8）	专项工作落实程度	5
			调查问卷好评率	3
		对所属单位监管（4）	监管机制的建立和执行	4
		审计整改落实（4）	审计整改率	4

(4) 审计评价指标打分。

三级指标有定量指标和定性指标，由于各类指标的考核方式不同，计算打分方法相应也就不同，因此，应根据指标性质的不同分别配置不同的打分方法。

①确定指标档次。

每个三级指标都按照参考标准内容执行情况分为 A、B、C 三档，A 为良好，B 为一般，C 为较差。每个三级指标的档次得分系数如下：A 为 1，B 为 0.8，C 为 0.6。

当出现一票否决的情况时，一般处理方式是情况相对应的二级指标分值记为 0；当情况特别严重时，相对应的一级指标分值记为 0。需要特别注意的是，对行政事业单位领导干部在廉政方面存在一票否决情况，如有廉政问题，将如实反映在审计报告中。

一票否决情况包括：a. 因决策程序不合规或决策结果不合法、出现重大经营亏损或项目投资失败、重大管理失误等原因造成重大经济损失浪费、国有资产流失等严重后果。b. 骗取财政资金、私设"小金库"、严重违反"收支两条线"行为、乱收费行为、重大偷税漏税行为等严重违反财政纪律的问题。

②打分步骤。

首先，根据指标评价标准（评分点）确定每个三级指标的档次；其次，根据三级指标获得 A、B、C 的档次，计算获得三级指标得分。

三级指标得分 = 三级指标分值 ×（A×1 或 B×0.8 或 C×0.6）

其次，确定二级指标分值。

二级指标得分 = $\sum$ 三级指标分值

最后，确定一级指标分值。

一级指标得分 = $\sum$ 二级指标分值 + 综合考虑因素

(5) 审计总体评价。

行政事业单位领导干部经济责任审计量化评级采取分级评价的方式进行。第一，分别对行政事业单位领导干部三个方面职责的履行情况进行总体评价，即事业发展责任、经济管理责任和个人廉洁从政责任履行总体评价。第二，在经济管理责任履行评价中分别对重大经济决策、财政财务收支、内部管理控制责任作出单独评价。

① 单独评价。

a. 重大经济决策职责履行评价。

按照得分大于等于 24 分（30×0.8）、等于 18 分小于 24 分和得分小于 18 分（30×0.6），分别作出"在审计抽查范围内，××同志任职期间，该单位重大经济决策符合（基本符合、基本不符合）科学民主决策机制"的结论。

b. 财政财务管理职责履行评价。

按照得分大于等于 40 分（50×0.8）、大于等于 30 分小于 40 分以及得分小于 30 分（50×0.6），分别作出"××同志任职期间，对本单位的财政财务收支管理有效（基本有效、基本无效）"的评价结论。

c. 内部管理控制职责履行评价。

按照得分大于等于 16 分（20×0.8）、大于等于 12 分小于 16 分及得分小于 12 分（20×0.6），分别作出"××同志任职期间，对本单位的内部控制管理有效（基本有效、基本无效）"的结论。

② 总体评价。

a. 领导干部履行推进单位事业科学发展责任方面评价。

根据指标库中所设置的指标进行档次评定，档次评定作为该部分总体评价的支撑，分别作出"××同志任职期间，该单位实现（基本实现、基本未实现）有关事业发展目标"的评价。

b. 领导干部履行单位经济管理责任方面评价。

该部分评价按得分区分 A、B、C 等。该部分得分 = Σ（重大经济决策得分 + 财政财务收支得分 + 内部管理控制得分），按照得分大于等于 80 分（100×0.8）、得分大于等于 60 分小于 80 分、得分小于 60 分（100×0.6）分别划分为 A、B、C 三等，对应作出"××同志任职期间，较好（基本、未能）履行了经济管理职责"的评价。

c. 领导干部履行个人廉洁从政责任方面评价。

根据指标库中所设置的指标进行档次评定，档次评定作为该部分总体评价的支撑，分别作出××同志任职期间遵守（基本遵守、违反）了财经纪律和廉洁从政（从业）相关准则规定"的评价意见。

（二）审计保障措施

风险导向审计是 JT 部审计实现高质量发展的努力风向，也是一次内部革命，影响审计组织、审计实施、审计结果运用等各个环节。实施好风险导向审计，运用好经济责任审计风险模型，需要建立健全领导机制、提高审计效能、开展研究型审计、加强人才队伍建设等保障性措施。

1. 建立健全审计监督管理体制

2018 年 5 月，习近平总书记在中央审计委员会第一次会议上指出，努力构建集中统一、全面覆盖、权威高效的审计监督体系，更好发挥审计在党和国家监督体系中的重要作用。侯凯审计长在 2022 年全国审计工作会议上强调，2022 年各级审计机关要继续在推动构建集中统一、全面覆盖、权威高效的审计监督体系方面迈出新步伐。审计监督管理体系是审计实现高质量发展的基础。内部审计作为审计体系的组成部分，应努力做到以下几点。

（1）自觉融入国家的审计监督体系之中。

要建立健全党组织领导内部审计工作的体制机制，按照党中央统一部署，结合部门单位实际，以坚持和加强党的全面领导为统领，把内部审计机构职责调整优化同健全完善制度机制有机统一起来。要把落实党中央对审计工作的部署要求作为首要政治责任，善于从政治上谋划、部署、推动工作，善于从政治上把握大局、看问题、提建议，切实提高党领导审计工作的能力和水平。

（2）加强党对审计工作的领导。

在本单位党组织、单位主要负责人的直接领导下开展工作。严格执行重大事项向党委（党组）报告制度，审计计划、审计工作方案、审计项目实施重点等工作内容中要体现党组织的领导意图，在内部审计工作中体现党组织的主张，主动服从和维护党组织的领导，坚决防止决策不执行或执行走形变样，使党组织的主张成为本单位上上下下、方方面面的一致要求，确保把党的领导落实到审计工作全过程各环节。

（3）探索建立内部审计委员会制度。

部审计委员会在党组织直接领导下开展工作，向党组织定期汇报审计工作，提出建议。各级内部审计机构、人员要树立"四个意识"，自觉在思想上政治上行动上同党中央保持高度一致，坚决维护党中央权威和集中统一领导，落实党中央对审计工作的部署要求；同时，要积极督促单位内部各部门在工作过程中贯彻执行党组织的决策决定，推动党组织决策决定要求与部门分工负责的协调一致，有效提升内部审计的政治站位和政策效果。

2. 着力提高审计质量和效率

审计质量是审计工作的生命线，是审计发挥"常态化经济监督"作用的基础。能否通过审计查出有质量的问题，直击被审计单位的问题根源，是检验审计项目成功与否的基本标准。提高审计的质量和效率，建议从如下方面着手。

（1）依法审计，提高规范化水平。

强化依法审计，是适应审计新形势的客观要求，唯有坚持依法审计、科学审计、规范审计，才能更好履行审计职责。审计应恪守审计边界，依法依规依照程序开展，规范审前调查、审计取证、审计评价、审计处理等各阶段行为，明确各岗位责任，强化审计全过程质量控制，做到以理服人，使审计结果经得住推敲，禁得起检验。

（2）鼓励作为，兼顾灵活性与原则性。

认真贯彻落实总书记"三个区分开来"的重要要求，学习领会党中央精神，客观分析问题，一看是否故意，二看有无制度，三看因公因私。既讲原则性，重大问题不放过，有底线有原则，同时要坚持历史观，全面看待、深入分析问题发生的原因，努力准确客观地进行审计评价，积极推动建立容错纠错机制，促进行政事业单位领导干部担当作为。

（3）创新手段，提高审计工作效能。

科学制定审计计划，统筹调动审计资源，整合经济责任、财务收支、基本建设等常规审计项目，积极探索"1+N"审计组织方式，实现"一审多项""一审多果"，提高内部审计成果质量。结合本单位实际情况和业务，创新审计手段，更好借助审计信息化，合理运用远程审计和现场审计相结合方式，提升内部审计监督的效能。加强内部审计结果运用，强化内部审计与纪检监察、巡视巡察、组织人事等部门（工作）的贯通融合，建立共享共用机制。

3. 推动向研究型审计转型

开展研究型审计是新时代审计事业实现高质量发展的必由之路。习近平总书记强调，审计要一体推进揭示问题、规范管理、促进改革。只有加强研究才能更好发挥审计的建设性作用，既能形成震慑、管住当下，又能触动根本、见效长远，真正防患于未然。建立风险导向的审计，有效管控审计风险，需要开展研究型审计。

（1）开展审前阶段研究。

①梳理被审计单位内部制度体系。研究部属行政事业单位历史沿革、业务特点、发展现状、职责履行、管理模式。在此基础上，定期收集整理、归纳分析，融入最新研究成果，真正做到揭示问题、规范管理、促进改革一体推进。要以发挥审计监督作为常态化经济监督的重要作用、不断推进JT部和单位自身规划落实、实现"查病""治已病、防未病"的审计职能为研究方向。

②做深审前调查。要做好研究型审计，审计专项调查不可或缺，审计研究调查应直接服务于审计目标与研究主题，要有尽可能广泛的覆盖面，尽可能详细的内容，以研究调查结果支撑研究型审计的开展。为保证审计调查深度，审前调查的时间也应有所保证，至少在1周以上。探索实现大数据审计，利用信息系统开展预审，根据各单位业务特点、资金来源特点、科目分类、财务人员配置等寻找问题线索，更好地预判整个审计工作的过程性要素、重要环节，更加准确把握审计工作的重点与难点。

③做实审计方案。审计方案既是审计现场工作的行动指南，也是规避审计风险的重要手段。审计与财务工作的最大区别在于，审计永远是以抽查重点的方式开展，未抽查到的部分发生风险在理论上与审计无关，这就需要在审计方案中明确审计范围，如同签订一个风险告知书。审前阶段开展研究型审计的目的在于做实审计方案，使审计方案真正起到指导审计项目的实际作用，切实防止千篇一律、形同虚设。在开展审计准备阶段，要充分利用前期审计成果，获取更加有效、有用、全面的基础信息，提升审计研究效率。

（2）开展审中阶段研究。

①注重审计证据的取证。充分吸收审计的历史经验，建立审计敏感性，

在资金、资产、业务、信息和材料中关联核查重点事项问题，觉察存在的风险隐患。一旦发现关键问题和重要线索，随即启动开展相关研究。将关键证据如何获取作为研究取证的切入点，形成完整的证据链。对发现的疑点案件线索，进一步研究其原因及造成的后果与影响。作为审计结论的反映，审计底稿编制过程中，审计组应对问题的定性、引用法律法规、处理意见等方面，进行充分研究与讨论。同时在研讨过程中，反复琢磨取证工作，及时查遗补漏。

②注重同类问题的分析研究。审计中发现的多发性问题的定性，要进一步挖掘问题背后的本质，形成自己的观点，为出具科学合理的审计建议奠定基础。注重学习前沿理论，关注行业动态、学术研究、主管部门和专家学者的前沿情况，以及政策导向形成的财经形势，注重资料搜集与消化吸收。审计组内不同专业背景的审计组成员开展头脑风暴，探讨发现的主要线索与问题，站在不同的角度和立场来思考，往往可以分析问题更为全面、结论更为准确。

③注重审计工作的产出效率。沿着"政治——政策——项目——资金"这条线开展研究、谋划实施；同时也作为基本方法论，沿着"资金——项目——政策——政治"这条线分析提炼、提出建议，做到一条主线双向贯通、首尾循环，使审计结果既有数据支撑，也有政治高度，审计作用发挥更加充分。注重运用系统性思维，研究行业政策，积极主动开展研究，有针对性地开展审计。

④注重审计收尾工作的深处理。现场审计结束后，审计组要将审计过程中的第一手材料进行加工处理，对被审计单位领导干部履职尽责情况进行综合研判，对被审计单位进行"回头看"，可以更好理解和把握审计查出的问题，以"深"和"透"的标准审视发现的问题，分析问题背后的体制性障碍、机制性缺陷和制度性漏洞，最终准确客观地出具处理意见和审计建议。审计报告要重点突出、条理清晰、逻辑结构严谨、言简意赅，既要做到揭示问题，也能够有助于推动问题的解决。

(3) 开展审后阶段研究。

①编制审计整改问题清单。按照立行立改、分阶段整改和持续整改的标准，划分问题，实行分类管理。对可通过调整账务、清缴资金、停止违

规行为等方式得以立即纠正的问题，应立行立改。对因涉及多方、成因复杂等原因无法立即整改到位，但能够明确整改时间节点及阶段性成效的问题，应分阶段整改。对受相关程序制约或整改前提已灭失、须堵塞漏洞加强监管的问题，应持续整改，要求被审计单位按照"一事一策"的原则制定整改措施和计划。

②提出构建长效机制建议。审计报告中既要注重对于问题的阐述，也要发现问题、分析问题、剖析原因，在此基础上提出建议。对普遍性、倾向性和苗头性问题，既要督促纠正审计查出的具体问题，更要研究清楚问题背后的障碍、缺陷和漏洞，提出可操作、有分量的审计建议，促进被审计单位从改革的视角审视问题、以改革的思路解决问题，通过深化改革完善体制机制，推动标本兼治。

③提升审计问题准确度。审计质量直接反映在审计报告上，能否出具反映情况准、查处问题深、原因分析透、措施建议实的审计结果，是衡量审计项目质量的关键要素，也是审计报告实现价值、成为领导决策重要参考的必备条件。从审计实践来看，影响审计报告质量的一大因素便是问题表述不准确，如对同类问题在审计定性、引用法规、处理意见等方面存在不同，甚至出现因未透彻理解法规条文的实施背景和目的而定性错误的情况。通过开展审计问题研究，要着力解决审计基础的薄弱环节，着力加强审计基础基本功建设。

4. 加强审计人才队伍建设

内部审计人员的能力和水平是实现内部审计高质量发展的根本所在，是内部审计事业行稳致远的关键之举。加强内部审计人才队伍建设，努力打造一支既具备审计知识技能和综合业务能力，又掌握现代技术方法和专业技能的信念坚定、业务精通、作风务实、清正廉洁的复合型审计人才队伍。建议应从以下三个方面着力。

（1）严把审计人员入口关。

着眼于审计人才库的建设，加大人才选拔引进力度，通过社会招考、人才引进、择优选调等多种方式，公开招聘审计工作人员。扩充审计人员专业范围，由财务、审计专业扩充增加信息化、工程、经济、法律等专业人员。根据内部审计工作特点，明确严格的内部审计人员知识结构与实务技能等方面的准入标准，在测试公共科目的基础上，加试审计、会计、计算机、工程、经济、法律等方面专业科目，确保新招录审计人员具有能够完成其相应审计任务所需的各种能力以及知识技能，做好人才储备工作，把好"入口"关。

（2）强化审计人才培养考核。

一是完善审计教育培训体系。开展有针对性的业务培训，注重职业道德教育与相关业务知识培训相结合，注重专业技能与综合素质培训相结合，促进内部审计人员更新知识，内外兼修，全面提高审计人员专业技能和综合素质。开展审计人员的继续教育，给审计人员系统学习审计理论知识、提高知识储备量提供条件。鼓励审计人员学习新知识，考取相关职业水平证书，提升审计人员专业能力和综合素质。加强审计人员跨部门横向轮岗力度和跨层级纵向挂职锻炼力度，增强审计人员服务单位发展的能力。在审计一线通过以干带训、边审边学的方式加强内审人员思想淬炼、政治历练、实践锻炼、专业训练。

二是建立审计人才库。不仅选拔优秀审计人员，还要吸收业务部门的专业人员充实审计人才队伍。积极主动思考，加强与科研院所的沟通联系和力量整合，强化审计理论研究，拓展广度深度，提升研究的质量和水平，为推动内部审计创新发展提供理论指引。

三是建立健全考核评价机制。对各单位内审机构建设、人员配备、工作成果、业务质量、档案管理、信息化建设和审计项目等方面进行量化考核，促进内部审计工作规范管理。组织开展审计业务知识和技能竞赛评比，激发内部审计人员学技术、学业务的积极性。上级主管部门应建立健全评优评先机制，对忠于职守、坚持原则、认真履职、成绩显著的内部审计单位、内审人员和优秀的审计项目采取适当形式予以表彰。

（3）有效疏通审计人员出口。

建立健全审计人员职称评审机制，适应审计工作需要对内部审计人员实施分类管理，实行审计专业技术职务序列，合理确定职务层级。拓宽审计人员职业发展通道，努力把内审岗位打造成单位人才培养和选拔任用的重要平台，对在审计工作岗位表现业绩突出、熟悉单位业务工作、符合干部选拔任用相关条件的审计部门负责人，应优先提拔任用。优化审计部门内部岗位设置，有条件的单位可将审计部门细分为科室，增加管理层级，为业务骨干提供更多发挥管理才能的平台。

四、总结

（一）研究结论

本文通过研究，取得如下初步成果：

一是构建了行政事业单位经济责任审计的模型。经济责任审计是带有我国特色的审计形式，不仅有规范单位管理的基础作用，同时对于领导干部管理具有特殊的意义，实施过程也比一般的审计形式更加复杂，审计风险更大。通过研究，初步揭示行政事业单位的审计风险主要由固有风险、控制风险、检查风险和评价风险组成，明确模型中的四类风险存在的正反相关关系。

二是从实践的角度，将模型中的四类风险细化为具体的审计风险点，具体指导行政事业单位经济责任审计实务。四类风险中，固有风险和控制风险是审计无力干预的风险，但需要充分认识和评估，并在此基础上，合理采取审计手段，合理管控检查风险和评价风险。

三是提出了做好行政事业单位经济责任审计工作、降低审计风险的保障措施，助力新时代经济责任审计实现高质量发展，更好履行审计工作的常态化经济监督职能，特别是能够更好实现经济责任审计在规范权力运行、提升组织经营管理水平、有效防范风险方面的重要作用。

（二）研究展望

本文的风险模型构造中，未对风险进行量化的研究，仅作定性的分析，对于审计工作具有一定的指导意义，但距离建立审计风险标准、实现更高水平的规范化仍有差距。另外，导师关于将案例更加聚焦在某一类或者某一个单位研究的建议，因为时间和精力未能按此思路开展更加深入的研究，实为遗憾。最后，部分文献中提出经济责任审计模型中应包含处理处罚风险，受篇幅和研究深度影响，本论文未对此进行深入研究。以上不足，留待今后的工作和研究中解决处理。

参 考 文 献

[1] 赵保卿. 内部控制设计与运行 [M]. 北京：经济科学出版社，2005.

[2] 胡为民. 内部控制与企业风险管理——实务操作指南 [M]. 北京：电子工业出版社，2008.

[3] 宋常. 审计学（第五版）[M]. 北京：中国人民大学出版社，2011.

[4] 卫建国，李雪. 现代审计学 [M]. 青岛：青岛海洋大学出版社，1998.

[5] 尹平，刘世林. 政府经济责任审计 [M]. 成都：西南财经大学出版社，2009.

[6] Lawrence B. Sawyer. 索耶内部审计——现代内部审计实务 [M]. 5版. 北京：中国财政经济出版社，2005.

[7] 中国空间技术研究院审计与风险管理部课题组. 风险导向审计模型在军工科研单位年度财务决算审计中的应用研究 [C]. 2011年度中国总会计师优秀论文选，2012：174-186.

[8] 蔡春，陈晓媛. 关于经济责任审计的定位、作用及未来发展之研究 [J]. 审计研究，2007（01）：10-14.

[9] 孟修. 经济责任审计对国家审计的丰富和发展 [J]. 审计研究，2007（6）：21-26.

[10] 卫建国. 国有企业领导人员经济责任审计风险及其控制 [J]. 经济体制改革，2009（2）：74-78.

[11] 胡天忠. 关于领导干部经济责任审计结果转化运用的思考 [J]. 中国行政管理，2003（12）：56-57.

[12] 周锦南. 经济责任审计存在的问题及对策分析 [J]. 中国行政管理，2006（4）：40-41.

[13] 韩晔，李三和，刘颖，牛巍. 公立医院内部审计理念与工作思路调查分析 [J]. 中国医院管理，2014，34（10）：51-53.

[14] 杨明增，张娜，李洁. 现代风险导向审计风险模型应用研究 [J]. 财会通讯，2015（16）：91-93+4.

[15] 张世军. 风险导向审计在企业审计中的应用研究 [J]. 商业会计，2019（23）：176-177.

[16] 钱舒颖. 风险导向审计在医院内部审计中的应用 [J]. 商业会计，2019（30）：156-157.

[17] 赵炳志. 风险管理和风险管理审计在医院内部控制中的应用 [J]. 中国卫生

产业，2018，15（13）：86-87.

[18] 惠文. 谈论提高会计人员素质［J］. 辽宁教育会计通讯，2005（08）.

[19] 马丽红. 当代财务会计的发展趋势分析［J］. 经营管理者，2013（2）.

[20] 倪梅林. 财务会计机构改革的探讨［J］. 现代会计，2007（5）.

[21] 崔爱军. 财务会计存在的问题及发展趋势［J］. 漯河职业技术学院学报，2012，11（04）：88-89.

[22] 李毅芬. 公立医院风险导向内部审计的应用［J］. 医院管理论坛，2014，31（12）：6-9.

[23] 汪立元. 国企高管经济责任审计风险模型的构建［J］. 会计之友，2012（14）：24-25.

[24] 谢伟. 经济责任审计风险模型分析［J］. 中国内部审计，2012（02）：42-44.

[25] 汪立元，顾晓敏. 基于现代审计风险模型的国企高管经济责任审计风险及其防范［J］. 上海经济研究，2011（08）：99-105.

[26] 卫建国，李洪斌. 经济责任审计风险模型及其应用［J］. 财会研究，2009（08）：62-64.

[27] 答朝海. 风险导向审计模式对我国经济责任审计的启示［J］. 中国管理信息化，2006（04）：65-67.

[28] 刘玲. 经济责任审计风险的评估［J］. 审计月刊，2005（02）：20-21.

[29] 刘三昌，张耕，苏亚然. 审计风险模型的构建及应用［J］. 河北审计，2002（03）：4-5.

[30] 秦小丽，常丽娟. 经济责任审计风险及其防范刍论［J］. 审计研究，2005（06）：86-88.

[31] 陈波. 经济责任审计的若干基本理论问题［J］. 审计研究，2005（05）：84-88.

[32] 张龙平，陈作习，宋浩. 美国内部控制审计的制度变迁及其启示［J］. 会计研究，2009（02）：75-80+94.

[33] 谢周平. 企业内部控制审计中存在的问题及解决对策［J］. 农场经济管理，2014（03）：51-54.

[34] 吴寿元. 我国企业内部控制审计现状及相关建议［J］. 中国注册会计师，2013（10）：90-96.

[35] 付丽梅. 我国企业内部控制审计存在的问题及对策研究［J］. 中外企业家，2016（6）：120-121.

[36] 张连起，丁勇. 现代审计风险模型分析探讨［J］. 中国注册会计师，2004

(10): 29-33+2.

[37] 王布衣. 风险导向审计的新发展及其借鉴作用 [J]. 财务通讯, 2004 (19): 75-76.

[38] 王素梅. 论我国审计风险模型的重构——基于国际审计风险模型的演变分析 [J]. 财会通讯 (学术版), 2004 (12): 61-63.

[39] 马贤明, 郑朝晖. 现代风险导向审计探讨 [J]. 审计与经济研究, 2005 (01): 9-13.

[40] 杨亮亮. 风险导向模型在公立医院内部审计中的应用研究 [J]. 中国医疗管理科学, 2020, 10 (03): 33-36.

[41] 于保和. 经济责任审计研究 [D]. 东北财经大学, 2003.

中国建筑企业"一带一路"国际税收争议和风险防范研究

——以 A 公司在埃塞俄比亚承建铁路项目为例

黄功华

摘　要："一带一路"倡议发布以来，中国建筑企业"走出去"步伐越迈越快，对外工程项目承包行业呈现快速增长趋势。中国建筑企业在境外从事工程承包、开展投资等业务，经常会遇到跨境纳税争议问题。特别是面对境外税务机关的税收审计、稽查时，经常因经验不足而不能有效应对，甚至还存在采取公关手段以息事宁人的现象。在第一届"一带一路"税收征管合作论坛之后，中国国际商会等有关机构经过座谈和调查，发布了《中国"走出去"企业"一带一路"税收调查报告》，也反映出中国企业在参与"一带一路"建设过程中确实面临着一系列跨境税收问题。因此，控制好税收风险，解决好税收争议，是我国建筑企业在推进"一带一路"建设和国际化进程中需要高度重视的重大课题。

本文通过对某大型中央建筑企业下属 A 公司在埃塞俄比亚承建的铁路项目遇到的税收争议案例研究，基于多边框架下国际税收争议的现状、特点和常见解决机制，系统分析了中国建筑企业在"走出去"过程中容易产生税收争议的内外部原因，通过理论和实务结合，提出了境外工程项目全生命周期国际业务税务管理要点、税收争议解决方案矩阵和解决方案对应表，探索中国企业解决国际工程项目税收争议的实践方案。

关键词：税收争议；全生命周期；方案矩阵；风险防范

一、绪论

(一) 研究背景

自 2013 年"一带一路"倡议提出后,中国"一带一路"朋友圈不断扩大,截至 2021 年底,中国已与 145 个国家、32 个国际组织签署 200 多份共建"一带一路"合作文件。在"一带一路"倡议的引领下,不仅"走出去"的中国建筑企业数量越来越多,规模越来越大,而且领域越来越广,成为当前中国企业参与"一带一路"、推动国际基础设施互联互通和国际产能合作的主力军。根据商务部的统计数据,2016—2021 年上半年,中国企业在"一带一路"沿线 60 多个国家对外承包工程项目新签合同额占中国对外承包工程新签合同额的比重均保持在 50% 以上,其中 2019 年比重高达 60%。有经济学家预计,随着中国走近世界舞台中心,中国建筑企业将在未来 10—20 年迎来国际化的黄金时代。

目前,中国建筑企业主要在亚洲、非洲及拉美地区发展中国家开展业务。近些年,随着国际市场份额的急剧扩大,受企业内外部因素综合影响,中国建筑企业在境外遇到的跨境税收争议问题接踵而至。据有关数据披露,截至 2020 年 9 月,中国国家税务总局已经帮助中国"走出去"企业(包括建筑企业)与相关国家开展双边税收磋商 497 例(次),为"走出去"消除双重征税 145 亿元。这些跨境税收争议的产生,既有项目所在国家(地区)的政治和经济环境复杂动荡、营商环境水平普遍不高、税法不健全、税收政策不透明且变化频繁、税务执法人员自由裁量权过大且随意等外部因素制约,也有中国建筑企业对东道国财税环境了解不足、自身缺乏丰富的跨境税收管理经验、税务风险防控意识不强等内部因素影响。此外,从国家之间税收政策协调角度看,还存在国际税收协定网络覆盖不全、执行不到位、条款不完善等情况,在当前阶段仍不能完全消除国际双重征税影响。

可以预见的是,在经济全球化趋势已不可逆转的背景下,跨国企业的税收争议问题日趋频繁和复杂。深化税收合作、改善营商环境,成为越来越多国家和地区应对国际税收争议问题的共识。2019 年 4 月,国家税务总局在浙江乌镇主办了第一届"一带一路"税收征管合作论坛，34个国家和地区税务部门共同签署《"一带一路"税收征管合作机制谅解备忘录》，论坛参与方共同发布了《乌镇声明》以及《乌镇行动计划（2019—2021）》，通过建立"一带一路"税收征管合作机制，致力于提高跨境税收争端解决效率，构建增长友好型税收环境。对中国建筑企业而言，国际间税收协调的进步和加强从其效果来看也是双刃剑。一方面，为企业解决国际税收争议提供了国家层面的政策和机制支持，另一方面，也对企业自身国际税收管理提出了更高的要求。中国建筑企业应该在国际间税收多方框架下苦练内功，在国际项目实施过程中，充分运用东道国和国际税收方案下的争议解决机制，依法合规加强国际税收管理，严格管控税务风险，多措并举解决税收争议，最大程度维护企业的合法权益。

（二）研究意义

国际税收争议是个很宽泛的概念，是基于纳税人的国际经济活动而产生的。一般而言，是指一国政府与跨国纳税人之间或不同国家的政府之间在国际税收关系中产生的各种争议。通常包括税务机关与跨国纳税人之间的税收争议和国与国之间的税收争议两种情形。

中国建筑企业在境外从事工程承包、开展投资等业务，经常会遇到跨境纳税争议问题。相比国内经营，国际化经营面临着更为复杂多样的环境，受各国法律、税制等因素影响，加上自身在境外税收管理方面存在不足，中国企业在境外遇到国际税收争议或者遭遇不公正税收待遇，往往出现被动应付局面，要么选择忍气吞声，或者直接支付巨额税收罚款了事，不仅经济利益受损，也会严重影响中国"走出去"建筑企业国际形象。因此，在日趋复杂的世界经济环境中开展跨国经营，控制好税收风险，解决好税收争议，是我国建筑企业在推进"一带一路"建设和国际化进程中需要高度重视的重大课题，研究形成体系的税收争议解决方案必要且紧迫。

本文基于国际税收一般规则下国际税收争议的产生、特点和常见解决机制，通过某大型中央建筑企业下属A公司在埃塞俄比亚承建的铁路项目遇到的税收争议案例研究，系统分析了中国建筑企业在"走出去"过程中容易产生税收争议的内外部原因，理论和实务结合，创新提出了境外工程项目全生命周期国际业务税务管理要点、税收争议解决方案矩阵和解决方案对应表，建立起项目全方位税收争议解决框架，对国际工程项目税收争议的解决具有实践指导意义。

（三）研究方法

1. 案例研究法

本文选择了国有资产监督管理委员会管理的某大型建筑央企在"走出去"过程中遇到的税收争议案例进行分析，从实际出发，建立税收争议解决机制方案，为后续税务合规性管理提出合理建议。

2. 文献分析法

通过查阅和研究国内外相关文献资料，了解国际税收争议解决机制的最新研究成果，为分析提供理论支持。

3. 比较研究法

通过比较国际税收争议解决的内部方法和外部方法，既有一般规则的概括，又有实践中经验的总结和创新，力求提出科学合理的应对方案。

二、案例基本情况

A 公司是某大型中央建筑企业全资子公司。2011 年，A 公司以母公司名义在埃塞俄比亚中标了大型铁路 EPC 工程项目（以下简称 EPC 项目），合同总价近 20 亿美元，工期约 42 个月，于 2017 年 5 月竣工。在工程实施过程中，当地税收征管机关和 A 公司发生了多次税收争议。具体情况如下。

（一）案例背景

埃塞俄比亚是东非地区大国，其国民生产总值曾连续 12 年保持两位数高速增长，远高于撒哈拉以南非洲地区。2016—2017 财年（埃塞俄比亚财年起止时间为当年 7 月 8 日至次年 7 月 7 日），埃塞俄比亚国内生产总值（GDP）约为 806 亿美元，取代肯尼亚成为东非第一大经济体。长期以来，埃塞俄比亚对于外资企业的政策限制和税收征管都非常严格。2016 年 8 月后，埃塞俄比亚国内政治局势出现了不稳定，政府多次宣布国家进入紧急状态，社会治安趋于恶化，经济面临严重下滑。2017年10月，埃塞俄比亚总统在议会两院发表的讲话中提出，为实现财政增长11%的目标，政府开始收紧税收和加大征管力度，由此造成在埃塞俄比亚经营的外国企业经常和当地税务机关产生征税争议事项，不少中资企业都收到巨额罚单，合法权益受到损害。在上述背景下，A公司承建的EPC项目也面临被当地税务局税务审计追缴大额税金等情况。

（二）存在的主要税收争议问题

1. 合同条款不合理，税务审计要求调增

2013年，A公司与埃塞俄比亚铁路公司（业主）签订上述EPC项目承包合同，合同约定业主承担当地一切税费（即业主包税）。根据埃塞俄比亚税法规定，购买方（业主方）在向供应方（承包商）支付款项时，需要扣除2%预扣税，视同供应方（承包商）预缴2%企业所得税，年度供应方按30%所得税税率进行汇算清缴。在实际操作中，业主在支付合同价款时，另交付EPC项目15%的增值税完税票据及2%的预扣税票据（由于埃塞俄比亚财政资金紧张，埃塞俄比亚企业应付合同款中的税收部分采用票据形式代替现金支付），A公司将该票据拿到项目所在税务局申报，视同缴纳了等额现金的项目相关税费。

2017年，A公司接受埃塞俄比亚税务总局对EPC项目进行税务审计。税务局审计认为，所得税及其他当地税费应该由A公司承担，若是由业主代付，类似于A公司多从业主处收到一笔钱，需要计入A公司的收入。因此，税务局在审计过程中将业主支付的2%预扣税共计1.9亿当地币调整计入项目收入，并据此要求补缴该金额15%的增值税、30%的企业所得税及巨额利息、罚金。

2. 项目分包执行机构税收身份认定存在争议，面临补缴巨额税款

2012年，A公司在中国境内的全资子公司B勘察设计有限公司（以下简称"B公司"），为承揽埃塞俄比亚设计项目，在埃塞俄比亚注册成立了常设机构（以下简称"B Project Office"）并正常申报纳税。

2013年，A公司将上述EPC项目中包含的设计工程内部分包给B公司，双方在中国境内签订中英文合同，由B公司提供设计和技术服务。由于B公司设计工作几乎在中国境内完成，因此在埃塞俄比亚以非常设机构的名义委托EPC项目代扣代缴15%的增值税和10%的外国技术服务税。

2017年，埃塞俄比亚税务局在对EPC项目进行税务审计时，发现A公司与B公司签订的分包合同签订主体方名称显示为B公司英文全称，而B公司在埃塞俄比亚常设机构的英文名称正是B公司的英文全称。据此，税务局认定"B Project Office"已构成了B公司在埃塞俄比亚的常设机构，且认定由"B Project Office"实际承担EPC合同的设计服务，因此，应按照全额收入作为利润计算企业所得税，要求B公司承担高额税金、利息及罚款约6亿元当地币（折合人民币约1.8亿元）。

3. 税务执法随意性大，纳税调整不尽合理

A公司EPC项目在工程实施期间，每年按照埃塞俄比亚税法规定办理了纳税申报，经税务机关审计通过并出具了审计报告。但在项目竣工次日即收到埃塞俄比亚税务总局的稽查审计通知，推翻了项目前几年审计结果，并对其展开了长达半年的税务稽查审计。

2017年10月，埃塞俄比亚税务局审计人员在未与项目方确认的情况下，单方面下达税务决定书，要求调减成本费用约8亿元当地币（折合人民币约2.4亿元）。从审计结果来看，埃塞俄比亚审计部门对从中国或其他国家引进相应技术管理人员在埃塞俄比亚工作期间往返机票费用、当地设备租赁费用、设备采购费用、自采油料费用、日常办公费用等合理开支不予认可。项目方向审计组提供了与经营相关支撑性依据后，审计部门仍然单方面出具了审计报告，审计人员甚至威胁项目方，如不接受审计结果，税务总局可能将项目方以前年度全部业务发回重审，意图迫使项目方接受审计结果。

4. 国内总部费用不认可，虚增利润多缴纳税款

对于A公司为EPC项目实施提供的管理、咨询、办公等国内总部费用，埃塞俄比亚税务局认为，总部发生的这些费用无法提供合理的依据，因而被认定为与项目经营收入无关，不能税前扣除，导致该部分费用不能列入

项目成本，虚增了项目利润，埃塞俄比亚税务审计机关据此要求 EPC 项目补缴企业所得税及巨额利息、罚金。

三、案例涉及的国际税收争议成因分析

A 公司在埃塞俄比亚执行 EPC 项目遇到的税收争议和其特点，其实在"走出去"参与"一带一路"建设的中国建筑企业中具有普遍代表性。经有关机构调查，中国建筑企业在"一带一路"沿线国家遇到的跨境税收困难和问题，不外乎受到企业内部管理和外部环境两方面因素的影响。

（一）内部管理因素

1. 税收环境调查研究不充分

中国建筑企业"走出去"扩张速度较快，普遍不重视对国际税收规则、双边税收协定、东道国税收政策与制度等影响税收的环境因素进行的全面、深入调查研究，往往在后期项目实施过程中容易引发税收争议。

2. 税收规划水平不高

中国建筑企业开展国际业务的税收规划水平普遍不高，主要原因有：一是税收规划意识淡薄。很多企业走出国门承包工程，没有树立充分的税务管理思维和意识。二是税收规划能力不强。税收风险产生在生产经营过程中，而不是产生在税务申报和清缴阶段。国际税收规划需要在项目招投标、商业谈判、建设阶段进行大量细致慎重的调查、研究，提前做好合同实施相关的各种交易税收安排准备。而企业常犯的错误是等到财务部门缴税或税务机关找上门来才认真对待税收规划。三是税收规划专业人才不足。具备扎实的国际税收、财务、金融知识，精通外国语言的专业税收人才比较短缺，严重制约了企业提高国际税收规划能力。

3. 合同签订不规范

通常来说，项目所在国的税法效力要高于商务合同的法律效力。我国建筑企业经常掉入境外"合同免税"陷阱，在合同谈判时，往往将与业主的单边谈判成果视为政府的行政许可，合同文本未充分进行法律、税务合

规性评审。很多企业自认为在与外方签署的工程承包商务合同中约定了某些关于税收的条款，如税收减免、所有税收由业主承担等，往往项目开建后发现商务合同的约定与项目所在国的税法相抵触，或项目业主无法兑现税收减免的承诺，导致签订的合同涉税条款不被税务机关认可，从而引发税收争议。

4. 常设机构设立不重视

一般而言，中国建筑企业在境外从事承包工程、提供劳务等业务时，需要在境外项目所在国注册常设机构。国家之间的税收协定也会约定缔约双方对常设机构的认定标准。如果我国承包商未按规定注册相应的机构，面临的税收风险是比较大的，有些国家甚至会推出一些惩罚措施。由于各国对不同机构的资质、纳税义务范围存在商法和税法上的差异，子公司和分公司的纳税义务有差别，执行项目的组织机构设立不合适，包括通过拆分EPC合同来完成项目履约的项目分包商在东道国没有注册机构但实质上提供了项目服务，往往有可能被认定为东道国的常设机构，就要按照其税法的规定申报缴纳税款，从而引发税收争议。

5. 关联交易缺乏独立性

中国建筑企业在货物、劳务、特许权使用费、技术转让、股权等方面不可避免会发生关联交易，由于彼此之间存在共同的股权和控制关系，相关交易时就可能不按照一般市场价格标准来确定有关交易的价格。这些交易如果不符合独立性原则，就非常容易被东道国税务机关列为关联业务并进行调查，进而引发被认定为特别纳税的调整风险。

6. 成本费用归集不规范

中国建筑企业实施境外工程，由于财税管理人员对东道国税收政策认识不足，同时受国内工程财税管理惯性思维影响，归集的项目成本费用不被东道国税务机关认可，导致税前无法扣除，从而引起税收争议。

（二）外部税收环境因素

1. 税收环境

"一带一路"沿线国家（地区）普遍政治和经济环境复杂动荡、营商环境水平不高，中国建筑企业在这些国家开展业务面临的税收环境制约性强，非常容易产生跨境税收争议，主要表现在：对外资的税收政策透明度不高；税收政策变化频繁，政策缺乏稳定性；税法基本原理不健全，缺乏税收法治观念；税务执法人员自由裁量权过大、执行税法（包括国内税法和生效的税收协定）随意，导致税收政策适用的不确定性等。

2. 税收协定

税收协定作为推动中国企业"走出去"的重要手段，对于中国建筑企业在"一带一路"沿线国家的投资经营活动起着十分重要的支持作用，可以最大程度避免双重征税。中国建筑企业主要承接欠发达地区工程业务，也经常面临东道国与中国未签订税收协定或税收协定不完善引发税收争议的情况。一是税收协定网络覆盖不全。根据国家税务总局网站公布信息，截至2018年底，我国总共签订了107个双边税收协定，已经生效100个，7个还未生效。其中，与"一带一路"沿线66个国家中的54个签订了双边税收协定，还不能完全覆盖已同中国签订共建"一带一路"合作文件的145个国家。二是税收协定条款不完善。协定中部分条款过于陈旧或并不健全，可抵免税种和认定程序不明确、饶让抵免不充分等均可能引发国际重复征税争议。如我国与"一带一路"沿线国家签订的国际税收协定中，只有22个协定中含有税收饶让条款，绝大部分协定中根本没有涉及饶让抵免。

3. 税收歧视

受东道国的政治、文化、宗教、经济、社会发展进程等各方因素的干扰，部分东道国税务机关征税理念存在偏见，频繁发起不合理税收检查和审计，以此作为弥补财政收入的方式，中国建筑企业由此遭受东道国给予的不平等税收对待，甚至遭受到严重的税收歧视，引发税收争议。

四、构建项目全周期的税收争议解决方案

通过前述国际税收争议案例背景、税收争议事项及产生特点、成因的分析，以及中国建筑企业境外项目税收管理普遍反映出来的涉税现状，中国建筑企业解决国际税收争议要贯穿于工程项目投标、商业谈判、签订合

同、项目实施、项目运营、项目交付、项目退出等全生命周期。更重要的是，基于国际税收的基本规则和争议解决机制，要梳理出每个阶段的税收管理要点，构建起基于项目全生命周期的税收争议解决方案和基于多边框架下税收争议解决机制，有效指导解决国际项目税收争议，以达到控制税收风险、维护企业合法权益的目标。

（一）研判税收争议的解决机制

通常情况下，视国际税收争议发生的情形，解决争议主要通过国内和国际两种途径。在一国之内发生的税收争议，处理机制以行政复议和行政诉讼程序为主，即单边解决方式；在国与国之间发生的税收争议，因为可能涉及国际重复征税，大多数情况下需要不同政府税务机关通过多边方式解决，处理最常见的解决机制包括相互协商程序（MAP）、税收仲裁和预约定价安排（APA）等。

当中国企业在国际经济活动过程中遇到税收争议时，首先要和当地税务机关沟通、协调争议事项，提出合理反馈意见进行必要的抗辩工作。其次，在无法满意解决的情况下，企业可进一步选择在争议发生国开展国内行政或司法救济程序。若纳税人认为争议事项属于税务机关征税行为导致其遭受和税收协定不相符的待遇，首选解决机制是MAP，即将争议提交到中国税务机关，通过国家税收主管当局之间相互协商解决。

当前，我国与"一带一路"沿线国家签署的税收协定均包括MAP机制。据OECD最新统计数据，自"一带一路"倡议提出以来，我国"走出去"企业通过MAP机制协商国际税收争议案件数量急剧上升。鉴于国际税收争议的解决不仅涉及企业重大经济利益维护，也涉及国家税收权益的有效维护与协调，相较于国内行政复议或司法机制的单边解决，MAP所提供的双边解决是中国"走出去"企业解决国际税收争议的较理想和首选机制。

（二）梳理国际项目税务管理要点

构建项目税收争议解决方案，首先应从项目全周期出发，规范国际业务在不同阶段的税务管理要点，从源头上着力消灭不合规税务行为，避免税收争议的产生。中国建筑企业国际业务各阶段税务管理要点如图1所示。

标前调查阶段	商业谈判阶段	启动实施阶段	实施运营阶段	收尾退出阶段
• 财税尽职调查 • 东道国的市场调研 • 经济可行性分析 • 考虑投融资架构	• 评估税收优惠政策 • 综合考虑EPC合同签订方式（是否进行合同拆分）的财税影响 • 研判合同涉税条款	• 落实融资安排、材料设备采购租赁、评估国际派遣雇员的相关财税影响 • 制订税务规划方案，避免实施和前期脱节	• 制定与供应链管理相关的转让定价政策 • 按时完成各项合规手续 • 有效进行财税管理，积极有效应对相关审计及税务检查	• 根据实际情况，考虑利润汇回的财税影响 • 根据实际情况，考虑退出时的财税影响 • 妥善处置设备、清理历史财税问题

图 1　中国建筑企业国际工程各阶段税务管理要点

（三）绘制税收争议解决方案矩阵

通过项目税收争议内外成因分析和管理要点梳理，基本上能够厘清中国建筑企业与东道国容易产生税收争议所在，进而构建起税收争议成因与解决方案的对应关系显得十分重要。基于税收争议形成因素和税收争议解决方法两个维度，绘制税收争议解决方案矩阵，便于中国建筑企业准确区分税收争议深层次原因，以对症下药，并提前做好适度税收规划，达到控制税收风险的目标。矩阵分四个象限，如图 2 所示。

1. 第一象限（Ⅰ）涵盖的事项通常包括设立常设机构、发生大量关联交易等内部因素形成的税收争议情形，应对措施是充分研究税收环境和国际税收通行规则，提前合理进行税收规划。争议发生后，首选解决方式是通过多边方式解决。

2. 第二象限（Ⅱ）涵盖的事项通常包括合同签订、成本费用核算扣除标准等内部因素形成的税收争议情形，应对措施是克服自身管理缺陷，加强项目签约前税收环境调研和合同条款税收评审，遵循当地税务规范，规范会计和税务核算，加强成本费用单据基础档案管理等。此类争议主要是通过和当地税务机关沟通的单边方式解决。

3. 第三象限（Ⅲ）涵盖的事项通常包括东道国税务当局自由裁量权较大、执行税法随意等外部因素引起的税收争议情形，应对措施为积极申诉，必要时借助当地的专业机构力量参与，以维护企业合法权益。此类争议多

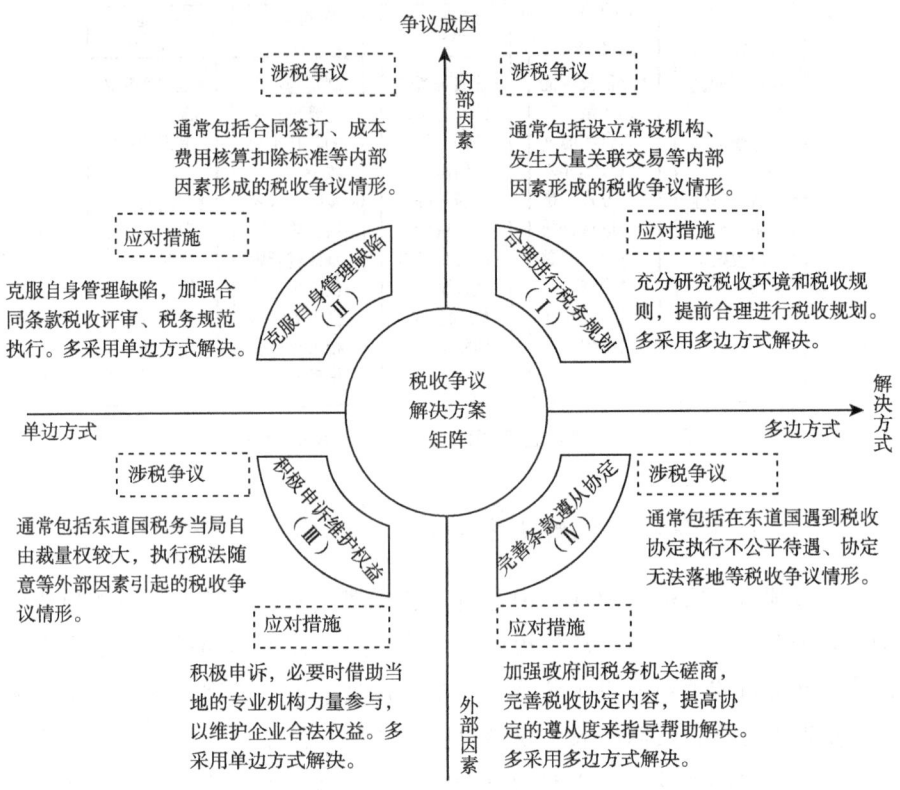

图 2 税收争议解决方案矩阵

通过单边方式解决，若所在东道国和中国签订了税收协定，也可结合多边协商方式。

4. 第四象限（Ⅳ）涵盖的事项主要包括在东道国遇到相关税收协定执行不公平待遇、协定无法落地等外部因素形成的税收争议情形，应对措施主要通过政府间税务机关磋商，完善税收协定内容，提高协定的遵从度来指导帮助解决。此类争议通过多边方式解决。

（四）形成税收争议解决方案对应表

基于项目全生命周期的税收管理要求，将争议影响因素（或事项）、解决矩阵、解决机制进行配对，形成清晰可执行的项目税收争议解决方案对应表（见表1），建立税收争议和风险防范的"表格化"管理机制。

表 1　　　　　　　　　　税收争议解决方案对应表

序号	国际项目管理	影响因素	解决矩阵				解决机制	
			合理规划（Ⅰ）	加强管理（Ⅱ）	申诉权益（Ⅲ）	遵循协定（Ⅳ）	单边方法	多边方法
1	标前阶段	财税政策研究	☆	★	—	—	★	—
2		税收环境调查	☆	★	—	—	★	—
3	谈判阶段	评估税收优惠	☆	★	—	—	★	—
4		常设机构问题	★	★	—	☆	☆	★
5		研判合同条款	☆	★	—	—	★	—
6	启动实施阶段	税务衔接	☆	★	—	—	★	☆
7		居民纳税人认定	★	★	☆	☆	★	★
8		常设机构认定	★	★	☆	★	☆	★
9		预扣税退还	★	★	☆	☆	★	☆
10	实施运营阶段	转移定价	★	★	☆	☆	★	☆
11		受控外国企业	★	★	☆	☆	★	☆
12		关联成本调整	★	★	★	★	★	☆
13		资本弱化	★	★	☆	★	★	☆
14		母国成本税前扣除	★	☆	★	★	★	☆
15		总部管理费税前扣除	★	☆	★	★	★	☆
16		列账单证不合规	★	★	★	—	★	—
17		外派人员居民身份	★	★	☆	—	★	☆
18		企业所得税抵免	☆	☆	★	★	★	☆
19	收尾阶段	避免设备再出口	★	★	☆	☆	★	☆
20		利润汇回风险	★	★	☆	☆	★	☆

注："★"表示重要事项对应的主要矩阵和机制，"☆"表示重要事项可能涉及的矩阵和机制，"—"表示重要事项不涉及对应矩阵和机制。

表中重要事项涉及自身管理和合理规划的须事前做好计划，事中有效管控，事后及时总结。须申述权益和完善协定的，要在过程中及时沟通协调、掌握证据。

五、A 公司案例应对取得成效

A 公司在埃塞俄比亚 EPC 项目遇到税收稽查引发争议后，针对项目税收争议情形及特点，通过加强组织保障和资源配置、研究收集中国和埃塞俄比亚税收法律资料、从项目全生命周期分析税收争议成因，制定出项目税收争议解决方案，最终化解了项目税收风险，有效维护了企业经济利益。

（一）组织保障

A 公司成立了由公司"一把手"牵头的税收风险管理领导小组和总会计师牵头的税务争议解决工作小组，同时聘请了某四大会计师事务所埃塞俄比亚当地分所作为项目税务顾问。领导小组负责协调配置内外部资源，工作小组负责制订解决税收争议的具体应对方案和措施，同时建立了税收争议信息汇报机制和决策机制，确保了信息顺畅和决策高效。

（二）分析制订税收争议解决方案

A 公司基于中国和埃塞俄比亚两国税收法律资料收集，根据项目全生命周期税收争议成因分析，制定出项目全周期税收争议解决方案并加以落实，如表 2 所示。

表 2　　　　A 公司埃塞 EPC 项目税收争议解决方案

序号	国际项目管理	影响因素	解决矩阵				解决机制	
			合理规划（Ⅰ）	加强管理（Ⅱ）	申诉权益（Ⅲ）	遵循协定（Ⅳ）	单边方法	多边方法
1	标前阶段	财税政策研究	☆	★	—	—	★	—
2		税收环境调查	☆	★	—	—	★	—
3	谈判阶段	研判合同条款	☆	★	—	—	★	—
4	启动实施阶段	常设机构认定	★	★	☆	☆	☆	★
5	实施运营阶段	母国成本税前扣除	★	☆	★	★	☆	★
6		总部管理费税前扣除	★	☆	★	★	☆	★
7		列账单证不合规	★	★	★	—	★	★
8		企业所得税抵免	☆	★	★	★	★	★
9	收尾阶段	避免设备再出口	★	★	☆	☆	★	☆
10		利润汇回风险	★	★	☆	☆	★	☆

前述埃塞俄比亚 EPC 项目存在的四方面税收争议问题分析成因和解决途径如下：

1. 项目因合同包税条款签订不合理导致税务机关审计调增增值税和所得税是由于合同谈判时未充分考虑东道国税收征管要求所致，应采用与业主、税务机关沟通的单边方式解决争议。

2. 项目分包执行机构税收身份认定问题，应与税务机关充分沟通，争取税务机关的理解。或在必要时发起相互协商程序。

3. 埃塞俄比亚税务机关随意执法，审计强行调减项目税收成本存在税收歧视问题，可通过相互协商程序解决。

4. 针对税务机关不认可企业合理发生的中国总部成本费用争议，主要原因是企业对于当地税收法律不熟悉、成本费用票据管理不规范所致。埃塞俄比亚税法规定，跨国企业总部为在埃塞俄比亚执行项目发生的跨境差旅、办公、会议等合理费用，将相关资料、发票进行翻译、办理双认证，据以列支项目成本可在企业所得税税前扣除。可在补充完善上述手续后向税务机关提出行政复议解决。

（三）取得的成效

A 公司通过内外协调、联动管理等方式，充分利用内外部资源，最终取得的成效如下：

1. 变更合同涉税条款并取得政府备案。针对合同包税条款，积极与项目业主沟通，争取到了业主向埃塞俄比亚财政部发函备案，并得到税务机关认可，避免项目利润流失。

2. 针对分包商常设机构认定问题，在与埃塞俄比亚税务局沟通无果的情况下，A 公司发起了两国间相互协商程序。经过政府间协商，当地税务机关最终未对项目采取进一步强制措施。

3. 针对税收执法随意、成本调整争议事项，提起行政复议。项目在收到决定书后书面致函埃塞俄比亚税务局，要求立即纠正审计差错。同时，按照埃塞俄比亚税收征管法规定，在收到税务决定 21 日内就税务争议向税务复议委员会提起复议申请，补充了成本支撑依据和总部管理费翻译、双认证资料，最终调回了约 6 亿元当地币（折合人民币约 1.8 亿元）可抵税成本，避免了多缴纳大额的企业所得税支出。

4. 通过设备再出口和利润汇回应急预案，项目得以在收尾阶段平稳过渡，自2017年以来未发生其他税收争议情况。

此外，A公司通过解决埃塞俄比亚EPC项目税收争议事件，一方面，对所有境外项目进行了"拉网式"税收风险排查，按国别建立起全周期税收争议解决和风险防范机制。另一方面，对国际税收管理工作从组织保障、反应机制、档案管理、外部协调等方面都出台了明确的工作指引，有效规范了全公司的国际税收工作，提高了税收风险意识和能力。

总结

本文通过对A公司境外税收争议实务案例的解决应对分析，对中国建筑企业参与"一带一路"建设遇到的税收争议风险提出了构建项目全周期的税收争议解决方案框架。

在"一带一路"倡议带来的新机遇下，我国建筑企业国际发展空间日益广阔，但同时也面临着越来越多的税收争议。"走出去"的中国建筑企业需要在跨国经营中提升税收管理水平，控制好跨境税收风险，有效应对跨境税收管理面临的风险挑战。

（一）充分研判境外税收管理环境

我国建筑企业参与国际市场竞争，必须在充分研判境外经营所在国的税收管理环境的基础上，才能有针对性地采取措施防范、化解境外经营税收方面遇到的困难、问题和风险。企业的财税管理部门要积极参与境外经营环境评估工作，在境外经营全周期把控制税收风险做为财税管理的重点工作，确保项目实施的经济利益最大化。

（二）高度重视境外税收合规和风险管理

在海外合规经营，我国建筑企业要特别重视税收合规体系建设，对境内外税务管理进行有效监督，全面防范税收管理风险。一方面，要增强税收规划意识，及时收集并掌握所在国税收法规的变化情况，结合企业经营特点和现状，在东道国和母国税收法律政策框架内科学进行税收规划；另一方面，坚持合规风险管理导向，开展税收规划不能扩大税收风险，处理税收争议要遵循国际通行规则。

（三）切实加强国际化财税专业人才培养

跨国经营对我国参与"一带一路"建设的建筑企业的财务管理全球化提出了更高的要求。作为企业的财税管理人员，必须具备全球视野，掌握国际经济和金融知识，熟悉不同国家的会计准则、外汇、税收法律体系之间的差异，才能在跨国经营中发挥更大的作用。中国企业要大力培养兼具财务能力和拓展能力的国际化财税专业人才。"走出去"企业中的财税人员不仅需要掌握财务知识，更应该掌握税务管理、国际金融、管理会计、风险管理等多领域知识，才能真正成为我国建筑企业国际化的财税管理专业人才，全方位适应企业国际化发展要求。

参考文献

［1］经济合作与发展组织关于对所得和资本避免双重征税的协定范本．

［2］联合国关于发达国家与发展中国家间避免双重征税的协定范本．

［3］中华人民共和国政府和新加坡共和国政府关于对所得避免双重征税和防止偷漏税的协定及议定书条文解释．

［4］中华人民共和国政府和埃塞俄比亚联邦民主共和国政府对所得避免双重征税和防止偷漏税的协定．

［5］国家税务总局《国际税务司"走出去"税收指引》．

［6］商务部《对外投资合作国别（地区）指南——埃塞俄比亚（2018年）》．

［7］国家税务总局《特别纳税调查调整及相互协商程序管理办法》．

［8］李铮．国际工程承包与海外投资税收筹划实务与案例［M］．北京：中国人民大学出版社，2017．

［9］朱青．"一带一路"建筑施工企业纳税与规划操作指南［M］．北京：中国财政经济出版社，2019．

［10］朱青．国际税收（第八版）［M］．北京：中国人民大学出版社，2017．

［11］赵卫刚，王坤．"走出去"企业税务指南［M］．北京：中国市场出版社，2017．

[12] 张蕊. 企业战略经营业绩评价指标体系研究 [M]. 北京：中国财政经济出版社，2002.

[13] 刘恒书. "走出去"企业境外工程项目五阶段税收筹划分析 [J]. 财务与会计，2018（22）：29-30.

[14] 陈业宏，舒喜平. "一带一路"倡议下我国海外投资涉税风险的法律防控 [J]. 法治现代化研究，2018，2（04）：161-173.

[15] 国家税务总局无锡市税务局课题组，吴志峰. 国际税收"一带一路"视角下跨境税收争端问题浅析——基于税收协定的订立和适用 [J]. 国际税收，2018（07）：46-50.

[16] 徐妍. "一带一路"税收争端解决机制法律问题研究 [J]. 社会科学战线，2018（08）：207-216.

[17] 沈志远. "一带一路"倡议下税收协定助力中国企业"走出去"的思考 [J]. 财经理论研究，2017（01）：33-39.

[18] 欧阳天健. 国际税收争议仲裁解决机制的世界趋势与中国立场 [J]. 国际商务（对外经济贸易大学学报），2017（03）：149-160.

[19] 吴毓壮. 税收助力"走出去"企业防范化解涉税风险的几点思考 [J]. 税务研究，2017（11）：109-110.

[20] 周建均. "走出去"要防五类涉税风险 [J]. 中国税务报，2016.

[21] 那力. 联合国范本与经合组织范本：区别与晚近发展 [J]. 江西社会科学，2012，32（04）：129-136.

[22] 李琳. 美国苹果公司避税与反避税问题研究 [D]. 吉林财经大学，2018.

[23] 赵鹏. 国际税收争议解决机制研究 [D]. 博士学位论文，华东政法大学，2015.

[24] 潘蓉. 离岸金融市场税收监管法律制度研究 [D]. 西南政法大学，2011.

大数据背景下电网资产精益管理的应用研究

刘 璐

摘 要：随着电力体制改革的不断深化，电网企业发展面临新的机遇与挑战。在经营压力剧增的形势下，电网企业如何利用大数据新技术，改进资产管理水平、提高设备运营效率、提升精益化管理能力，成为企业高质量发展的重要保障。本文结合财务多维精益管理及台区管理现状，从业财融合角度出发，充分发挥数据资产的战略价值，创新台区精益管理模式，以台区资产为研究对象，搭建台区资产投入产出分析评价模型，进行收入成本利润分析、资本性及成本性投资需求分析，在资产经营效益、资产有效性、资产投资决策等方面展开探索研究。通过打通数据链路，实现智能化；构建数据分析模型，实现多元化，从而挖掘数据价值，助力提质增效、精益管理，用数字化转型推动电网企业高质量发展。

关键词：大数据；电网资产；精益管理；台区资产

一、绪论

（一）研究背景

输配电价改革后，电网公司的运营模式发生改变，现行购销价差收入转变为按"准许成本加合理收益"核定的准许收入。目前，电网企业可继续采用统购统销模式取得实际收入，但输配电环节的实际收入将受到严格的政府监管，形成"事前核定电价，事中监管投资，事后成本监审"的监管方式。各项费率实行上限管控，材料费、修理费、其他费用等超出上限部分不计入输配电价，激励企业以费用上限为目标，尽可能压降成本费用来获取收益。近年来，电网企业经营管理工作调整原有的工作机制和操作模式，更强调公司在投资、成本、折旧等方面的针对性安排，衔接核价政策，主动适应输配电价改革，降低无效低效投入。在此基础上持续优化支出结构，合理增加有效支出，加大在电网安全、科技研发、教育培训、基础建设等方面的投入，增强公司发展后劲。

目前，财务工作以进一步适应外部监管监督要求、服务内部精益管理为目标，充分借鉴海外同业实践经验，推进多维精益管理体系研究工作，实现价值信息反映从财务语言向业务语言转变，促进业财深度融合。现阶段，通过在业务处理层面融合业财数据标准、贯通业财流程、衔接制度体系，已实现业财信息的多维精益反映，为电价核定、预算安排和业务管理提供全面、真实、可靠的数据支撑。当前资产全寿命周期管理、内部模拟市场、员工细化绩效考核、基于单台设备的投入产出分析等创新管理模式，都要求精益管理，颗粒度细化至最小经营单元，精细多维反映价值信息，支持精准激励和科学考评。我们通过主动适应、深度融入业务发展，对传统会计信息反映体系实施转型，协同推进数据全域管理，完善业财数据模型，深度挖掘数据资产价值，增强会计信息对业务的服务能力。

另外，经过多年积累，电网公司信息化水平不断提升，海量的业务及财务数据持续生成，其中隐含的价值信息也随着大数据技术方法与理论的深入研究而不断被挖掘。这为公司电网资产的分析、投资决策的支撑、数字化现代化的管理水平提升奠定了坚实的基础。

（二）研究目标

随着电改不断深化，公司持续稳健经营面临挑战，为积极适应电改新形势，促进公司与电网的高质量发展，本研究旨在实现以下目标。

1. 应对外部监管

电改后，电网公司盈利模式发生改变，公司的电网投资规模、投资项目成效、有效资产规模、有效资产状况等都直接影响公司的经营绩效及准许收入水平。政府监管日趋严格，公司各项费用支出都将受到严格监管。2021年是输配电价第三监管周期成本监审的基准年，本研究预期把控公司台区资产的成本费用水平与资产状况，积极应对挑战。

2. 精益内部管理

新时代电网公司提出新的战略目标，着力推进电网与公司的高质量发展。多维精益管理变革从 2018 年启动建设，着力推进价值信息多维度记录与反映，通过数据洞察分析与应用实践，实现以价值信息反映精益，全面推动经营精益管理。本研究将基于多维精益管理体系研究成果，精益公司资产管理对象，实现对台区资产颗粒度下的收入成本利润分析、资产现状分析、投资需求分析，促进生产精益，推动营销精准。

3. 业财深度融合

本研究以多维精益管理体系为抓手，以台区资产为研究对象，通过数字化转型推动业财深度融合，支撑财务及业务部门各项活动，实现公司全员共同创造价值、管控风险，提升台区资产管理效率，为电网企业高质量发展和投资决策提供支撑。

（三）研究内容

本研究基于电力大数据实验室接入的数据信息，融合了 ERP 系统的资产价值数据、生产运维系统的设备台账数据、调度系统的设备运行数据、营销系统的台区用户数据以及多维报表中的成本费用数据，以电网台区资产为主要研究点：一是计算台区售电收入、台区购电成本及台区费用，自动生成台区利润报表，并根据相关业务指标，最终形成台区综合报表；二是结合台区资产的特点、电改投资的要求以及成本监审办法，建立台区资产有效性评估指标体系，跟踪分析台区资产运营的效率效益，实时把控台区资产的有效性，并根据台区增量存量效益，实现对台区资本成本投资需求的测算，为公司经营决策提供有效支撑（见图1）。

1. 收入成本利润表

基于多维精益核算报表结果及部分成本分摊原则，修订公司台区资产的成本收入分摊计算方法和数据来源，自动生成台区损益报表，将电网资产的损益分析细化到某个台区，同时以台区收入成本利润表数据参数为基础，建立馈线收入成本利润测算逻辑。提升公司对电网资产的精益化管理

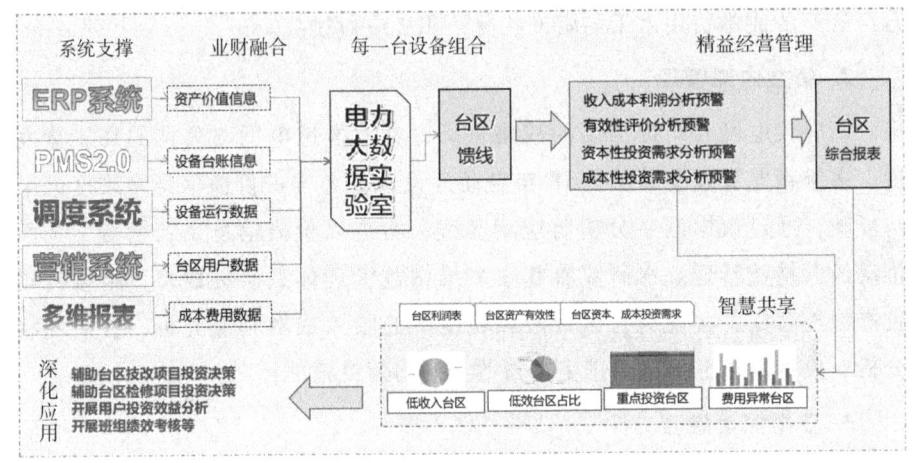

图 1　研究内容逻辑框架

水平,通过财务指标与业务指标的融合,辅助公司后续经营决策分析。

2. 资本性投资需求测算

根据资产有效性评价指标、资产增量效益指标,测算资本性投资需求程度,为公司的技改项目投资决策提供支撑。

3. 成本性投资需求测算

根据资产有效性评价指标、资产存量效益指标,测算成本性投资需求程度,为公司的检修项目投资决策提供支撑。

4. 综合报表

根据收入成本利润表、资产有效性评价预警模型、资本性投资需求测算模型、成本性投资需求测算模型,结合业务、财务部门需求,选取模型中的多个重要业务,财务指标形成综合报表,为决策部门提供参考和依据。

二、核心概念和理论基础

本章介绍了研究过程中涉及或使用的核心概念和理论基础。主要包括电力大数据、精益管理的相关背景,国内外关于资产有效性的界定标准,以及《输配电定价成本监审办法》关于标准成本中运维检修费用的计算方法。

（一）核心概念

1. 精益管理

电网企业属于国家基础性行业，其垄断地位使得市场竞争意识薄弱，经营管理意识淡薄。随着经济环境的变化以及电力体制改革，加之突如其来的新冠肺炎疫情，电网企业体现央企责任担当，政策性降价导致主营业务——电费收入量价齐降。面对复杂严峻的经营形势，电网企业全面开展提质增效专项行动，全力确保经营业绩稳健增长。目前经营环境下，依靠资源要素投入、规模扩张的发展模式已难以为继，因此，树立效益意识，建立精益文化，强化精益管理势在必行。

精益管理是追求质量和效益的均衡发展，"精"就是保障质量，"益"就是追求效益。结合电网企业实际，一是要坚持质量优先，提高投资质量、运维质量、服务质量、管理质量；二是提高运营效益，实施精准投入、精准作业、精准考核，杜绝无效低效支出。

电网企业的资产管理须兼顾电网安全运行、经营成本管理、优质服务效益等因素，同时还须提高资产经营的经济性和社会效益，其中电网的安全稳定运行是基础，经济效益导向是关键。因此，在资产管理战略目标设定中，须进一步提高精准投资、精益管理水平，提高资产投入产出效能。

随着大数据、互联网技术的发展，电网企业资产管理的各个环节沉淀了大量数据，这些数据成为企业的战略资产。根据资产组的定义内容，将电网资产管理的颗粒度细化至每一个可以产生现金流入的台区资产。利用大数据信息资源的整合，融合电网资产运营过程中的业务数据、财务数据，使"每一台设备"的信息精确反映，实现资产管理效益最大化。

2. 电力大数据

基于目前电力企业的发展现状，大数据产生于电力企业的各个环节。电网企业以建设运营电网为核心业务，其数据可分为电网运行数据、电力客户数据及电网企业经营管理数据三类。电网运行数据包括电网潮流数据、电网运行关键指标、设备检测及监测数据；电力客户数据包括用电量、用电行为、业扩报装等相关营销数据；电网企业经营管理数据包括人财物资源运营管理数据。

电力大数据实验室汇聚了电网、能源、社会等多维度数据,实现了对数据的高效存储、快速检索、各类特征挖掘与可视化分析。这些大数据应用分析技术直接面向电网企业的生产管理需求,有效提高对用户行为的预测分析能力,强化电力生产消费的主动调节与智能适应,支撑电网基础设施建设的科学规划和布局调整。

(二) 理论基础

1. 资产有效性理论

我国输配电网有效资产,是指电网企业投资形成的,为提供公用网络输配电服务所需的,允许计提投资回报的输配电资产。

目前出台的输配电价改革相关文件及各试点改革方案均明确提出,监管周期新增输配电资产增长与电量增长、负荷提升、供电可靠性提高相匹配,要求在具备条件的地区,建立考核电网企业供电可靠率、服务质量等输配电价调整机制。因此,公司在安排电网投资时不仅要关注投资规模与监管计划的一致性,也要关注投资效果满足预期目标,降低监管周期结束后准许收入的核减风险。

为避免因电网投资直接计入有效资产而导致投资过剩的情况发生,一些国家要求新增投资必须是有效的资产,而资产是否有效主要是根据资产的实际利用效率,对于低利用效率的资产或不再使用的资产不给予资产回报。我国输配电网有效资产的界定基本局限在合法(规)性和相关性的范围内,随着输配电价改革的深入,政府主管部门会在合法(规)和相关的基础上,按有效标准,对资产进行核准,核减准许收入。

参考国外监管部门将投资项目的风险与挑战、用户满意度、电网运营效率、安全可靠性、普遍服务能力、跨区输送能力等统筹纳入考核指标,根据设备投入使用的年限,考虑输配线路和变电站等设备适当的超前性和备用标准,为设备经济寿命期各年确定不同利用率标准,超过标准的全部计为有效资产,低于标准的则按比例扣减有效资产。

2. 成本监审办法

2019年成本监审办法对输配电定价成本包括的折旧费和运行维护费的

审核进行了详细的解释与界定。

（1）折旧费监审办法。

办法中所指的折旧费，是对输配电业务相关的固定资产按照该办法规定的折旧方法和年限计提的费用。

①计入定价成本的折旧费，按照监审期间最末一年的可计提折旧输配电固定资产原值和该办法规定的输配电固定资产分类定价折旧年限，采用年限平均法分类核定。

②可计提折旧的输配电固定资产指政府核定的经履行必要审批手续建设的输配电线路、变电配电设备以及其他与输配电业务相关的资产。

③输配电固定资产定价折旧年限。2015年1月1日以前形成的输配电固定资产，定价折旧率按照国家电网公司、南方电网公司规定的折旧年限中值确定；2015年1月1日及以后新增的输配电固定资产，原则上按照办法规定的电网企业固定资产分类定价折旧年限（折旧年限有所拉长），固定资产残值率按5%确定。

（2）运行维护费监审办法。

办法中所指的运行维护费，是电网企业维持电网正常运行的费用，包括材料费、修理费、人工费和其他运营费用。

①材料费、修理费。按剔除不合理因素后的监审期间平均值核定，原则上不得超过本监审期间核定的新增输配电固定资产原值的2.5%。超过2.5%的，电网企业应证明其合理性，具体数额根据评估论证后确定。

②人工费。电网企业工资总额（含津补贴）参照监审期间最末一年国务院国有资产监督管理部门有关国有企业工资管理办法核定。

③其他运营费用。

a. 管理类费用。

b. 生产经营类费用、安全保护类费用、研究开发类费用。

c. 其他费用。按剔除不合理因素后的监审期间平均值核定。其中，无形资产的摊销年限，有法律法规规定或合同约定的，从其规定或约定；没有规定或约定的，原则上按不少于10年摊销。

d. 价内税金。

e. 其他运营费用占本监审期间核定的输配电固定资产原值的比例，不得超过上一监审期间核定的比例；剔除生产经营类、安全保护类费用后的其他运营费用，不得超过本监审期间核定的运行维护费的20%。

3. 准许收入核定细则

为促进上海电网企业提高管理水平，降低输配电成本，提升运营效率和服务质量，高标准、高质量地完成输、配、供电服务，保障上海电力供应，根据《省级电网输配电价定价办法（试行）》有关规定，制定用于上海市电力公司准许收入考核办法。该办法主要用于安全可靠、成本管理、服务质量、信息报送四个方面的考核。

（1）安全可靠考核。

安全可靠考核主要项目包括安全生产和可靠性。

安全生产考核根据当年电力安全生产事故或事件发生情况进行考核；可靠性考核根据上年可靠性指标和"十三五"规划指标值为基准值，主要包括供电可靠性指标和输变电设施可靠性指标。

（2）成本管理考核。

成本管理考核主要项目包括综合线损率、输配电设备投资效率、单位电网资产维护成本和全员劳动生产率。

（3）服务质量考核。

服务质量考核主要项目包括供电质量、供电服务和世行营商环境"获得电力"指标。

（4）信息报送考核。

上海电网企业应按所明确的各项考核要求提供相关信息，确保上报信息和复核提供的信息真实、完整、及时。

三、台区利润报表构建与分析

本研究以电力大数据实验室为基础，在精益化管理的思想下，将电网资产的颗粒度细化至每一台设备，搭建台区资产投入产出分析评价模型，开展投资有效性多维评价，助力精准投资。

（一）报表模型原理

收入成本利润报表，主要包括台区资产的收入、成本及利润等明细项目。根据电改准许成本测算办法,将公司各项费用总额依据台区资产价值、可使用年限、资产现状和售电量等参数合理分摊至台区。

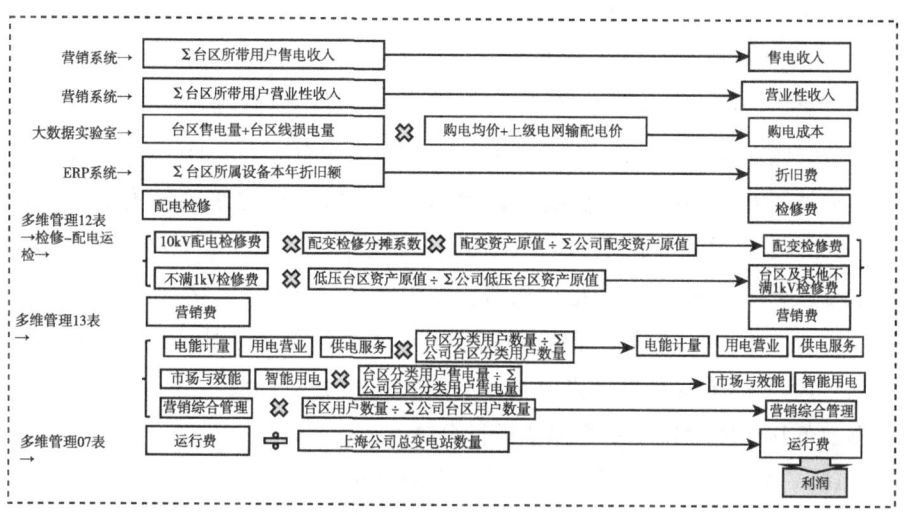

图 2　台区收入成本测算逻辑

1. 台区资产原值及折旧费

根据 PMS 中配电线路及设备中配变与台区的所属关系,完成台区资产资产原值、本年折旧费用的归集(原值用于投资效益等的分析,折旧用于台区利润的计算)。

2. 售电收入

根据营销系统中用户的售电收入数据、营业性收入数据,结合用户所属台区,计算台区总收入。

3. 购电成本

根据电量传导关系,购电成本 = 台区供电量 ×(购电均价 + 上级输配电价),其中台区购电成本中忽略配变损耗部分。

其中购电价为公司购电均价,输配电价考虑上海公司当前 10kV 配变上级电源主要为 35kV,暂时按照 35kV 输配电价计算。

4. 检修费用

目前台区检修费用在多维管理系统中对应"检修活动电压等级资产类

型分析（单体）"报表中检修——配电运检业务活动下的 10kV（除 10kV 线路部分）及不满 1kV 部分。

其中，10kV 部分检修费用包含了线路资产的检修费用，因此须剔除 10kV 线路部分资产对应的运维费。

检修——配电运检业务活动中，10kV 线路对应检修成本与 10kV 配电变压器检修成本的分摊系数采用上海标准成本体系中对应资产的标准成本计算。

分摊系数 = [10kV 架空线路长度(km) × 10kV 架空线路标准成本(元/km) + 10kV 电缆线路长度(km) × 10kV 电缆线路标准成本(元/km)] ÷ 10kV 配电变压器数量 × 10kV 配电变压器标准成本（元/台）

综合考虑多维精益管理体系中配电运检成本分摊动因及设备运维实际情况，10kV 配电变压器检修成本与不满 1kV 部分检修成本分别按照配电变压器及低压线路台区的资产原值进行分摊。

10kV 配电变压器检修成本按照配变资产价值进行分摊。

不满 1kV 部分检修成本按照低压台区资产价值进行分摊。

5. 营销费用

多维精益管理体系下营销费用分为电能计量、供电服务、智能用电、用电营业、市场与能效、营销综合管理六部分，其中智能用电和市场与能效根据分类用户售电量进行分摊，电能计量、供电服务、用电营业费用按照分类用户数量分摊，营销综合管理按照公司总体的用户数量或售电量分摊至用户。

本研究中台区营销费用分摊与多维精益管理体系采用相同的分摊标准，根据台区分类用户数量、分类用户售电量，计算台区营销费用。

（二）模型参数说明

收入成本利润自动生成模型相关数据：

（1）公司台区固定资产期末总额（包含配变和低压线路）- 原值；

（2）各台区售电量、供电量、固定资产原值、可使用年限；

（3）目录电价、购电价、35kV 输配电价；

（4）台区用户类别、用户数量、用户用电量；

（5）多维管理用报表：包括检修费用和营销费用（小计列，除购入电力费、输电费)。

其中资产相关数据来自于 ERP 资产卡片;售电收入数据来自于营销系统;电量数据来自于大数据实验室数据;检修费用数据和营销费用数据来自于多维管理用报表;用户数据来自于大数据实验室和营销系统(收入成本利润表测算数据来源见附录)。

(三) 台区资产年度报表

1. 基础数据

随机抽取浦东公司台区 116 个,收集对应 2020 年基础数据,包括:设备投运年限、售电量、供电量、固定资产原值、固定资产折旧,以及浦东公司多维管理用报表运维检修、营销数据。

台区购电价按照平均购电价加上 35kV 输电价,其中 35kV 输电价参考 2017—2019 年上海电网输配电价表。

2. 测算过程

根据公式"台区售电收入 = 台区售电量 × 目录电价",计算各台区资产的年度售电收入。

根据公式"台区购电成本 = 购电量(供电量) × 调整后购电价",计算各台区资产的年度购电成本。

根据台区固定资产期末原值占上海公司台区与配变固定资产期末原值的比重,计算配变检修分摊系数,再根据台区资产原值占比计算出台区运维检修费用。

根据台区营销活动的不同类型(用电计量、供电服务、智能用电、用电营业、市场与效能、营销综合管理),按照用户数量或累计售电量计算台区营销成本。

根据台区利润总额 = 台区售电收入 − 台区购电成本 − 台区折旧费用 − 台区运维费 − 台区营销费用,最终输出台区的年度利润表。

3. 结果分析

(1) 利润分布。

首先分析公司台区利润水平,区分亏损台区与盈利台区,为后续投资决策分析提供依据。

根据抽取的116个台区资产利润总额分布情况看，亏损台区31个，占比达27%；盈利台区占比合计73%，可见所抽取的台区相对经营效益状况较好。盈利台区中，利润总额在0—5 000元的台区30个，占比26%；利润总额在5 000—10 000元的台区14个，占比12%；利润总额在10 000—15 000元的台区有12个，占比11%；利润总额>15 000元的台区有27个，占比24%（见表1）。

表1　　　　　　　　　台区利润分布

指标区间	台区利润	台区数量	占比
$x \leq -5\,000$	严重亏算台区	13	11%
$-5\,000 < x \leq 0$	轻度亏算台区	18	16%
$0 < x \leq 10\,000$	低盈利台区	44	38%
$10\,000 < x \leq 15\,000$	一般盈利台区	12	11%
$x > 15\,000$	高盈利台区	27	24%

（2）万元资产检修费。

根据台区收入成本数据，计算各台区的万元资产检修费用，分析各台区本年检修程度。从分析结果看，大部分台区的检修运维费用正常，检修费用偏高台区占比23%，无检修过度台区（见表2和图3）。

表2　　　　　　　　　台区万元资产检修费分布

指标区间	台区万元资产检修费	台区数量
检修费用偏低	$0 \leq x \leq 5$	20
检修费用正常	$5 < x \leq 8$	69
检修费用偏高	$8 < x \leq 10$	27
检修费用过度	$x > 10$	0

（3）成本费用收入比。

根据台区资产成本费用收入比分布情况看，成本费用收入比在0—0.5的台区有36个，占比31%；成本费用收入比在0.5—1的台区有49个，占比42%；成本费用收入比在1—3台区有23个，占比20%；成本费用收入比>3的台区有8个，占比7%（见表3和图4）。

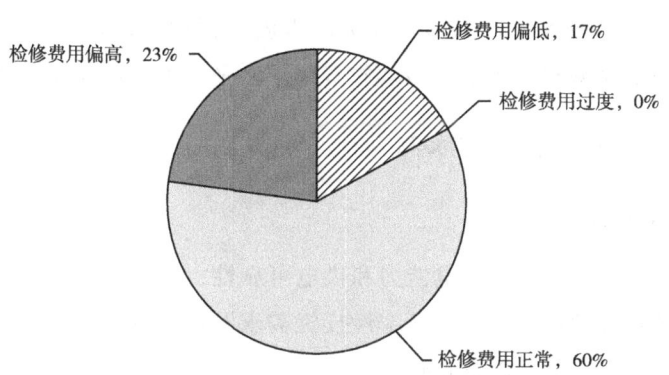

图3 台区万元资产检修费用分布

表3 台区成本费用收入比分布

指标区间	台区成本费用收入比	台区数量
投资效益高	$0 \leq x \leq 0.5$	36
投资效益中	$0.5 < x \leq 1$	49
投资效益低	$1 < x \leq 3$	23
投资效益差	$x > 3$	8

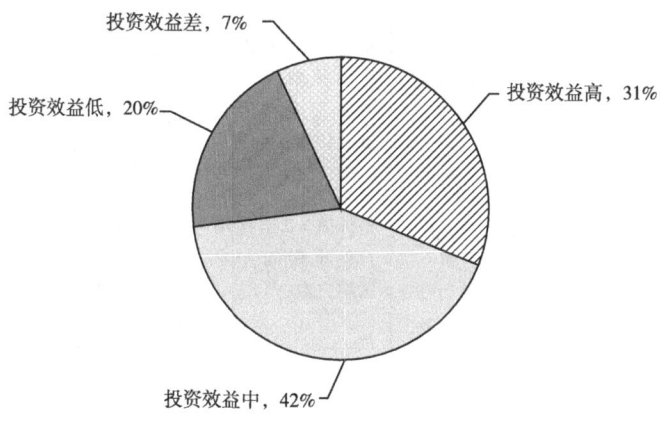

图4 台区资产成本费用收入比分布情况

四、投资需求测算

本章利用资产有效性评价指标，结合资产增量效益指标及存量效益指标,搭建了资产资本性及成本性投资需求测算模型。通过抽取典型台区测算所需数据,测算台区的资本成本投资需求水平,辅助业务部门投资决策。

(一) 资本性投资需求测算

1. 测算指标

研究选取装备水平、供电能力和供电可靠性、用户需求指标、经济运行指标以及资产效益指标,建立资本性投资需求测算评价指标体系(见表4),综合衡量资产资本性投资需求水平。

表4　　　　　　　　台区投资需求测算指标

指标编码	一级指标	二级指标	指标计算公式	指标计算所需基础数据	取数来源
ZBXQ-T-01	装备水平	配变投运年限	指标值 = 评价年 - 资本化时间	资本化时间	大数据实验室
ZBXQ-T-02	供电能力	台区户均配变容量	指标值 = 台区配变容量 ÷ 台区用户数	台区配变容量 台区用户数	大数据实验室
ZBXQ-T-03	供电能力	台区重过载程度	指标值 = 96点负荷功率数据最大值 ÷ 配变额定容量 - 80%	最大负荷(96点负荷数据)配变容量	大数据实验室
ZBXQ-T-04	供电可靠	台区用户平均停电时间	指标值 = Σ台区用户停电时间 ÷ 台区用户数	用户停电时间(电压时点数统计,判断标准为≤10V)台区用户数	大数据实验室
ZBXQ-T-05	用户需求	台区业扩报装容量	直接取数	业扩报装容量	营销系统,已有的业扩报装项目可以匹配到台区
ZBXQ-T-06	经济运行	台区线损率	直接取数	线损率(实际值/理论值)	大数据实验室,已为处理后的数据,直接取数

续表

指标编码	一级指标	二级指标	指标计算公式	指标计算所需基础数据	取数来源
ZBXQ-T-07	台区效益	台区万元资产售电收入增长值	指标值＝(本年售电收入－上年售电收入)÷台区资产原值×10 000	本年及上年售电收入 台区资产原值	营销系统 ERP系统
ZBXQ-T-08	台区效益	台区万元资产供电负荷增长值	指标值＝(本年最大负荷－上年最大负荷)÷台区资产原值×10 000	本年与上年96点负荷功率数据(最大值) 台区资产原值	大数据实验室 ERP系统

2. 测算模型

(1) 评分原则。

根据评价指标与评价目标之间的关系，确定指标类型(正向型/反向型/判断型)，根据业务导则规定及标准制定指标评分原则(见表5)。例如台区设备投运年限指标，属于判断型，根据公司实际水平及电改监管规定，当指标值大于折旧年限，指标得分为满分，当指标值小于等于折旧年限，指标得分为零分。

表5　资本投资需求评价指标评分原则

指标权重设定	配变投运年限	台区户均配变容量	台区重过载程度	台区用户平均停电时间	台区业扩报装容量	台区线损率	台区万元资产售电收入增长值	台区万元资产供电负荷增长值
指标评分原则	大于折旧年限=100分 小于等于折旧年限=0分	0—3kVA/户之间越小投资需求越大	指标值越大，得分越高	0为0分，时间越长得分越高	0为0分，时间越长得分越高	4.28%为满分，线损率越高得分越高	≤0为0分，>0越多得分越高	≤0为0分，>0越多得分越高

(2) 预警标准。

根据指标分布区间及目标要求，制定台区资本性投资需求预警标准(见表6)。

表6 资本性投资需求预警标准

台区资本性投资需求预警标准

台区户均配变容量			台区业扩报装容量			台区线损率			台区万元资产售电增长值			台区万元资产产供电负荷增长值			台区资本性投资需求水平		
预警分界点	预警区间	预警内容	预警分界点	预警区间	预警内容	预警分界点	预警区间	预警内容	预警分界点	预警区间	预警内容	预警分界点	预警区间	预警内容	预警分界点	预警区间	预警内容
0	$0 \leq x \leq 4$	户均配变容量待提升	0	$0 \leq x \leq 50$	业扩需求低	0.0%	$0 \leq x \leq 0.1$	线损率合规	负无穷大	$x \leq 0$	万元资产售电收入增长低	负无穷大	$x \leq 0$	万元资产供电负荷增长低	0	$0 \leq x \leq 15$	资本性投资需求低
4	$4 < x \leq 10$	户均配变容量合理	50	$50 < x \leq 100$	业扩需求正常	10.0%	$0.1 < x \leq 0.2$	线损率偏高	0	$0 < x \leq 10$	万元资产售电收入增长较低	0	$0 < x \leq 10$	万元资产供电负荷增长较低	15	$15 < x \leq 30$	资本性投资需求较低
10	$10 < x \leq 50$	户均配变容量较高	100	$100 < x \leq 200$	业扩需求较高	20.0%	$0.2 < x \leq 0.3$	线损率高	10	$10 < x \leq 50$	万元资产售电收入增长一般	10	$10 < x \leq 50$	万元资产供电负荷增长一般	30	$30 < x \leq 45$	资本性投资需求一般
50	> 50	户均配变容量高	200	> 200	业扩需求高	30.0%	$x > 0.3$	线损率高	50	$50 < x \leq 100$	万元资产售电收入增长良好	50	$50 < x \leq 100$	万元资产供电负荷增长良好	45	$45 < x \leq 60$	资本性投资需求较高
									100	$x > 100$	万元资产售电收入增长较高	100	$x > 100$	万元资产供电负荷增长较高	60	$60 < x \leq 100$	资本性投资需求高
															100		

3. 结果分析

根据台区资本性投资需求测算所需的指标数据计算台区资本性投资需求水平，给出预警结果。

从台区资本性投资需求评价结果看，台区最低得分 20 分，最高 72.50 分，平均值 28.37 分，根据模型的测算逻辑及分值设定，当得分为 20 分时没有投资需求，大于 20 分及以上有投资需求，得分越高，需求越大。从统计结果看，其中约 9.48% 的台区没有投资需求，大部分资产的投资需求集中在 30 分以内，需求程度不高（见表 7）。

表 7 台区发展需求——资本性评价结果统计

台区发展需求得分	台区个数	个数占比
小于 20 分	11	9.48%
20＜X≤30 分	92	79.31%
30＜X≤40 分	10	8.62%
40＜X≤50 分	1	0.86%
50＜X≤60 分	1	0.86%
60＜X≤100 分	1	0.86%
合计	116	1

（二）成本性投资需求测算

1. 测算指标

从资产规模、装备水平、供电可靠性、服务质量、资产效益五方面选择与资产成本性支出密切相关的指标，建立成本性投资需求测算指标体系，明确指标计算公式及数据来源（见表 8）。

表 8 台区投资需求测算指标

指标编码	一级指标	二级指标	指标计算公式	基础数据	取数来源	取数时间维度
CBXQ-T-01	资产规模	台区资产原值	直接取数	台区资产原值	ERP 系统	按年度取数（取评价年年底数据）

续表

指标编码	一级指标	二级指标	指标计算公式	基础数据	取数来源	取数时间维度
CBXQ-T-02	资产规模	台区用户数	直接取数	台区用户数量	大数据实验室	按年度取数（取评价年年底数据）
CBXQ-T-03	装备水平	配变投运年限	指标值=评价年-配变资本化日期	资本化时间	大数据实验室	按年度取数（取评价年年底数据）
CBXQ-T-04	供电可靠	台区用户平均停电时间	指标值=Σ台区用户停电时间÷台区用户数	用户停电时间（电压时点数统计，判断标准为≤10V）台区用户数	大数据实验室	按年度取数（取评价年整年数据）
CBXQ-T-05	服务质量	台区用户投诉比率	指标值=用户投诉次数÷台区用户数	台区用户投诉次数（需要导出后另行分类统计投诉的次数）台区用户总数	营销系统 大数据实验室	按年度取数（取评价年整年数据）
CBXQ-T-06	台区效益	台区万元资产售电收入	指标值=台区年售电收入÷台区资产原值×10 000	本年台区售电收入 台区资产原值	营销系统 ERP系统	按年度取数（取评价年整年数据）
CBXQ-T-07	台区效益	台区万元资产供电负荷	指标值=台区最大负荷÷台区资产原值×10 000	本年96点负荷功率数据（最大值）台区资产原值	大数据实验室 ERP系统	按年度取数（取评价年整年数据）

2. 测算模型

根据指标与成本性投资之间的关系，确定指标类型，制定指标评价原则，评分基本原则、模型测算逻辑与资本性相同，差异在于评分标准的不同。例如台区设备投运年年限指标，根据公司实际水平及电改监管规定，资本性标准为大于折旧年限为满分，否则为0分。而成本性投资则当年限大于0，即有成本投入的需求，年限越长投资需求越大（见表9）。

表9 台区成本投资需求预警标准

成本性投资需求预警标准	台区万元资产售电收入			台区万元资产供电负荷			台区成本性投资需求水平			台区成本费用偏差		
预警分界点	预警区间	预警内容	预警分界点	预警区间	预警内容	预警分界点	预警区间	预警内容	预警分界点	预警区间	预警内容
0.00	$0 \leq x \leq 4$	效益差	0	$0 \leq x \leq 50$	效益差	0	$0 \leq x \leq 15$	需求较低	-50%	$x \leq -0.5$	费用异常偏低
4.00	$4 < x \leq 10$	效益中	50	$50 < x \leq 100$	效益中	15	$15 < x \leq 30$	需求低	-30%	$-0.5 < x \leq -0.3$	费用偏低
10.00	$10 < x \leq 50$	效益良	100	$100 < x \leq 200$	效益良	30	$30 < x \leq 45$	需求一般	30%	$-0.3 \leq x \leq 0.3$	费用合理
50.00	$x > 50$	效益优	200	$x > 200$	效益优	45	$45 < x \leq 60$	需求较强	50%	$0.3 \leq x \leq 0.5$	费用偏高
						60	$60 < x \leq 100$	需求强		$x > 0.5$	费用异常偏高
						100					

3. 结果分析

根据台区成本性投资需求测算所需的指标数据，计算台区成本性投资需求水平（见表10）。

表10 台区成本性投资需求测算结果

指标名称	台区资产原值	台区用户数	配变投运年限	台区用户平均停电时间	台区用户投诉比率	台区万元资产售电收入	台区万元资产供电负荷	台区成本性投资需求水平
人民桥西	7.65	8.10	52.00	0.17	0.00	10.26	53.84	12.94
三林人民桥	33.58	18.97	12.00	0.07	0.00	9.47	2.15	14.68
三林水泵	23.77	3.28	20.00	0.42	0.00	2.39	7.07	9.31
三林乡镇府	15.15	13.28	20.00	0.00	0.00	10.79	13.44	10.21
三鲁拉三东	19.56	5.52	20.00	0.25	0.00	4.24	13.59	9.37
西村村委	19.84	3.79	32.00	0.00	0.00	6.91	8.47	9.50
西林电讯	14.73	8.97	24.00	0.12	0.00	7.48	13.80	9.23
西林洪家宅	51.13	5.34	16.00	0.26	0.00	2.28	4.23	16.69
长清凌三1号配变	16.98	98.79	28.00	0.01	0.00	38.57	63.31	35.05
源浦秀苑2号配变	11.44	19.83	4.00	0.07	0.00	17.02	27.27	11.53
联华长青	9.37	1.90	24.00	0.64	0.00	6.23	24.01	7.41
凌兆小学	12.37	1.55	32.00	0.78	0.00	13.29	21.32	9.08
三鲁二号	10.27	9.83	24.00	0.05	8.77	5.23	14.41	8.74
三鲁三号	4.84	9.83	24.00	0.00	8.77	10.27	80.20	14.24
三鲁一号	48.86	13.28	12.00	0.08	0.00	1.37	3.41	17.13
杨南新村2号配变	17.74	51.72	24.00	0.02	0.00	17.27	35.04	21.21
杨南众开木10千伏变压器	36.89	11.55	68.00	0.07	0.00	5.25	5.61	17.26
杨南众开火10千伏变压器	17.01	10.17	68.00	0.03	0.00	5.66	8.53	11.84
杨南众开水10千伏变压器	40.86	12.76	68.00	0.12	0.00	2.47	3.56	18.11
杨南众开乙10千伏变压器	57.33	8.97	68.00	0.15	0.00	1.13	2.00	21.65
杨南新地甲10千伏变压器	21.90	9.14	64.00	0.00	0.00	4.22	10.66	12.83

从台区成本性投资需求得分评价结果看，台区最低得分 4.83 分，最高 39.96 分，平均分 14.47，其中绝大多数台区的投资需求集中在 5—30 分区间，投资需求不高（见表 11）。

表 11　　　　　　　台区成本性投资需求得分评价结果统计

台区成本性投资需求得分	台区个数	个数占比
$0 \leqslant x \leqslant 5$	1	1%
$5 < x \leqslant 10$	31	27%
$10 < x \leqslant 15$	33	28%
$15 < x \leqslant 30$	47	41%
$30 < x \leqslant 100$	4	3%
合计	116	1

五、综合分析

2019 年国网公司发布的《关于大力推进降本节支的指导意见》要求，盈利单位要提高投资精准性，杜绝无效投资。亏损单位原则上只安排必要的安全、续建、业扩类投资，以及国家专项部署及配套资本金到位的政策类投资。考虑上海公司目前处于盈利水平，因此本案例研究以浦东公司 116 个台区的成本利润测算结果数据、资产现状评价结果数据、资本成本投资需求测算结果数据为基础，建立台区综合报表，提出盈利状态下的资本成本投资决策分析思路，辅助公司后续的投资决策分析。

（一）综合报表

综合报表，是根据业财关注要点，从收入成本利润分析、资产有效性评价、资本成本投资需求测算结果及过程数据中抽取重点指标及数据形成，是业财深度融合在设备层的集中体现（见表 12）。

表 12　　　　　　　　　　台区综合报表指标

序号	指标分类	指标名称	取数来源
ZHBB-T-01	财务基础指标	台区资产原值	收入成本利润表
ZHBB-T-02	财务基础指标	台区利润	收入成本利润表
ZHBB-T-03	财务基础指标	台区售电收入	收入成本利润表
ZHBB-T-04	财务基础指标	台区营业性收入	收入成本利润表
ZHBB-T-05	财务基础指标	台区购电成本	收入成本利润表
ZHBB-T-06	财务基础指标	台区折旧费	收入成本利润表
ZHBB-T-07	财务基础指标	台区检修费	收入成本利润表
ZHBB-T-08	财务基础指标	台区营销费	收入成本利润表
ZHBB-T-09	财务基础指标	台区运行费	收入成本利润表
ZHBB-T-10	财务分析指标	台区万元资产利润额	收入成本利润表
ZHBB-T-11	财务分析指标	台区万元资产检修费	收入成本利润表
ZHBB-T-12	财务分析指标	台区户均营销费	收入成本利润表
ZHBB-T-13	财务分析指标	台区成本费用收入比	收入成本利润表
ZHBB-T-14	业务基础指标	台区用户数	有效性评价数据
ZHBB-T-15	业务基础指标	台区平均负载率	有效性评价数据
ZHBB-T-16	业务基础指标	台区最大负载率	有效性评价数据
ZHBB-T-17	业务基础指标	台区用户平均停电时间	有效性评价数据
ZHBB-T-18	业务基础指标	台区用户投诉比率	有效性评价数据
ZHBB-T-19	业务基础指标	台区可再生能源接入水平	有效性评价数据
ZHBB-T-20	业务基础指标	台区业扩报装容量	资本性投资需求测算数据
ZHBB-T-21	业财融合指标	台区万元资产售电收入	成本性投资需求测算数据
ZHBB-T-22	业财融合指标	台区万元资产供电负荷	成本性投资需求测算数据
ZHBB-T-23	业财分析指标	台区资产有效性水平	有效性评价数据
ZHBB-T-24	业财分析指标	台区资本性投资需求水平	资本性投资需求测算数据
ZHBB-T-25	业财分析指标	台区成本性投资需求水平	成本性投资需求测算数据
ZHBB-T-26	业财分析指标	预测台区成本性投资额	成本性投资需求测算数据

（二）投资分析

电网企业自身的特殊性决定了其投资效益的体现不仅仅是利润的提升，也包括电网状态的改善，但在当前经济环境与改革形势下，公司一方面要重视投资效益的提升，又要避免"锦上添花"的不必要投资。

1. 资本性投资

在公司盈利状态下，除政策性投资项目、安措反措项目等必建项目外，要充分考虑投资的必要性与投资的经济性。因此，研究综合考虑台区的资本性投资需求、台区利润水平，制定台区资本性投资安排策略。

首先，定位投资需求重点台区。依托台区综合报表，筛选资本性投资需求大于等于15分的台区，针对该部分台区，其余台区不考虑资本性投资。

其次，合理考虑台区利润。综合考虑投资需求得分与台区利润水平，以各自占比0.5的权重计算该部分台区的投资紧迫性。当台区利润为负时，利润水平得分为0，仅剩余投资需求得分。

当台区利润小于等于0，投资需求大于等于15分的台区：

台区综合投资建议－资本性需求＝台区资本性投资需求得分÷全部台区资本性投资需求得分最大值×0.5

当台区利润大于0，投资需求大于等于15分的台区：

台区综合投资建议－资本性需求＝台区资本性投资需求得分÷全部台区资本性投资需求得分最大值×0.5＋台区利润÷全部台区利润最大值×0.5

第三，投资项目校核。将储备项目匹配的台区，当项目涉及台区的综合投资建议－资本性需求得分为零时，暂缓项目出库，或剔除该部分投资后再考虑安排出库建设，提高公司投资的整体效益，落实降本节支指导意见。

2. 成本性支出

资产的检修运维营销等成本性支出作为电网资产可靠运行的重要保障，须根据需要合理安排。但电网资产的成本性投资较为特殊，由于电网资产设备数量庞大，各类设备检修周期各有不同，临时性抢修也时有不断，而成本性投资需求的测算结果仅能作为成本性支出的参考，无法真正指导资产的成本性支出。因此，研究结合成本性投资需求、台区利润水平、本年实际检修成本、本年及下年检修运维标准成本，制定成本性支出安排策略。

其中，当台区利润大于等于 0 时：

台区综合投资建议 – 成本性需求 =（台区下年检修运维标准成本 + 台区本年检修运维标准成本 – 台区本年检修费）× 台区成本性投资需求得分 ÷ 台区成本性投资需求得分均值

当台区利润小于 0 时：

台区综合投资建议 – 成本性需求 =（台区下年检修运维标准成本 + 台区本年检修运维标准成本 – 台区本年检修费）× 台区成本性投资需求得分 ÷ 台区成本性投资需求得分均值 × 0.9

总结

本文以输配电改革下电网企业面临的新形势为背景，基于目前电力大数据实验室的数据基础、多维精益管理体系变革研究成果，通过打通数据链路，构建数据分析模型，优化完善了收入成本利润表、资本成本投资需求评价指标体系及模型测算逻辑，综合分析研究了台区资产，为公司有效把握公司资产现状，辅助资本、成本性投资决策提供了支撑。

（一）打通数据链路，实现智能化

实现数据同步，推进业务与财务数据集成。在电力大数据实验室里，依托集成运行的业务信息平台和电网设备档案数据，实现全业务信息同源、唯一且紧密关联，并做到传递规则清晰、检验逻辑严谨，达到数据可追溯，以提高整体运营效率。同时，以台区为对象，提取 ERP 系统资产卡片数据，形成台区对应的设备资产清单，梳理设备资产的价值信息，实现业务与财务信息的精准匹配，从而推动业务与财务的深度融合与价值创造。

（二）构建数据分析模型，实现多元化

通过跨部门协作，开展数据融合和共享，提高横向协同，提升整体效率。通过对台区的多维度数据进行统计分析，优化了台区资产的成本收入分摊计算方法，通过对台区体检报告的分析，对台区进行分类，分为亏损和盈利、异常、合理以及波动台区，划分责任主体，实现对电网资产的精益化管理，降低管理风险，实现了人员、设备等资源的精准匹配，提高台区管理效率，节约台区运行维护成本。

（三）建立组织管理流程，实现集约化

台区资产精益化管理是一项综合性工作，涉及跨岗位、跨专业、跨部门协同。建立部门常态化联络工作机制，进行全过程管控，做到问题责任到人、工作衔接紧密，形成处理流程闭环，确保台区的稳定运行。另外，通过强化业务评价机制，督促各台区营业站的作业方式和管理方式的转变，提升运营能力。

数字化时代，我们主动适应数字经济发展新趋势，坚持技术创新、数据赋能，实现对业务数据和财务数据的集约化管理，成为给企业创造价值的资产。通过加快构建各业务系统与财务系统之间的有效连接，汇聚海量数据，"颗粒化"聚合业财信息，为业财融合夯实数据基础，深挖数据价值，提高数据的"含金量"；在财务管理全环节加快数字化转型、提升精益化水平，努力实现资源投放精准高效、管理流程清晰简约、工作手段智能先进。

基于本案例研究的成果，后续可以借助大数据和智能化工具，开展应用场景研究，搭建智慧运营平台，实现海量数据的实时采集、在线聚合、敏捷输出、智能监控，立体展示各类设备、台区的经营质效，辅助业务部门与财务部门合理制定投资计划、科学管控资本成本费用水平，支撑公司经营决策。

附录

附表1　收入成本利润表测算数据来源

指标编码	一级指标	二级指标	指标计算公式	指标选取说明	指标计算所需基础数据	取数来源	取数时间维度
LRBB-01	售电收入		指标值=Σ台区所带用户售电收入		用户售电收入	营销系统	月度
LRBB-02	营业性收入		指标值=Σ台区所带用户营业性收入		用户营业性收入	营销系统	月度
LRBB-03	购电成本		指标值=购电量×（购电均价+输配电价）其中：购电量=售电量+线损电量		台区售电量 台区线损电量 购电均价 35kV输配电价 110kV输配电价	大数据实验室 财务部—— 外部导入	月度
LRBB-04	台区资产折旧额		指标值=配变折旧额+台区折旧额		配变折旧额 台区折旧额	ERP资产卡片（根据资产编码与设备编码对应关系取数）	月度
LRBB-05	检修费	配变检修费	指标值=10kV配电检修费×配变检修分摊系数×（配变资产原值÷Σ公司配变资产原值）其中：配变检修分摊系数=10kV配电变压器数量×10kV配电变压器标准成本（元/台）÷[10kV架空线路长度（km）×10kV架空线路标准成本（元/km）+10kV电缆线路长度（km）×10kV电缆线路标准成本（元/km）+10kV配电变压器数量×10kV配电变压器标准成本（元/台）]	每项费用按照多维维度分解到人、材、机费用	①10kV配电检修费 ②10kV配电变压器数量 ③10kV架空线路长度（km） ④10kV电缆线路长度（km） ⑤10kV配电变标准成本（元/台） ⑥10kV架空线路标准成本（元/km） ⑦10kV电缆线路标准成本（元/km） ⑧配变资产原值	①多维管理12表——检修——配电运检 ②大数据实验室统计台区数量 ③PMS2.0系统统计 ④PMS2.0系统统计 ⑤财务导入 ⑥财务导入 ⑦财务导入 ⑧ERP系统（配变资产价值部分）	月度

续表

指标编码	一级指标	二级指标	指标计算公式	指标选取说明	指标计算所需基础数据	取数来源	取数时间维度
LRBB-06	检修费	不满1kV设备检修费	指标值=公司不满1kV设备检修费×(低压台区380V部分资产原值÷公司低压台区380V部分资产原值)	每项费用按照多维维度分解到人、材、机费用	公司不满1kV设备检修费低压台区380V部分资产原值	多维管理12表——检修——配电运检ERP系统(台区资产价值部分)	月度
LRBB-07	营销费	电能计量	指标值=台区大工业用电用户数量×(公司大工业用电用户数量÷Σ公司用户总数量×公司电能计量费)+台区一般工商业及其他用电用户数量×(公司一般工商业及其他用电用户数量÷Σ公司用户总数量×公司电能计量费)+台区农业生产用电用户数量×(公司农业生产用电用户数量÷Σ公司用户总数量×公司电能计量费)+台区居民用电用户数量×(公司居民用电用户数量÷Σ公司用户总数量×公司电能计量费)+台区居混合用户数量×(公司居混合用户数量÷Σ公司用户总数量×公司电能计量费)	每项费用按照多维维度分解到人、材、机费用	①台区大工业用电用户数量 ②台区一般工商业及其他用电用户数量 ③台区农业生产用电用户数量 ④台区居民用电电用户数量 ⑤台区居混合用户数量 ⑥公司大工业用电用户数量 ⑦公司一般工商业及其他用电用户数量 ⑧公司农业生产用电用户数量 ⑨公司居民用电电用户数量 ⑩公司居混合用户数量 ⑪公司用户总数 ⑫公司电能计量费	①—⑤大数据实验室统计 ⑥—⑪营销系统外部导入 ⑫多维管理13表	月度

续表

指标编码	一级指标	二级指标	指标计算公式	指标选取说明	指标计算所需基础数据	取数来源	取数时间维度
LRBB-08	营销费	用电营业	指标值＝台区大工业用电用户数量×（公司大工业用电用户数量÷Σ公司用户总数量×公司用电营业费）＋台区一般工商业及其他用电用户数量×（公司一般工商业及其他用电用户数量÷Σ公司用户总数量×公司用电营业费）＋台区农业生产用电用户数量×（公司农业生产用电用户数量÷Σ公司用户总数量×公司用电营业费）＋台区居民用电电用户数量×（公司居民用电用户数量÷Σ公司用户总数量×公司用电营业费）＋台区居混合用户数量×（公司居混合用户数量÷Σ公司用户总数量×公司用电营业费）	每项费用按照多维维度分解到人、材、机费用	①台区大工业用电用户数量 ②台区一般工商业及其他用电用户数量 ③台区农业生产用电用户数量 ④台区居民用电电用户数量 ⑤台区居混合用户数量 ⑥公司大工业用电用户数量 ⑦公司一般工商业及其他用电用户数量 ⑧公司农业生产用电用户数量 ⑨公司居民用电电用户数量 ⑩公司居混合用户数量 ⑪公司用户总数 ⑫公司用电营业费	①—⑤大数据实验室统计 ⑥—⑪营销系统外部导入 ⑫多维管理13表	月度
LRBB-09	营销费	供电服务	指标值＝台区大工业用电用户数量×（公司大工业用电用户数量÷Σ公司用户总数量×公司供电服务费）＋台区一般工商业及其他用电用户数量×（公司一般工商业及其他用电用户数量÷公司	每项费用按照多维维度分解到人、材、机费用	①台区大工业用电用户数量 ②台区一般工商业及其他用电用户数量 ③台区农业生产用电用户数量 ④台区居民用电电用户数量	①—⑤大数据实验室统计 ⑥—⑪营销系统外部导入 ⑫多维管理13表	月度

续表

指标编码	一级指标	二级指标	指标计算公式	指标选取说明	指标计算所需基础数据	取数来源	取数时间维度
			用户总数量×公司供电服务费）+台区农业生产用电用户数量×（公司农业生产用电用户数量÷Σ公司用户总数量×公司供电服务费）+台区居民用电电用户数量×（公司居民用电用户数量÷Σ公司用户总数量×公司供电服务费）+台区居混合用户数量×（公司居混合用户数量÷Σ公司用户总数量×公司供电服务费）		⑤台区居混合用户数量 ⑥公司大工业用电用户数量 ⑦公司一般工商业及其他用电用户数量 ⑧公司农业生产用电用户数量 ⑨公司居民用电电用户数量 ⑩公司居混合用户数量 ⑪公司用户总数 ⑫公司供电服务费		
LRBB-10	营销费	市场与效能	指标值=台区大工业用电用户售电量×（公司大工业用电用户售电量÷Σ公司用户总数量×公司市场与效能费）+台区一般工商业及其他用电用户售电量×（公司一般工商业及其他用电用户售电量÷Σ公司用户总数量×公司市场与效能费）+台区农业生产用电用户售电量×（公司农业生产用电用户售电量÷Σ公司用户总数量×公司市场与效能费）+台区居民用电电用户售电量×（公司居民用电用户售电	每项费用按照多维维度分解到人、材、机费用	①台区大工业用电用户售电量 ②台区一般工商业及其他用电用户售电量 ③台区农业生产用电用户售电量 ④台区居民用电电用户售电量 ⑤台区居混合用户售电量 ⑥公司大工业用电用户售电量 ⑦公司一般工商业及其他用电用户售电量	①—⑤大数据实验室统计 ⑥—⑪营销系统外部导入 ⑫多维管理13表	月度

续表

指标编码	一级指标	二级指标	指标计算公式	指标选取说明	指标计算所需基础数据	取数来源	取数时间维度
			量÷Σ公司用户总数量×公司市场与效能费）+台区居混合用户售电量×（公司居混合用户售电量÷Σ公司用户总数量×公司市场与效能费）		⑧公司农业生产用电用户售电量 ⑨公司居民用电电用户售电量 ⑩公司居混合用户售电量 ⑪公司用户总数 ⑫公司市场与效能费		
LRBB-11	营销费	智能用电	指标值=台区大工业用电用户售电量×（公司大工业用电用户售电量÷Σ公司用户总数量×公司智能用电费）+台区一般工商业及其他用电用户售电量×（公司一般工商业及其他用电用户售电量÷Σ公司用户总数量×公司智能用电费）+台区农业生产用电用户售电量×（公司农业生产用电用户售电量÷Σ公司用户总数量×公司智能用电费）+台区居民用电电用户售电量×（公司居民用电电用户售电量÷Σ公司用户总数量×公司智能用电费）+台区居混合用户售电量×（公司居混合用户售电量÷Σ公司用户总数量×公司智能用电费）	每项费用按照多维维度分解到人、材、机费用	①台区大工业用电用户售电量 ②台区一般工商业及其他用电用户售电量 ③台区农业生产用电用户售电量 ④台区居民用电电用户售电量 ⑤台区居混合用户售电量 ⑥公司大工业用电用户售电量 ⑦公司一般工商业及其他用电用户售电量 ⑧公司农业生产用电用户售电量 ⑨公司居民用电电用户售电量 ⑩公司居混合用户售电量 ⑪公司用户总数 ⑫公司智能用电费	①—⑤大数据实验室统计 ⑥—⑪营销系统外部导入 ⑫多维管理13表	月度

参考文献

[1]《输配电定价成本监审办法》发改价格规〔2019〕897号.

[2]（美）Bill Franks. 驾驭大数据［M］. 黄海, 车皓阳, 王悦. 译. 北京：人民邮电出版社, 2013.

[3] 李非, 周彦平. 我国电力市场输配电成本划分及其电价制定方法研究［J］. 现代管理科学, 2008（07）：42-44.

[4] 周贺璇, 彭涛. 输配电成本监管体系构建的国外经验与借鉴［J］. 财政监督, 2018（12）：73-78.

[5] 周振, 梁爽. 新电改背景下输配电成本精细化核算体系研究［J］. 财会通讯, 2017（35）：95-100.

[6] 张粒子. 我国输配电价改革中的机制建设和方法探索［J］. 价格理论与实践, 2016（02）.

[7] 罗晓伊, 魏阳, 严磊, 佟如意, 梁健. 新一轮输配电价改革及其应对策略研究［J］. 四川电力技术, 2017（06）.

[8] 章映红, 彭啟旺. 电网企业输配电成本标准研究［J］. 会计师, 2014（12）.

[9] 唐晓璠. 电网建设与电网企业效益关系的理论与实证研究［D］. 华北电力大学, 2012.

[10] 许丹. 输配电成本监管体系研究［D］. 华北电力大学（北京）, 2016.

[11] 蔡皓. 我国输配电成本监管研究［D］. 长沙理工大学, 2010.

私募股权基金风险管理案例研究
——以某国有控股基金管理人为例

刘友余

摘　要：本文通过对某国有控股私募股权基金管理人 C&A 的风险管理案例研究，深入分析公司治理和经营管理等方面面临的问题，充分挖掘问题产生的原因，综合运用国有资产监督管理委员会全面风险管理指引、行业监管规则、管理会计风险管理工具以及 COSO 风险管理框架等，形成一个国有控股私募股权基金风险管理框架。该风险管理框架分为三个层次和领域：最外层为外部环境，主要包括宏观经济、法规政策、行业状况、市场状况等；第二层为基金管理人层面，主要包括基金管理人的公司治理与文化、战略与目标、业绩与表现、回顾与修订、信息与沟通等环节；第三层为基金和投资项目层面，体现在有关业绩与表现环节，主要包括投资人状况、基金结构、投资标的等。该框架在 C&A 的关键应用过程包括组织安排、确定战略目标与风险偏好、制度建设、建立激励约束机制、风险识别评估和应对，以及运用数字化系统等。该框架的特点是全面响应行业监管和国资监管的要求，充分借鉴私募股权基金风险管理的行业最佳实践，结合国有企业的显性和隐性特征，将基金业务和风险管理深度融合，促进企业实现战略目标。本案例研究将有助于增强对私募股权基金风险管理的认识，帮助提升国有控股私募股权基金的风险管理水平。

关键词：私募股权基金；风险管理；管理框架

一、研究背景、回顾与意义

（一）研究背景

在我国当前的法律和监管规则下，私募股权（Private Equity，简称 PE

基金是指通过非公开方式面向特定合格投资者募集，由基金管理人管理，主要投资于非公开发行和交易股权的投资基金。此概念中前一个"非公开"区分了私募基金和公募基金，后一个"非公开"区分了股权基金和证券基金。在不同的语境中，私募股权基金至少具有三种不同的外延，狭义的私募股权基金专指并购（Buy Out）基金，主要在美国等西方国家使用。外延居中的私募股权基金与创业投资（Venture Capital，简称 VC）基金并列，在中国证券投资基金业协会登记备案管理工作中，包括并购基金、上市公司定增基金、房地产基金、基础设施基金等。广义的私募股权基金还包括创业投资基金，与私募证券基金并列。如未特别说明，本文所指私募股权基金皆为广义口径，即为我国当前法律和监管规则下的私募股权基金概念外延。

根据中国证券投资基金业协会发布的《中国私募股权投资基金行业发展报告（2021）》，截至 2020 年底，经中国证券投资基金业协会登记的私募股权基金管理人共 14 986 家，其中，国有控股基金管理人 2 066 家，占比 13.77%。经中国证券投资基金业协会备案的私募股权基金 39 800 只，基金规模 11.56 万亿元，其中，国有控股基金管理人管理基金规模 4.14 万亿元，占比 35.58%。尽管受到新冠肺炎疫情等不利因素影响，2020 年我国私募股权基金行业仍保持平稳增长，呈现出管理人结构继续优化、行业集中度进一步提升、对战略新兴领域和中部地区的投资力度明显加大、退出形势总体向好等特点。

私募股权基金已成为我国资产管理行业重要组成部分，截至 2020 年底，我国资产管理总体规模达 105.14 万亿元，其中私募股权基金规模占比达 10.99%，较 2019 年增加 0.74 个百分点，比重持续提升。私募股权基金是社会直接融资体系的重要力量，2020 年私募股权基金向境内未上市未挂牌企业的股权投资金额新增 7 020 亿元，有力推动了供给侧结构性改革与创新增长。私募股权基金为新经济提供宝贵的资本金，截至 2020 年底，私募股权基金在投产业升级及新经济代表领域的未上市未挂牌项目 6.67 万个，在投金额 3.51 万亿元，为推动国家创新发展战略、支持中小企业发展发挥了重要作用。

同时也要看到，私募股权基金在国内发展时间不长，风险事件时有发生，甚至还出现侵占、挪用基金财产、非法集资等违法行为，行业风险管理水平有待提升。在国有控股特别是中央企业私募股权基金中，则存在募资结构不尽合理，基金主要由国有企业相互出资，民营企业和个人出资较少，国有资本放大作用发挥不足，国有资本的影响力带动力未充分彰显；部分基金未聚焦集团主责主业，对先进制造和战略新兴产业投资不足，投入比例偏低；基金管控不到位，部分基金使用所在集团字号，借助集团资源进行经营和管理，但存在管理人设而不管、管而不控的现象，个别基金甚至出现失控；专业人才匮乏，管理能力不足，尚未形成关键岗位能上能下，人才能进能出的管理机制，业务团队发展活力不足；违规情况时有发生，审计监督不到位，存在所在集团为基金投资项目提供大额担保，为其出资垫资，项目投资程序违规，基金资金被挪用并造成损失等问题和风险。

（二）研究回顾

对私募股权基金风险研究主要有三个角度。一是从监管部门的角度，研究私募股权基金行业风险。如陈琛等认为国内私募股权基金监管存在备案强加时限、监管一刀切、缺少监管协调机制、有监管盲区等问题，建议对私募基金管理人进行分级分类，实行差异化监管，同时建立私募基金管理人牌照制度，强化信息披露等。邱鹏认为私募基金风险事件发生原因主要有私募基金门槛低、监管不严格、违法成本低和监管规则不完善，建议监管部门提高私募基金管理人准入门槛、深化私募基金市场对外开放程度和清晰界定私募基金适用法律等。

二是从投资者的角度，研究私募股权基金产品投资风险。中国证券投资基金业协会提示的一般风险包括资金损失风险、基金运营风险、流动性风险、募集失败风险、投资标的风险以及税收风险等。英国私募股权投资基金协会（BVCA）在《私募股权投资风险报告》中指出，由于私募股权投资的特殊性，常规风险管理工具并不太适用，投资者应当特别关注私募股权基金的特殊风险，主要包括出资风险、流动性风险、市场风险以及资产风险等。Axel Buchner 认为投资者投资私募股权基金的主要风险是市场风险、流动性风险和现金流风险等。Dorian Proksch 等通过案例研究发现私募股权基金经理的经验和技能与基金失败的风险呈显著负相关关系。

三是从基金管理人的角度，研究私募股权基金管理风险。如叶可等根据被投资企业财务数据及创始人背景数据提出一套量化分析方法，试图度量被投资企业可能存在的风险，从而为私募股权基金进行投资选择提供有用的参考依据，优化投资判断，降低投资风险。姜爱克等认为私募股权投资风险随着投资周期的增加而提高，相应的投资风险也因各种不确定因素的增加而呈现上升趋势，其提出的 SVM 方法对私募股权投资风险能够进行有效预测，为私募股权投资风险的预测提供理论指导和方法借鉴。

（三）研究意义

本文通过对某国有控股私募股权基金管理人 C&A 的风险管理案例研究，深入分析其公司治理和经营管理方面面临的问题，充分挖掘问题产生的原因，综合运用国有资产监督管理委员会全面风险管理指引、行业监管规则、管理会计风险管理工具以及 COSO 风险管理框架等，形成一个国有控股私募股权基金风险管理框架。该框架的特点是全面响应国资监管和行业监管的要求，充分借鉴私募股权基金风险管理的行业实践，结合国有企业的显性和隐性特点，将基金业务和风险管理深度融合，促进企业实现战略目标。本案例研究将有助于增强对私募股权基金风险管理的认识，帮助提升国有控股私募股权基金的风险管理水平。

二、案例基本情况及存在的问题

（一）基本情况

C&A 是一家国有控股私募股权基金管理公司，成立于 2008 年，由一家国有商业银行 C 和一家中央企业 A 合资设立，双方分别持股 50%。C&A 主要发展策略和业务模式是充分利用股东 C 的资金募集渠道和股东 A 的产业项目资源，通过专业化的基金管理，打造一流的产融结合的私募股权基金。C&A 管理的私募股权基金募投两端均在国内（不包含港澳台）。成立之初，C&A 迅速发展，基金募集规模很快就达到数十亿元。

（二）存在的问题

"蜜月期"过后，C&A 开始出现和面临一些问题，有行业共性问题也有公司个性问题，主要包括：

1. 宏观政策方面

随着行业监管机构加强对商业银行代销私募基金产品的监管，以及银行日益重视私募基金代销风险管理，股东 C 提供募集资金的能力和意愿减弱，原有业务模式难以继续推行。同时，由于国资监管的原因，股东 A 为项目投资提供的保障条件逐渐弱化，项目难以满足股东 C 的投资风控要求，基金投资进度变缓。

2. 公司治理方面

C&A 双方股东在股东会和董事会层面的表决权均为 50：50，也同时委派高级管理人员，双方相互制衡，任何一方不能单独决策。在 C&A 公司章程和股东协议中未设定公司治理和管理僵局解决机制，一旦双方股东意见不一致，会给公司经营造成严重影响。在 C&A 的实际运营中，产融双方的投资理念差异比较明显，决策效率大打折扣。

3. 发展战略方面

由于战略新兴产业的投资风险相对较大，且投资保障条件相对较弱，为避免投资亏损追责，C&A 对战略新兴产业的投资非常谨慎。

此外，C&A 原有业务模式停滞后，双方股东迟迟无法对新的发展战略和业务模式达成共识。公司业务发展停滞不前。由于业绩表现不如预期，对产业的支持也缺少亮点，双方股东对 C&A 的重视和支持程度进一步减弱，形成恶性循环。这既是公司个性问题，也折射了行业共性问题。在金融消费者（基金投资者）保护和国资监管日趋严格的情况下，如何找到一条具有国资特色的产融结合的道路，如何将政策的火花燎原行业发展，仍有待探索。

4. 人力资源方面

在双方股东意见不一致的情况下，公司管理层与股东的沟通协调难度加大，工作环境恶化，管理层难以保持稳定，员工开始流动流失，特别是优秀的员工更容易流失。同时，公司也存在绩效薪酬吃大锅饭，业务团队发展活力不足等问题。

5. 风险管理方面

C&A 的风险管理未能有效嵌入业务一线，识别出的风险在酿成事故前，未能得到足够重视。基金项目投资风险存在温水煮青蛙效应，在风险迹象成为风险事件之前，时间可能较长，容易被忽视。同时，随着管理层和员工流动、流失，C&A 的风险防线开始出现漏洞，导致出现一些风险事件。

三、C&A 风险管理框架

作为国有控股私募股权基金管理人，C&A 遵从行业监管和国资监管规则，同时结合自身实际情况，吸取行业风险管理的最佳实践，包括成文的框架和规范，以及不成文的惯例和经验，形成一个国有控股私募股权基金风险管理框架（简称"C&A 风险管理框架"）。

（一）主要依据

1. 国有资产监督管理委员会《中央企业全面风险管理指引》

该指引围绕企业总体经营目标，涵盖企业管理的各个环节和风险管理的基本流程，明确风险管理的组织体系，强调培育良好的风险管理文化。该指引将企业风险分为战略风险、财务风险、市场风险、运营风险、法律风险等类别。该指引既包含了风险管理的领域，也包含了具体风险类型。

2. 行业监管规则

金融行业一贯是最重视风险管理的行业。行业监管机构颁布一系列风险管理规定，如中国证券投资基金业协会颁布的基金管理公司风险指引（试行）。该指引的特点是对基金重要风险分类和应对进行详细阐述，包括市场风险、信用风险、流动性风险、操作风险、合规风险、声誉风险和子公司管控风险等各类主要风险。

3. 财政部管理会计应用指引

近年来，财政部制定了多项风险管理指引，提出了风险管理应用环境和程序等总体框架,规范了风险矩阵、风险清单等工具方法在风险管理领域的应用。与COSO《企业风险管理——与战略和绩效的整合》相似,风险管理指引并不强调具体风险类型及其应对。

4. COSO《企业风险管理——与战略和绩效的整合》

2017年,COSO发布了修订后的企业风险管理框架。该框架的特点是将风险管理融入贯穿于企业战略、业绩和价值提升之中,具体包括治理与文化(Governance & Culture)、战略与目标(Strategy and Objective-Setting)、绩效与表现(Performance)、审阅与修订(Review and Revision)、信息与沟通(Information, Communication, and Reporting)有机组成的五部分,强调风险管理的全领域,提倡管企业就是管风险的理念。

(二)主要内容

C&A风险管理框架分为三个层次和领域。最外层为外部环境,主要包括宏观经济、政策法规、行业情况、市场情况等。第二层为基金管理人层面,主要包括公司治理与文化、战略与目标、业绩与表现、回顾与修订、信息与沟通等环节。第三层为基金和项目层面,体现在业绩与表现环节,主要包括投资人情况、基金结构、投资标的等(见图1)。

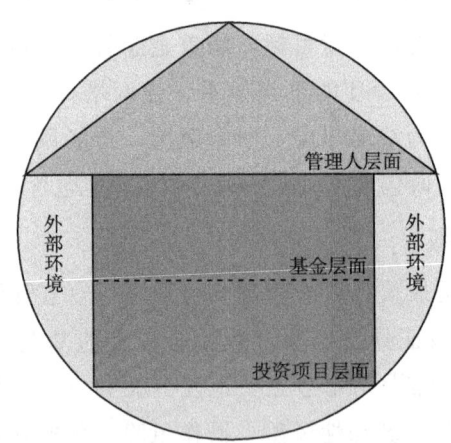

图1 C&A风险管理框架层次和领域

外部环境通常是不受控的,企业一般只能通过评估外部环境带来的风险与机会,调整企业自身应对措施,从而实现战略目标。在COSO框架里,外部环境风险评估包含在风险识别程序中,鉴于外部环境的不可控性和变动性,及其对私募基金行业的影响力,有必要将其单独列出,以体现其对企业战略目标和经营绩效的重大影响。管理人层面的风险管理是核心。基金层面和投资项目层面的风险管理本质上也是管理人风险管理的一部分,体现管理人的风险管理能力和水平,但它们对管理人(包括基金投资者)中短期经营绩效至关重要,同时又相对独立,因此也有必要将其单独列出。

1. 外部环境

(1) 宏观经济。

主要指国内外宏观经济运行情况,如经济增长、经济周期、宏观调控等。宏观经济增长时,社会总需求扩大,企业生产经营通常会更为顺畅,经营业绩会获得提升,反之亦然。经济周期性波动也会影响企业的发展,特别是对一些周期性行业,如采掘行业等。宏观调控等对企业的影响也十分巨大,如金融行业对货币政策就非常敏感。

(2) 政策法规。

主要指国家出台的与私募股权基金行业、投资项目所在行业相关的法律法规政策。根据国家法律法规数据库[①],可检索的法律共606件,行政法规671件,地方性法规17 612件,司法解释792件。我国还出台了大量的规章和政策性文件等。随着法治建设的推进,政策法规的数量还会进一步提高,对私募股权基金管理人和投资项目的生产经营可能产生重大影响。

(3) 行业情况。

主要指私募股权基金行业、投资项目所在行业发展情况,如行业竞争情况、发展趋势、结构变化等。随着市场的不断分化和加速出清,私募股权基金行业集中度进一步提升,呈现向头部机构、大型私募股权基金管理人集中的趋势。2020年,管理规模排名前15%的管理人在管基金规模超过私募股权基金行业总规模的85%。

(4) 市场情况。

主要指以金融市场为主的股价、利率、汇率和大宗商品价格等波动情况。在市场行情较好的时候,项目投资估值通常较高,一级市场的估值高

---

① https://flk.npc.gov.cn/,检索日期为2022年2月11日。

于二级市场的估值屡见不鲜。此外，投资项目也会受到市场风险的影响，如汇率波动对企业出口会产生重大影响。

2. 基金管理人层面

（1）治理与文化。

建立分工明确、高效运转、彼此牵制的风险管理组织体系，形成董事会、管理层、风险管理部门、各业务和职能部门以及员工有机结合的多道风险防线。

形成具有风险意识的企业文化，促进企业风险管理水平、员工风险管理素质的提升，保障公司风险管理目标的实现。

结合实际情况，对标市场，打造内部公平、具备外部竞争力、长期共赢的市场化薪酬体系；建立"能进能出"的人才流动机制和"能上能下"的经理层成员任期制、契约化管理机制；聚焦核心岗位和核心人才，吸纳、培养并打造高素质核心骨干人才队伍；根据国家政策，参考行业惯例，制定团队激励和约束机制，包括跟投制度、超额收益分配制度，以及管理团队和员工持股等。

（2）战略与目标。

秉承初心使命，以基金为切入点，积极开拓"产业+金融"集成服务，不断提高基金业务管理水平，促进基金业务高质量发展，充分发挥基金支持科技创新、促进产业升级、撬动社会资本的作用，全力支持有关战略落地，全心服务所在集团主责主业，致力成为产业与金融深度融合的一流央企产业投资基金。

根据所属环境、战略目标以及经营策略，明确公司总体风险偏好等。

（3）业绩与表现。

风险识别覆盖公司各个业务环节，涵盖各个风险类型，特别关注主要业务环节和重点风险类型。

风险管理部门及其他各部门可采取定量和定性相结合的方法进行风险评估，除改变风险评估方法更有利于公司风险管理外，应保持评估方法的一致性。必要时，可聘请有资质、信誉好、风险管理专业能力强的中介机构协助实施风险评估。

对于已识别和评估的风险，根据公司风险偏好和风险承受度，围绕公司发展战略和经营目标，合理选择风险承担、风险规避、风险转移、风险转换、风险对冲、风险补偿、风险控制等适合的风险管理策略工具，建立相应的控制措施，明确相应的控制人员，不断完善业务流程。

对于不遵守国家法律法规和公司制度、弄虚作假、徇私舞弊等违法及违反道德诚信准则的行为，应严肃查处；造成损失或者严重后果的，还应当按照有关规定予以追责等。

（4）回顾与修订。

风险管理是一个持续改进的过程。风险管理部门及其他各部门应对已识别的风险及其应对策略进行定期回顾，并对新法规、新业务、新产品等及时进行了解和研究。

（5）沟通与报告。

建立风险管理报告系统，各部门应当对风险指标和风险事件进行系统和有效的监控和报告。报告应当至少分为定期报告和临时报告，主体包括董事会、管理层以及风险管理部门等。

3. 基金和投资项目层面

（1）基金层面。

①投资者结构。

首先确保向合格投资者进行非公开募集。基金风险容忍度（风险容限）应当与基金投资者风险偏好匹配。在合格投资者中，专业投资者和普通投资者在风险识别和风险承受上存在较大差异，由专业投资者组成的基金与普通投资者组成的基金的风险容忍度不同。

基金投资者数量等也会影响基金风险容忍度，一般而言，投资者数量越多，基金风险容忍度越低。基金风险容忍度遵循木桶原理，由风险容忍度较低的基金投资人决定。

②投资者参与度。

投资者参与度越高，投资者对基金风险的了解就越深入，信息不对称情况就越少。一般而言，如果投资者能够参与或者观察投资决策，基金风险容忍度可以适当提高。

③基金结构。

基金风险管理应当考虑基金结构的复杂性。基金结构越复杂，投资者对基金及其风险的了解将越困难,这会增大投资者风险偏好与基金风险不匹配的可能性。此外,基金结构越复杂,某些基金份额的价值波动越大,该份额投资者出现亏损的可能性或者亏损额越大。因此,一般而言,结构化(分级)基金等具有复杂结构的基金风险较大。

④期限和流动性。

基金风险管理应当考虑基金期限、流动性等情况。一般而言,基金期限越长,投资者无法变现退出的时间限制越长,投资者面临的风险越大。同样的道理,基金流动性越弱,如不具备赎回机制,投资者面临的风险越大。

(2)投资项目层面。

①投资项目准入。

国有控股私募股权基金投资应当围绕落实国家战略,服务国资国企改革,聚焦主业,推动科技创新和突破关键核心技术、培育战略性新兴产业、服务产业转型升级和发展。

基金投资类型要遵守行业监管规则。目前,私募股权基金投资类型主要包括未上市企业股权、上市公司非公开发行或交易的股票、可转债、市场化和法治化债转股、股权类基金份额,以及中国证监会认可的其他资产。私募股权基金不得投资信贷资产以及从事承担无限责任的投资。

②标的企业公司治理与战略。

该部分包括标的企业的公司治理、战略管理、社会责任等内容。良好的公司治理是内部控制健全的标志之一,能有效防范实际控制人侵犯公司权益以及防范内部人控制。同时,公司治理也是企业IPO重点审核的内容。公司治理的关键是授权和制约的平衡。企业战略是企业持续发展的基石,战略失误可能是致命的,这方面的案例不胜枚举,需要重点关注企业战略和其拥有的资源及能力的匹配程度。当前企业的社会责任日益被重视,企业或者企业实际控制人的污点会产生直接的不利经济后果,因此,对企业实际控制人的品行了解也是尽职调查内容之一。

③标的企业技术与业务。

包括标的企业的技术研发、业务发展、人力资源、环保安全等内容。技术研发是企业的第一驱动力和护城河,这已经不只在科技行业适用。要关注企业技术优势、劣势以及对技术的保护情况。业务模式及管理团队是项目投资最需要关注的内容之一，特别是早期项目。要关注业务模式或者盈利模式可行性和创新性，以及是否存在竞争壁垒。管理团队稳定性、结构、执行力以及履约记录等也是重点关注的内容。环保和安全既涉及企业的社会责任，同时也是 IPO 可以一票否决的事项。

④标的企业财务情况。

包括标的企业的资产负债、盈利、筹融资、税务、担保、关联交易等内容。要评估标的企业的资产负债稳健性，包括长期和短期的融资需求以及融资策略。在盈利方面，要关注企业的盈利驱动因素以及短板环节，成长期的企业一般需要关注营业收入增长情况以及集中度情况，成熟期的企业一般需要关注毛利率以及净利率情况。税务方面，需要注意其合规性，以及在合规前提下的税务筹划能力。此外，还要注意对外担保金额和范围，关联交易比重及其公允性。

⑤标的企业法律情况。

包括标的企业的法律合规、产权以及法律纠纷等内容。

法律合规方面主要关注企业的历史沿革、劳动用工、安全生产、环境保护等方面的合规性，以及合同等法律事务的执行情况。产权方面主要关注资产权属，知识产权、非专利技术的保护情况，以及是否存在重大侵权等。法律纠纷方面主要关注是否存在重大法律纠纷以及可能后果。

⑥尽职调查。

尽职调查主要是为了尽可能全面了解标的企业的实际情况，发挥价值发现、风险发现以及辅助投资等作用。尽职调查的主要内容包括业务尽调、财务尽调和法律尽调等，主要方式包括审阅、访谈、实地检查、分析等。通常，基金管理人会聘请第三方中介机构参与尽职调查，以提高尽职调查的专业性和独立性。

⑦投资保障。

投资保障条款主要是为了保护基金投资的安全性和流动性，对尽职调查中发现的风险进行缓释，通过约束标的企业及其实际控制人达到与企业共同发展的目的。常见的投资保障条款包括：估值调整条款、优先认购权条款、优先购买权条款、回售权条款、随售权条款、拖售权条款以及保护性条款等。

⑧投后和退出管理。

良好的投后和退出管理可以降低基金投资风险，提升投资收益，并能帮助打造基金管理人的品牌软实力。投后和退出管理要持续了解标的企业的实际情况，针对性地提供增值服务，适时启动项目退出，并及时应对投资风险事件。目前，越来越多的基金管理人建立了专门的投后管理部门和团队。

四、关键应用过程

（一）组织安排

国有控股私募股权基金风险管理需要股东（会）积极参与，而不仅仅是董事会层面的参与，这与通常认识不同。主要原因有两点：第一，国有控股企业（二级企业及以下）的董事主要充当代理人角色，在多数情况下，国有股东委派的外部董事（非执行董事）在制度机制上没有独立决策权限，从个人职业风险考虑也不敢独立决策。董事会成了股东会的影子。因此，国有控股企业的全面风险管理需要股东（会）积极参与。近期，国有资产监督管理委员会出台了《中央企业董事会工作规则（试行）》，大力推动董事会职权建设，有望逐步改变国有控股企业董事会虚化的情况。第二，公司治理风险是重要的战略风险之一，公司治理离不开股东参与，其中最核心的是要合理制定并遵守公司章程以及股东会、董事会议事规则。C&A作为合营公司，实际控制权不清晰，更需要在公司章程和股东会、董事会议事规则上明确退出机制和僵局处置机制。

（二）确定战略目标与风险偏好

股东会决定公司的发展战略。根据公司战略和资源禀赋情况，公司董事会确定公司的风险偏好。聚焦主责主业是国有企业的安身立命之本，国有控股私募股权基金管理人应当服从于、服务于所在集团的主责主业。这意味着国有控股私募股权基金倾向于是产业基金，基金要聚焦所在集团的主责主业，推动科技创新和突破关键核心技术，培育战略性新兴产业，服务产业转型升级和发展。

C&A 战略聚焦所在集团主责主业和战略新兴产业，受国资监管要求和产业特征，C&A 基金的风险情况和募资对象与普通的市场化私募股权基金会有较大差异。

（三）制度建设

国有控股基金管理人结合行业及国资监管要求、行业最佳实践以及具体业务情况制定规范完善的制度体系，其中基本制度主要如表1所示。

表 1　　　　　　　　　　基本制度清单

类别	名称
议事规则	股东会议事规则
	董事会议事规则
	总办会议事规则
	投委会议事规则
基金募集	募集管理制度
	投资者适当性管理制度
项目投资	投资管理制度
	投后管理制度
	投资退出管理制度
	关联交易管理制度
运营管理	信息披露管理制度
	中介机构管理制度
	基金估值与核算管理制度
	产权登记管理制度
	绩效考核与评价制度
风险管理	风险管理制度
	合规管理制度
	防范内幕交易及利益冲突管理制度
	责任追究管理制度
其他制度	党建以及其他公司管理制度

（四）建立激励约束机制

团队稳定和合理流动是有效风险管理的基础。在干部人才管理体系的基础上，国有控股私募股权基金管理人建立"能进能出"的人才流动机制和"能上能下"经理层成员任期制、契约化管理机制。聚焦核心岗位和核心人才，吸纳、培养并打造高素质核心骨干人才队伍，结合实际情况，对标市场，避免绩效薪酬大锅饭，打造兼顾内外公平和效率的薪酬体系。

国有控股私募基金管理人建立长期激励约束机制存在一定的难度，如管理团队和员工持股、超额收益分配机制以及跟投机制等。可以从实际情况出发，以由易到难的方式建立长期激励约束机制。跟投机制基本不存在政策障碍，而且跟投更能体现约束效果，比较容易获批执行。超额收益分配机制也是行业惯例，据中国证券投资基金业协会的报告，大约四分之三的受访基金管理人建立了超额收益分配机制。国有控股私募基金管理人通常受工资总额限制，如果团队规模较小，超额收益分配机制难以直接实施，可考虑与跟投机制结合。管理团队和员工持股的政策难度较大，可择机实施。

（五）风险识别、评估和应对

从外部环境、基金管理人以及基金和投资项目三个层面编制风险清单，进行风险识别、评估和应对。首先，对相关风险管理初始信息进行收集、筛选、提炼、分类和组合，以收集的风险初始信息为依据进行风险识别，明确风险分类、风险名称、风险定义以及关键风险指标等。其次，对识别的风险进行分析，采用风险矩阵等管理工具，对风险发生可能性、风险后果严重程度等进行综合排序，形成关键风险、重要风险和一般风险三类。最后，根据识别和评估的风险，采取风险接受、风险规避、风险降低等应对策略和措施。

有些企业的全面风险管理存在风险管理和公司经营两张皮的问题。根据国有资产监督管理委员会要求，中央企业应当编制全面风险管理报告，组织力量进行风险识别和风险评估，形成风险应对策略和措施，但有些风险管理工作并未内嵌到公司经营管理流程中，未能发挥应有的作用。

因此，在运用风险管理框架时，要将风险识别、风险评估和应对策略纳入公司战略制定中，还要嵌入到公司制度和经营管理流程中。例如，在评估出投资者适当性管理风险是关键风险之后，C&A 修订募集管理制度，在制度和流程中明确提高个人投资者的准入门槛，由风险管理部门介入个人投资者适当性复核，确保个人投资者的风险识别能力和承受能力与基金匹配。

（六）运用数字化系统

当今，信息系统正逐步向数字化、智能化升级，风险管理也需要拥抱数字化、智能化。要将风险管理流程嵌入数字化系统，进一步实现业务和风险的融合管理，在募投管退主要环节都有风险管理程序。在数字化系统中，逐步接入第三方智能化风险管理工具，合理运用大数据风控，提升智能化风控水平。图 2 是 C&A 正在建设的私募股权基金业务数字化系统架构。

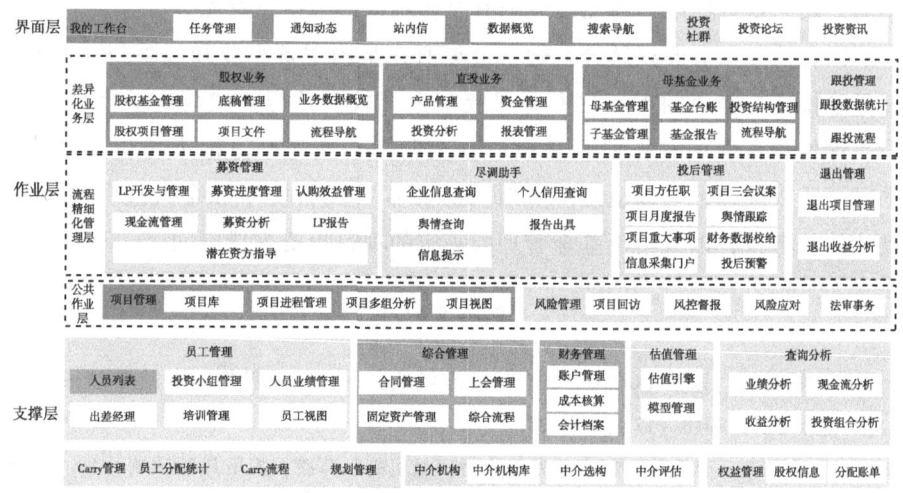

图 2　C&A 私募股权基金业务数字化系统构架

总结

C&A 公司正在按照 C&A 风险管理框架进行变革，理顺公司治理结构，调整公司发展战略和业务模式，积极探索中长期激励约束机制，打造私募股权基金业务数字化系统。目前已呈现出积极状态，开启了第二次创业。

C&A 风险管理框架不仅是 C&A 公司的对症之药，对私募股权基金，特别是国有控股私募股权基金风险管理也有一定的借鉴意义。该框架全面响应行业监管和国资监管的要求，结合国有企业的显性和隐性特征，特别关注国资监管要求和私募股权基金业务发展需求不完全一致的痛点，将基金业务和风险管理深度融合，促进企业实现战略目标。

该框架还充分借鉴了 COSO《企业风险管理——与战略和绩效的整合》以及行业风险管理最佳实践，将风险管理工具和要求真正嵌入公司治理和经营管理中，让经营管理和风险管理深度融合。在实施时，充分运用数字化手段，合理运用大数据风控，提升基金管理人智能化风控水平。同时，行业和国资监管机构也能从中受益，降低其数据和信息获取成本，可以进行更有针对性的监管，做到风险早发现、早处置。

该框架仍存在不足之处，如风险识别和评估主要依赖专业人员的职业判断，缺乏定量标准，在团队之间有时候难以形成一致意见等。

国有控股私募股权基金要做到聚焦所在集团主责主业和战略新兴产业，其风险特征与普通的市场化私募股权基金有较大差异。建议有关部门和单位在评价和考核国有控股私募股权基金时，不宜简单对标市场化（民营）的私募股权基金，可以适当降低对社会资本（民营资本和个人投资等）撬动比例的考核，以及给予基金管理人一定的项目投资容错空间。

参考文献

[1] 周婷婷，张浩. COSO ERM 框架的新动向——从过程控制到战略绩效整合 [J]. 会计之友，2018（17）：82-85.

[2] 姜爱克，李学伟，赵峰. 基于支持向量机的私募股权投资风险预测 [J]. 北京交通大学学报（社会科学版），2016（7）：23-30.

[3] 江乾坤，徐睿. 企业海外并购风险管理方法与框架构建 [J]. 财会月刊，2021（01）：115-120.

[4] 张杰，张兴巍. 私募股权基金发展转型与创新研究——基于天津私募股权基金行业的分析及启示 [J]. 证券市场导报，2014（01）：53-60.

[5] 赵桂玉，丛彦国. 私募股权基金管理人超额收益权研究——兼论超额收益权在国有私募股权基金的适用 [J]. 金融理论与实践，2020（09）：92-97.

［6］叶可，冉靖，陈敏. 私募股权基金投资风险的多重加权的综合评价模型［J］. 数学的实践与认识，2020，50（18）：310-320.

［7］刘友余. 私募股权基金项目投资风险分析［J］. 中国总会计师，2020（12）：86-87.

［8］邱鹏. 我国私募基金风险及监管研究［J］. 现代管理科学，2019（03）：51-53.

［9］陈琛，朱舜楠. 中国私募股权投资基金监管问题探讨［J］. 云南社会科学，2017（05）：101-106.

［10］中国证券投资基金业务协会. 中国私募股权投资基金行业发展报告（2021）［R］. 北京：中国财经出版传媒集团，2021.

［11］British Private Equity & Venture Capital Association. Risk in Private Equtiy［R］. 2015.

［12］Axel Buchner. Risk Management for Private Equity Funds［J］. Journal of Risk，2017，19（6）：1-32.

［13］Proksch, Dorian, Wiebke Stranz, Andreas Pinkwart and Michael Schefczyk. Risk management in the venture capital industry：Managing risk in portfolio companies［J］. The Journal of Entrepreneurial Finance，2016，18：1-33.

［14］Arthur Korteweg, Morten Sorensen. Skill and luck in private equity performance［J］. Journal of Financial Economics. 2017. 124（3）：535-562.

财务视角下的战略规划落地方法探究

路 娜

摘 要：以服务国家战略、优化国有资本布局、提升国有企业核心竞争力为目标，国有资产监督管理委员会分3批在19家中央企业中开展了国有资本投资公司改革试点。国有资本投资公司以资本为纽带，重点关注所投资企业执行集团战略和资本回报状况。战略管理是助力国有资本投资公司转型升级、提升核心竞争力的关键因素。

国家电力投资集团有限公司（简称"国家电投集团公司"）是我国五大发电集团之一，国有资产监督管理委员会于2018年底正式批准其为新一轮国有资本投资公司试点单位。集团公司基于"管战略"的功能定位，研究探索战略规划落地方法，在原有管理模式的基础上进行整合式创新，创建了"战略——规划——计划（SPI）""计划——预算——考核——激励"（JYKJ）两大战略规划落地体系，解决了战略与实施之间的鸿沟，有效实现战略引领规划、规划指导计划，计划、预算、考核、激励形成有效闭环。

本文从财务视角出发，基于管理会计基本指引和应用指引，将战略管理、预算管理等13项指引综合运用，进行一体化整合式创新，形成JYKJ管理体系。使综合计划与战略、规划工作紧密结合，用预算保障计划实施，使预算与激励实现强关联，考核指标与规划、计划、预算、激励有效衔接，提升JYKJ"四位一体"协同性，促进战略规划的有效落地。

关键词：国有资本投资公司；战略规划落地；整合式创新；管理方法

一、背景描述

(一) 国家电投基本情况

国家电力投资集团有限公司（简称"国家电投集团公司"）是集风、光、水、火、核等全部发电类型的特大型国有重要骨干企业，成立于 2015 年 7 月，由原中国电力投资集团公司与国家核电技术有限公司重组组建，是我国五大发电集团之一，于 2018 年被确立为国有资本投资公司试点。

重组后的国家电投，打破壁垒、勇于创新，补足"核"产业链，承担"国和一号"国家重大专项任务；积极寻找和抢占清洁能源新跑道，率先投身智慧城市和乡村振兴等国家战略之中；将县域开发作为主战场，打造屋顶光伏、分散式风电、生物质供热、生态治理等一系列项目；提前布局氢能、储能，自主研发氢燃料电池；研究开发"天枢一号"，打造集能源网、管理网、服务网为一体的"三网融合"智慧服务平台。

"十三五"期间，集团公司基本实现了再造一个国家电投，资产规模增加了 70%，装机规模增长了 64%，营业收入提高了 50%，利润总额增加了 45%，资产负债率下降了 8.9 个百分点。截至 2021 年底，国家电投资产规模近 1.5 万亿元，员工总数 14 万人，所属二级单位 61 家，法人户数超 1 600 户。电力装机突破 1.95 亿千瓦，其中清洁能源装机达 1.2 亿千瓦，占比达到 61.53%，位居行业第一；风电、光伏等新能源装机达 7 936 万千瓦，位居世界首位。

(二) 国家电投管理现状分析和存在的主要问题

1. 管理现状分析

成为国有资本投资公司试点单位后，国家电投以资本为纽带，重点关注所投资企业执行集团战略和资本回报状况，以提升核心竞争力。在从"管资产"到"管资本"的改革中，对推动体制机制改革方面进行了深入思考与探索，基于"管战略"的功能定位，不断强化战略规划落地管理。

在战略管理方面，集团总部由战略部门负责制定集团公司整体战略和规划，由分析评价部门负责以计划预算分解下达的方式督促战略执行，由财务部门负责将财务数据提供给分析评价部门，由分析评价部门以财务数据为基础计算考核基础得分，由人力资源部门负责汇总考核结果，进行薪酬兑现。

为助力国家电投战略规划落地，财务管理横向按战略财务、共享财务、业务财务和保障财务进行分类，纵向建立了以集团总部、二级单位、基层单位为主体的分层级的财务管理组织体系。围绕战略规划是方向、综合计划是指引、预算管理是抓手、业绩考核是根本的整体思路，持续促进企业战略规划落地，有效发挥管理会计的作用。

2. 面临的新形势

在"3060"双碳目标大背景下，国家密集出台相关政策，电力体制改革不断推向深入，给电力行业带来新的挑战和机遇。电力革命、绿色革命和数字革命方兴未艾，加速了清洁能源的发展演进趋势。国家电投面对新形势，提出了构筑新跑道、提升新价值、激发新活力、发挥新优势、培育新动能的要求（简称"五新"），在转型发展的时期，要向以清洁能源、综合智慧能源、创新驱动和国有资本投资公司转型（简称"四个转型"）。

国家电投于2018年制订"2035一流战略"，截至目前，第一阶段（至2020年）已圆满收官，"大型先进压水堆核电站""重型燃气轮机"两个国家重大专项取得重大进展，清洁能源形成竞争优势。第二阶段（至2025年）目标是高质量完成两个国家科技重大专项，高质量完成能源工业互联网主要任务，在能源央企中第一个明确提出到2023年二氧化碳境内排放量实现达峰，比国家确定的达峰时间提前7年实现，努力建成具有一定国际影响力的清洁能源企业。第三阶段（至2035年）目标是基本建成具有全球竞争力的世界一流清洁能源企业（见图1）。

国家电投贯彻落实国有资产监督管理委员会关于国有资本投资公司"管战略"的功能定位，为发挥国有资本的效益、体制机制的活力，集团总部以战略管控为抓手，在管理上创造价值；二级单位负责经营管控、基层单位负责运营管控，在经营上创造价值。集团总部在国家授权范围内履行国有资本出资人职责，定位为战略管理中心和资本运作主体，具有党建统领、战略管控、资本运营、资源统筹、干部管理和风险管控六项基本职能。

"2035一流战略"

第一阶段 （2019—2020年） 圆满收官 到2020年，集团公司要建设成为国内领先的清洁能源企业。两个国家重大专项取得重大进展。核能、光伏发电、海上风电形成竞争优势。智慧能源平台基本建成。中国特色现代国有企业制度建设取得重大进展。	第二阶段 （2021—2025年） 到2025年，高质量完成两个国家科技重大专项，高质量完成能源工业互联网主要任务。电力装机突破战略目标。清洁低碳结构优势更加突出。2023年，二氧化碳境内排放量实现达峰；2025年，清洁能源装机比重超过60%战略目标，达到65%；中国特色现代化国有企业制度全面建立。建成具有一定国际影响力的清洁能源企业。	第三阶段 （2026—2035年） 到2035年，集团公司基本建成具有全球竞争力的世界一流清洁能源企业。

图1　国家电投战略目标

二级单位和基层单位为产业创新发展与经营管理主体，落实集团公司战略规划、业务发展、研发创新、市场营销、生产经营、安全生产等职能。

3. 存在的主要问题

国家电投在转型发展中，发现原有的管理模式不能有效地支撑战略规划落地，主要存在以下几个问题：

（1）战略规划落地举措不到位。

集团公司根据发展战略制定了相应的管理制度，但因涉及业务领域广泛，管理法人单位超千家，在战略规划落地上举措不够细致，总部的战略在基层单位执行中存在"走样"的现象，参与战略管理的几个部门工作衔接不够紧密，没有形成合力，管理没有形成闭环。集团公司在国内五大发电集团指标对标中，资产总额和利润总额的排名多年来一直处于劣势。战略规划的引领作用发挥得不够，集团公司指挥战略规划落地的举措需要进一步加强。

（2）计划预算与战略衔接不到位。

计划指标侧重于生产销售类指标，主要涉及发电量、售电量、售电单价、电解铝产量和销量、煤炭产量和销量等，缺少发展类和管理类指标。集团总部的预算管理存在一定难度，二级单位上报的预算往往与集团公司整体目标偏差较大，经过几上几下多轮沟通才能达成一致，总部与二级单位在博弈上要消耗大量精力和时间。计划和预算的重点在于当年的经营业绩，没有很好地与公司战略和长期目标结合在一起。

（3）考核激励作用发挥不到位。

战略规划目标与考核的关联性不强，考核制度体系不够完善，考核指标的数据来源与财务数据没有完全统一，受客观因素调整考核值的考虑不够全面，计算方法不够科学，考核结果不够客观公正。涉及电力、电解铝、多晶硅生产等多个不同产业，资产规模上千亿的二级单位，与单一发电产业资产规模几十亿的二级单位绩效工资没有差距；同一家二级单位，由原来的亏损实现盈利后，绩效工资几乎没有明显差距。导致干多干少没区别，干好干坏差不多，正向激励的作用没有充分发挥。

（三）创新 JYKJ 管理工具的主要原因

2018 年 10 月，在国家电投 2018 年第三次党组（扩大）会议上，钱智民董事长提出，"要建立一套科学严格的'计划——预算——考核——激励'闭环管理体系，狠抓计划推进，实现预算准确、刚性执行，完善责任考核，最大限度调动全体员工积极性和创造力"（见图2）。

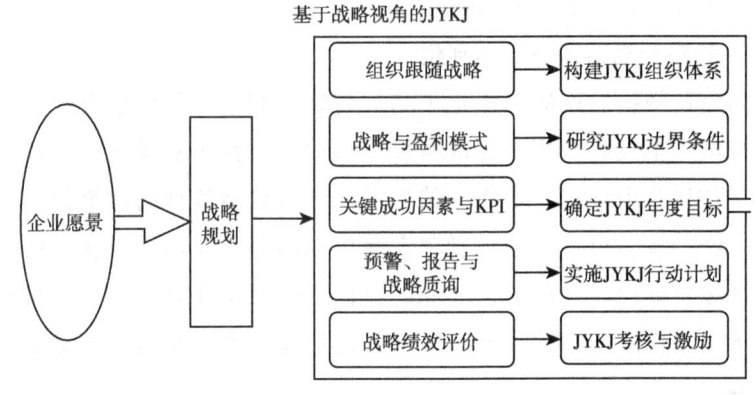

图 2　基于战略视角的"计划——预算——考核——激励"闭环管理体系

根据董事长的要求，以战略规划管控落地为核心，对现有资源进行整合与创新，内嵌发展总体目标和管理全过程，整合式创新出一套适合本集团公司战略规划落地的管理工具和管理方法。建设"战略——规划——计划（简称"SPI"）""计划——预算——考核——激励"（简称"JYKJ"）两大战略规划落地体系，促进实现战略引领规划、规划引导计划，计划、预算、考核、激励形成有效闭环（见图3）。

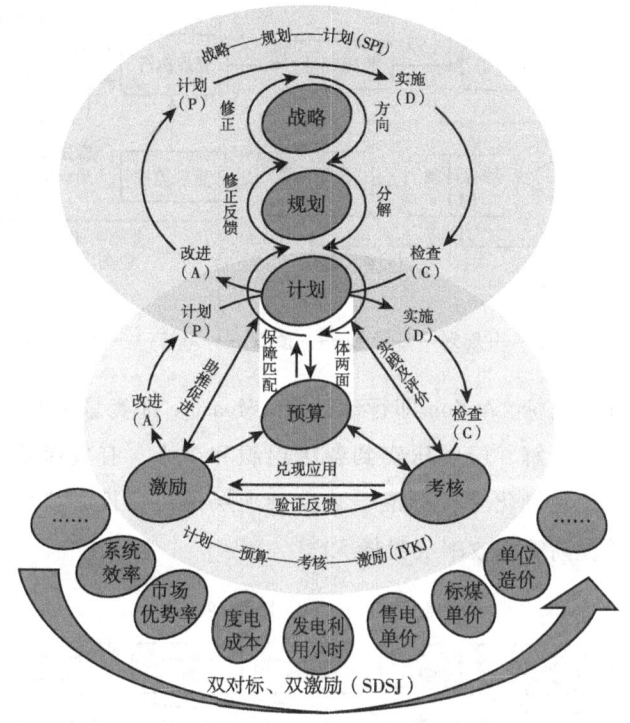

图 3　计划——预算——考核——激励管理方法

二、总体设计

（一）应用 JYKJ 管理工具的目标

1. 促进战略有效落地

JYKJ 管理体系发挥战略与日常工作之间的管道和桥梁的作用，是战略规划落地的机制保障。计划是 JYKJ 承接 SPI 体系的枢纽，是承接战略规划的关键，预算提供综合计划实施的资源保障，制定达到战略目标的年度预算方案，制定考核政策，充分发挥考核指标棒的作用，通过兑现考核激发组织活力和员工动力（见图4）。

2. 提升工作的系统性

JYKJ 管理体系运用逐级承接分解法（DOAM，Direction 即行动方向，

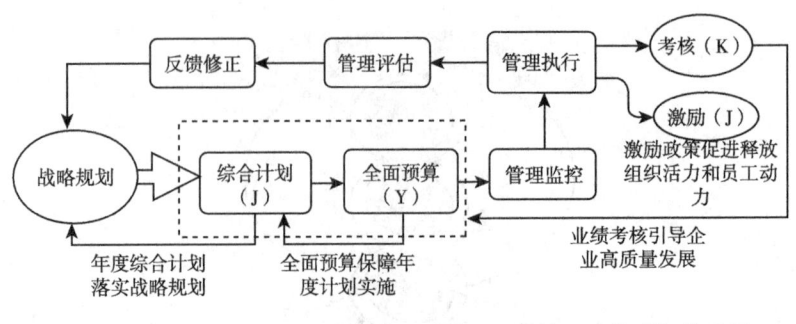

图 4　"战略——规划——计划——预算——考核——激励"关系图

Objective 即行动目标，Action 即行动计划，Measure 即衡量标准），将战略重点任务进行逐级分解，层层压实到各级组织和个人，有效保障重点任务的分解与落实；设立量化考核标准，减少管理层的盲目性，将评价结果与绩效挂钩，有效提高管理效率（见图5）。

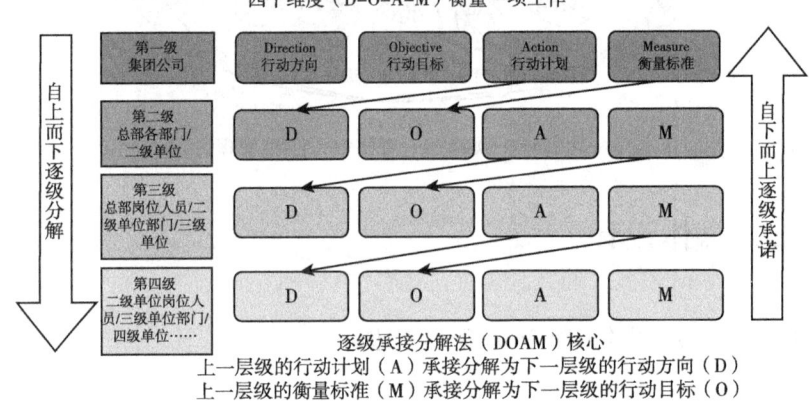

图 5　重点任务 DOAM 分解法

3. 推动组织高效协作

JYKJ 管理体系实现了全业务领域的全员参与，以战略为导向，将计划、预算、考核、激励几个原本各自独立的领域，进行系统性高效整合。在战略布局时，打破了同一单位不同部门和不同单位之间的界限，明确了各单位和各岗位在战略全局中的位置，涉及集团公司重大重点任务，由相关单位合作完成，促进了沟通与协作的顺通和高效。

4. 强化对标改进创新

围绕量、价、本等核心价值管理要素，确定产业关键指标，通过对标标准值、对标领先值、对标标杆、对标行业排名，以对标结果查找管理中与标杆企业和先进企业的差距，鼓励通过改进和创新打造"一流产业"。设立专项奖励基金，鼓励企业"进位赶超"，实现国内指标领先，鼓励与国际先进指标对标，对标管理与经营业绩考核激励互为补充，有效衔接。

（二）应用 JYKJ 管理工具方法的总体思路

1. 坚持战略引领

"计划——预算——考核——激励"管理体系要与"战略——规划——计划"紧密衔接。通过 JYKJ 一体化管理体系中的"计划"承接战略规划，坚持以战略为引领、落实战略规划举措、跟踪战略执行情况，将战略规划内嵌于管理全过程，促进战略规划目标落地和实现，助推集团公司经营业绩提升。

2. 坚持四位一体

以年度计划分解落地战略规划，以全面预算推动年度计划的实施，通过绩效考核引导绿色发展、助力高质量发展，以激励政策激发组织的奋斗精神和战斗力，促进计划、预算、考核、激励在宏观、中观和微观层面有效衔接，实现"长期目标"与"短期目标"，"整体利益"与"局部利益"的"平衡"，提高"四位一体"协同性。

3. 坚持全面覆盖

JYKJ 一体化管理遵循"横向到边、纵向到底"的原则，包括组织全覆盖、要素全覆盖和过程全覆盖。组织涉及集团公司总部、二级单位和各基层单位，各层级、各岗位全员参与；要素涉及各业务领域的各项主要指标；过程涉及生产经营、资本运作、科研创新等方面的全过程。

（三）JYKJ 管理工具的主要内容

JYKJ 管理体系将战略解码，把战略规划与日常工作紧密联系在一起，通过可视化的呈现方式，将战略转化为"可操作的语言"，借此实现战略规划、年度计划、财务预算、绩效评价的无缝链接，推动战略在运营执行中的真正落地。

在原有管理模式的基础上进行"整合式创新"，建设的"计划——预算——考核——激励"一体化管理体系，是保障集团公司战略规划有效落地的管理工具和管理方法。以"大计划"落实战略规划的分解，以"全预算"保障匹配计划，以"严考核"对预算进行评价，以"强激励"助推计划预算的执行，促进战略规划落地，形成管理闭环。JYKJ方案包括综合计划、重点任务、经营预算、综合考核、激励政策等，这几项管理相互衔接，流程嵌套，成果共享。JYKJ一体化管理在制度体系建设方面，采取"1+N"的模式，"1"为母办法，"N"为子办法，主要子办法包括：综合计划、重点任务、全面预算、考核激励等（见图6）。

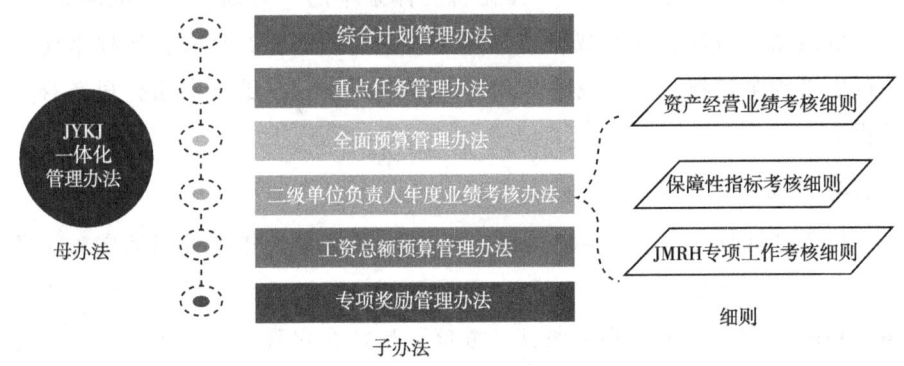

图6　JYKJ一体化制度体系

1. 综合计划

综合计划用于规范统筹协调经营发展目标和各项业务所实施综合计划的管理活动。综合计划以集团公司战略规划为指导，对国家电投资源进行综合配置和运用，是JYKJ的"领航员"。综合计划是集团公司生产、经营发展行动指南，充分体现了综合计划的引领性和全面性，概括为"一体、两翼、一支撑"。年度目标为"一体"，实现以年度目标承接总体规划；重点任务和指标计划为"两翼"，分解落实年度目标，并为年度目标提供强有力支撑；以业务计划作为"支撑"，对重点任务计划和重要指标计划做出具体工作安排和规范，支撑并推进重点任务和指标计划的全面落实（见图7）。

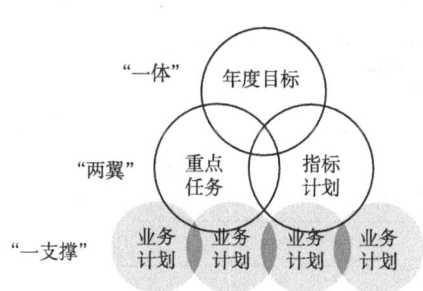

图7 综合计划"一体、两翼、一支撑"

完整的综合计划指标体系主要包括：期末装机规模、发电量、煤炭产能、电解铝产能、电解铝产量、供热量、年度投资（包括清洁能源投资、综合智慧能源投资、县域开发投资、境外投资）、财务目标（包括营业收入、利润总额、净利润、归属于母公司净利润等）、风险控制目标（包括资产负债率、两金期末余额、违规重大经营风险、安全事故控制等）（见表1）。

表1　　　　　　　　　　　202×年综合计划下达表

指标名称	单位	202×年计划	备注
一、指标计划			
（一）前期发展与产能计划			
1.1 核准规模			
分类：水电、风电、太阳能、核电、热力、煤炭、铝业、铁路……	万千瓦、万吉焦、万吨/年、公里		
1.2 开工规模（分类同1.1）	同1.1		
1.3 新增生产能力			
分类：水电、风电、太阳能、核电、热力、煤炭、电解铝、氧化铝、铁路、氢能、储能、绿电交通……	万千瓦、万吉焦、万吨/年、公里、万立方米/年		
1.4 减少生产能力（分类同1.3）	同1.3		
1.5 期末产能（分类同1.3）	同1.3		
（二）投融资计划			
2.1 固定资产投资计划（分类同1.3）	万元		
2.2 并购投资	万元		
2.3 技术改造	万元		

续表

指标名称	单位	202×年计划	备注
2.4 数字化建设（单列）	万元		
2.5 小型基建	万元		
（三）产品产量（分类同1.3）	同1.3		
（四）三新产业指标计划			
4.1 核准规模			
4.2 开工规模			
分类：分布式燃机、分散式风电、分布式光伏、分布式户用光伏、制氢、加氢、燃料电池、储能、换电重卡、电动机械、充电桩、换电站、港口岸电、综合智慧能源服务……	万千瓦、万立方米/年、万台/年、万千瓦时、辆、万千伏安		
4.3 新增生产能力（分类同4.2）	同4.2		
4.4 期末产能（分类同4.2）	同4.2		
（五）电力营销计划			
（六）节能环保计划			
（七）人力资源计划			
二、业务计划			
（一）战略合作协议计划			
（二）重点软课题研究计划			
（三）法治建设计划			
（四）合规建设计划			
……			

2. 重点任务

重点任务是指为完成国家专项任务、国有资产监督管理委员会重要任务，促进集团公司战略规划落地、实现年度目标、贯彻党组要求，对重点发展领域、关键任务节点的行动方向和行动目标做出统筹安排，是集团公司JYKJ管理体系重要组成部分，是实现集团公司战略管控、落实战略举措、提升战略执行力的重要手段。重点任务用于规范综合计划中重点任务的编制分解、跟踪分析、考核评价等闭环管理行为。重点任务采用逐级承接分解法（DOAM）将集团公司年度重点任务分解至总部部门和二级单位，二级单位逐级分解至各级成员单位，各组织层级分解落实到部门和个人。

重点任务来源主要包括：国有资产监督管理委员会等有关部委对集团公司考核的重点任务；集团公司承担的国家科技重大专项以及国家改革试点任务；集团公司战略规划确定的规划年度分解任务；集团公司董事会、党组会、党组（扩大）会、总经理办公会、领导班子碰头会等重要会议安排的重点工作；集团公司重大专题会议上安排的专项重点工作。

重点任务按照"少而精"的原则，突出重点。行动方向（D）指明战略意图或战略任务，行动目标（O）明确行动方向在计划年度达到的状态，通过研究行动策略，制订行动计划（A），行动计划要求具体化、不重叠、不交叉。制订重点任务目标达成的衡量标准（M），衡量标准要符合具体化、数量化、分级次、可实现、可分解、有时限标准（见表2）。

表2　　　　　　　　重点任务汇总表

序号	行动方向（D）	行动目标（O）	行动计划（A）	衡量标准（M）	节点目标	任务级别
1	服务集团	推广各类新能源交通车辆	落实绿电交通战略，在研发、购销定制、运营维保等方面发挥集成供应商作用，形成行业领先优势	100分标准：…… 80分标准：…… 60分标准：……	3月底：…… 6月底：…… 9月底：…… 12月底：……	集团级
2	服务集团	新增信托服务集团规模扩大	以融促产，通过类REITs、股权投资、应收账款资产证券化等方式，引入集团外部资金	100分标准：…… 80分标准：…… 60分标准：……	3月底：…… 6月底：…… 9月底：…… 12月底：……	公司级
3	发展改革	储能业务落地	加快储能业务拓展，规模化推广至用户侧削峰填谷、新能源配套、电力辅助服务市场等应用领域	100分标准：…… 80分标准：…… 60分标准：……	6月底：…… 12月底：……	公司级
……	……	……	……	……	……	

事关集团公司全年绩效指标的考核任务，设置月度节点目标；重大专项、重要试点、重大发展项目等任务，设置里程碑节点或标志性进展目标；对资源争取或政策获取以及改革等任务，突出最终成果目标。已完成的重

点任务以"旗"标识,"绿旗"表示任务按计划完成,"红旗"表示任务已完成但有延期。

3. 经营预算

经营预算发挥重要的承上启下作用,用于规范JYKJ管理体系中围绕集团公司发展战略和年度经营计划,对经济运行的全过程实施全方位、全员参与的管理活动。预算工作以计划为起点,通过预算执行反映计划节点完成情况,采用考核评价保障计划目标实现。通过预算管理分解落实集团公司战略规划,促进战略规划目标实现;提升支持保障能力,优化资源配置,盘活存量资产,促进提质增效;加强对经营管理的动态监控,通过分析提高预见性,及时发现问题并提出解决措施,保证实现年度经营目标。

集团公司全面预算项目依照计划期内全部经营活动及其相关财务结构,从经营、资本、筹融资、财务、专项五大方面划分预算体系,内容覆盖企业销售、生产、库存、采购、制造、管理、投融资、研发等日常经营活动(见图8)。

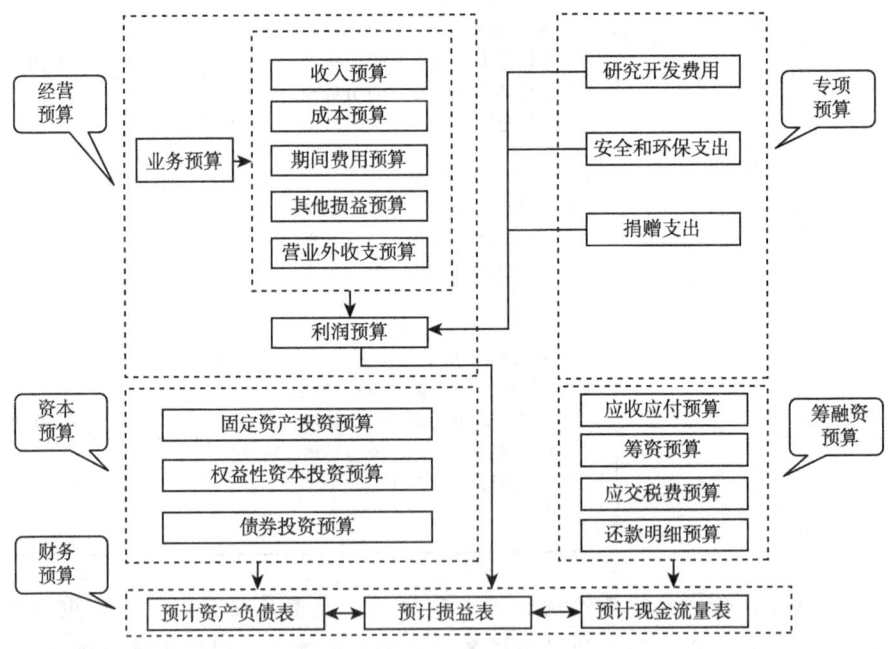

图8　全面预算编制内容与逻辑串联关系图

预算工作每年9月启动，次年1月下达，跨期5个月，编制方法概括总结为：以上率下、以下汇上、两下一上，报表体系涵盖经营预算、资本预算、筹资预算、财务预算和专项预算等，涉及表格百余张。预算的经营业绩考核指标执行挂档制，一档为高于基准值（即近三年平均净利润），二档为与基准值持平，三档为低于基准值（见表3）。

表3　　　　　　　　年度经营预算附表（下达）

指标名称	单位	核定值
一、基准值		
净利润	万元	
经济增加值	万元	
二、年度经营考核档级		一档、二档、三档
三、经营业绩考核指标		
净利润	万元	一档的考核值高于基准值
经济增加值	万元	一档的考核值高于基准值
归属于母公司净利润	万元	
资产负债率	%	
营业收入利润率	%	
四、主要预算目标		
（一）人工成本预算		
同口径职工工资总额	万元	
（二）损益预算	万元	
（三）资产负债预算	万元	
（四）现金流预算	万元	
（五）采购预算	万元	
（六）科研收支预算	万元	
（七）营业外收支预算	万元	

4. 综合考核

综合考核用于建立以价值管理为核心，以强化绩效为导向，规范集团公司对二级单位实施考核评价的管理活动。考核能够发挥"指挥棒"的作用，对一定时间内的经营效果和运营效率进行评价。JYKJ考核内容为资产经营和重点任务，按时间分为一年期和三年期考核，按形式分为年度考核和任期考核,考核结果是分配各二级单位效益工资的重要依据。

JYKJ考核体系具有"三突出"的特点,即突出经济效益、突出重点任务、突出分类考核。一是以经营绩效为核心,资产经营考核以净利润和经济增加值为基本指标,以归属于母公司净利润、资产负债率和营业收入利润率为分类指标。二是围绕战略目标,选取具有挑战性、全局性、重要性的集团公司重点工作任务,分解到各二级单位,并逐项进行考核。三是根据战略目标、功能定位和发展阶段,将二级单位划分为生产经营、科技创新、战略培育、服务保障四类,对不同类别的二级单位,考核重点有所不同的,设置合理的考核指标和系数权重,分类实施考核。

对于生产经营类企业,考核重点为经营业绩、价值创造、资本回报和市场竞争能力。对于科技创新类企业,考核重点为科技创新投入情况、科研任务完成情况、科研成果转化情况和重点工作完成情况。对于战略培育类企业,考核重点为成本管控、投融资管理和重点工作完成情况。对于服务保障类企业,考核重点为服务保障资源投入、成本费用控制和服务保障质量及满意程度(见表4)。

表4 企业分类明细表

序号	企业分类			
1	生产经营类企业	资产经营型企业	市场化经营企业	成熟期企业
				发展期企业
			平台型经营企业	
		资本运营型企业		成熟期企业
				发展期企业
2	科技创新类企业		创新产出期企业	成熟期企业
				发展期企业
			创新投入期企业	
3	战略培育类企业		有经营成果企业	
			无经营成果企业	
4	服务保障类企业			

年度综合考核中各项指标的考核，按照全年累计完成情况打分。年度综合考核得分 =（资产经营指标考核得分 × 资产经营指标所占权重）+（重点任务指标考核得分 × 重点任务指标所占权重）- 保障性指标考核扣分。

5. 激励政策

激励政策用于规范集团公司 JYKJ 考核结果与工资总额（含效益工资）联动方式，健全激励约束机制。效益工资管理与 JYKJ 体系下各二级单位经营业绩和重点任务考核结果紧密联动，引导企业全面完成经营业绩和重点任务。激励的本质上是为了调动广大干部职工的积极性创造性，集团公司不断丰富激励工具，用好用活薪酬激励工具箱，激发内生动力。

设置专项激励、即时激励、中长期激励、项目跟投和股权激励等多种激励工具构成的工资总额分配体系，打通了贯彻落实 JYKJ 体系的"最后一公里"。专项激励，旨在激励敢于"揭榜"的贤人帅才及团队，圆满完成集团公司在生产运营、降本增效、改革发展、创新创效等方面的艰巨任务，圆满完成集团公司重要性、挑战性和紧迫性及其突出的重大专项任务，对做出突出贡献的个人和团队予以奖励。设立即时激励，旨在激励关键团队及个人在推进和落实集团公司重点工作、重要任务和重大部署等急难险重工作的关键节点，获得关键性成果，体现为"一事一奖、特事特奖、即申即奖"。专项激励以年度为周期，激励额相对较大。即时激励具有及时性的特点，激励额相对较小。设置中长期激励，适用于国家电投承担的两个重大科技专项，实施里程碑节点或全周期激励计划。设置项目跟投机制，适用于在综合智慧能源等"三新产业"业务领域推行。设置股权激励，适用于上市公司和科技型企业实施股权激励。

（四）JYKJ 管理工具的创新

基于原有的计划预算管理办法、战略管理办法等制度，在此基础上进行整合、完善、重构、创新和升华，建立一套科学的"计划——预算——考核——激励"管理体系，指引计划衔接战略，推进战略规划落地；着力提升预算精准性，保障计划实施；逐步完善考核办法，加强考核的有效性和科学性；研究制定差异化激励政策，充分调动员工的奋斗力和创造力，形成闭环管理。JYKJ 体系既有承接又有创新，可称之为"整合式创新"，实现了管理体系的平稳转换。

JYKJ管理体系的创建，是在管理会计体系建设的指导思想下，根据管理会计基本指引和应用指引的内容，将应用指引的相关模块整合并创新，对其中的战略管理、预算管理、营运管理、项目管理和绩效管理等十余项应用指引综合运用，创新形成"计划——预算——考核——激励一体化管理规定"。

"整合式创新"理论的核心贡献在于在从0到1（从无到有）的垂直性创新、"从1到N的规模化创新"的传统路径之外，开拓了"从N到1的整合式创新"新路径，通过创新设计实现各单一要素的有机集成，达成"1+1＞2"的成效。

（五）JYKJ管理工具的发展历程

JYKJ管理体系从无到有、从有到实、从实到精，于2018年开始设计，2019年探索实践，2020年全面铺开，2021年得到深化，2022年持续优化，针对集团公司发展过程中的主要矛盾，"主动谋变、积极应变"，在促进企业战略规划落地方面发挥了越来越重要的作用。

2018年，是JKYJ元年，确定了JYKJ"1+N"的制度体系，实现以年度计划落实战略规划，以经营预算保障年度计划实施，通过考核正向牵引价值创造，以激励政策促进释放组织活力和员工动力。

2019年，立足"2015一流战略"，以JYKJ承接SPI，实现两大战略体系的落地衔接。实现"长期目标"与"短期目标"，"整体利益"与"局部利益"，"刚性目标"与"柔性管理"的"三个平衡"。

2020年，实现SPI、JYKJ体系从宏观、中宏到微观的一体贯通。18项产业指标中11项指标实现"保二争一"，集团利润首次突破200亿元，创历史最好水平。

2021年，JKYJ体系聚焦"五新"，计划预算与重点任务安排更加突出科技创新、综合智慧能源、县域大客户、节能环保等方面，推动集团公司"四个转型"的发展，考核激励引领各单位由年末"分蛋糕"转变为年初"挣蛋糕"，充分激活企业内生动力与主观能动性。

三、应用过程

（一）组织机构及方式

1. 结构优化

在以战略为引领的指导思想下，为突出强化党建、战略、创新、市场，继续强化法人治理、产业综合协同、国际化、标准规范管理等职能，对总部机构进行了调整优化。总部取消了分析评价部门，将计划统计、预算管理的职能合并到财务部门，使数据收集、整理、汇总、审核、运算、验证都在同一个部门，降低了沟通成本，提高了工作效率；调整战略部和人力资源部的工作职责，使部门聚焦于 SPI 和 JYKJ 的一体化管理，成立 JYKJ 工作领导小组和工作小组，明确组织构成和主要职责，为推进战略实施奠定组织基础。

2. 工作机构

JYKJ 工作机构设置工作领导小组，并下设办公室。

（1）工作领导小组。

设置实施计划——预算——考核——激励一体化工作的专门机构，即 JYKJ 工作领导小组。主要职责包括：负责研究部署、指导协调集团公司 JYKJ 管理体系建设和管理工作；研究审查集团公司年度 JYKJ 方案，审查分解下达 JYKJ 管理目标与考核指标；审议集团公司 JYKJ 体系制度及管理办法；确定年度预算的编制原则，拟定年度预算方案及调整方案；研究确定综合考核指标编制原则；审查确定综合考核有关重大事项并提交董事会执委会审定；研究解决 JYKJ 工作中的重大事项，按照集团公司"三重一大"管理要求履行报批并组织落实。

（2）工作领导小组办公室。

设置实施计划——预算——考核——激励一体化管理工作的日常运作机构，即 JYKJ 工作领导小组办公室。办公室设在财务部门，主要职责包括：负责 JYKJ 管理体系建设方案的制定和宣传工作，组织编制、上报、实施 JYKJ 方案，指导协调集团公司有关部门和所属单位开展 JYKJ 管理体系建设工作，负责 JYKJ 日常工作。

办公室成员主要职责有：负责拟定 JYKJ 管理办法；负责根据集团公司发展战略和中长期规划，撰写年度预算编制大纲，明确编制原则、主要边界条件、指标体系、预算目标等；负责组织开展专项工作，并对专项工作的执行情况开展评价；负责汇总重点工作计划、相关归口数据及专项考核结果，并向 JYKJ 工作机构提供；负责监督各二级单位的 JYKJ 执行情况。

办公室成员其他职责有：综合管理部门负责提供重点任务相关工作进展信息，包括重要会议、会见、批示、调研等督办进展情况；战略规划部门负责提出战略规划的年度目标指标和重点任务；党建管理部门负责集团党的建设相关重大事项的制定和推进工作；人力资源管理部门负责综合考核、薪酬分配、激励等组织管理工作，负责集团公司总部部门考核，负责协助 JYKJ 管理培训工作；发展管理部门负责集团公司发展相关的重大事项和重大项目推进计划的制定和监督工作；财务部门负责组织开展集团公司年度综合计划、经营预算、资产经营与重点任务考核的组织策划、方案编制、分解下达、跟踪监控、考核评价，对出现的偏差提出纠偏措施，推进落实 JYKJ 方案。

3. 决策机构

JYKJ 决策机构包括董事会、董事会执行委员会和总经理办公会。根据 JYKJ 审议事项的内容，按照集团公司治理、"三重一大"相关制度执行。董事会是年度综合计划、重点任务和全面预算的决策机构，负责审定批准集团公司的年度综合计划（含调整综合计划）、年度全面预算、重点任务；决定综合计划、全面预算、重点任务管理的其他重大问题。董事会执行委员会是综合考核的决策机构，负责审定综合考核管理办法，审定综合考核指标方案，审定综合考核指标完成落实情况，审查综合考核结果及奖惩方案，审定综合考核其他重大事项。总经理办公会是综合计划、全面预算、重点任务的审议机构，负责审批集团公司综合计划、全面预算、重点任务管理制度与办法；审议集团公司年度综合计划、全面预算、重点任务管理的其他重大问题。

（二）参与部门和人员

1. 参与部门

JYKJ 管理体系由集团公司总部统领，各层级单位全员参与（见图9）。

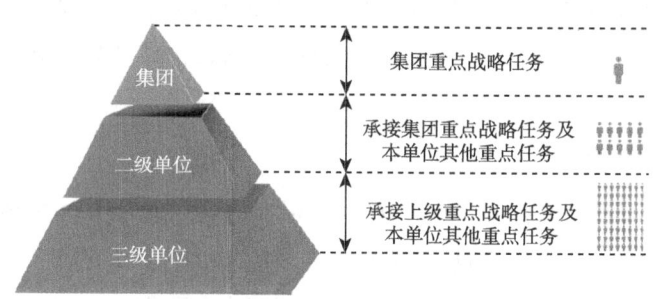

图 9　JYKJ 管理体系层级关系

集团公司成立 JKYJ 工作领导小组、工作领导小组办公室。设置领导小组组长 1 人，由总经理担任；设置领导小组副组长 1—2 人，由相关分管领导担任；成员由总部各部门（中心）主要负责人组成。工作领导小组办公室设在财务部门，设置办公室主任 1 人，由财务部门负责人担任；副主任 1—2 人，由财务部门副职担任；办公室成员由综合管理部门、战略规划部门、党建管理部门、人力资源部门、发展管理部门、财务部门相关人员组成。

2. 成员企业

JYKJ 相关成员企业包括各二级单位和所属企业。成员企业负责按照集团公司 JYKJ 管理体系的建设要求，建立健全本单位的 JYKJ 管理体系；负责分层级承接集团公司下达的 JYKJ 管理目标、重点任务；负责落实 JYKJ 的各项管理行动计划；负责所属成员单位的综合计划与全面预算、绩效考核与结果应用、激励政策制定与实施工作；负责本单位的 JYKJ 管理培训、人才培养和新闻宣传工作。

（三）部署要求

1. 资源禀赋

国家电投集团近三年的资产增长速度达到 12%，资产总额由五年前的五大发电集团最后一位提升至第一，承担两个国家科技重大专项，新能源装机世界第一、光伏装机规模世界第一、风电装机规模世界二，氢能、储能、电能替代等零碳产业率先布局。2021年世界500强位于第293位，三年连续跃升102位，连续6年国有资产监督管理委员会考核为A级。在"十四五"开局之年，集团公司提出，要立足新阶段，贯彻新理论，融入新格式，坚决贯彻中央重大决策部署，为落实"碳达峰""碳中和"目标作出积极贡献。

2. 内部环境

集团公司近年来把"3060"双碳目标、构建以新能源为主体的新型电力系统等要求，落实到推进"2035一流战略"、实施"五新"部署、加快"四个转型"的实际行动中，开展了碳达峰碳中和研究、"新能源＋"开发、县域市场开拓、大客户合作和乡村振兴等工作。集团公司清洁能源的发展要放到国家能源安全、生态文明建设、美丽乡村和共同富裕实践中，主动开拓县域绿色低碳能源体系，助力实施乡村振兴战略，加速以"新能源＋"为核心的技术和业态创新。

3. 顶层设计

（1）顶层设计与实践探索相结合。

JYKJ管理体系的顶层设计基于充分发挥国有资本投资公司以战略引领为重点，结合集团公司的战略规划目标和管理现状，探索创新管理，用系统性思维进行了高效整合。顶层设计搭建完成后，在实践中不断完善JYKJ体系建设，形成"自上而下"和"自下而上"相互联动的格局。

（2）顶层设计与问题导向相结合。

JYKJ顶层设计从全局出发，用于解决促进战略规划落地存在的普遍问题和根本问题。问题导向主要针对集团公司在转型发展中最关键的问题，提出解决措施。针对问题和短板，以重点任务为抓手，通过跟踪、监督、考核等手段，引导各单位补齐短板，高质量完成各项年度任务。

（3）借鉴经验与自主创新相结合。

JYKJ管理体系的建设，源于谷歌、脸书、IBM、华为、华润等国内外优秀企业战略解码管理工具的运用，集团公司在借鉴先进管理经验的同时，结合自身特点以及内外部环境，通过整合式创新开创了一套适合集团公司发展的管理工具，并在实践中不断地调整优化和完善。

4. 信息系统

截至目前，JYKJ 的信息系统涉及计划、统计、重点任务、预算、考核、决算六个模块。六个模块以数字为载体，将 JYKJ 管理理念、方法、流程嵌入数字化平台，打通财务共享系统、司库系统、JYKJ、SPI 系统等各业务和财务信息系统，特别是 SPI 系统中的规划计划指标与 JYKJ 的计划指标体系基本一致，计划与战略有效衔接，推进战略规划落地。

（四）应用模式和应用流程

1. 应用模式

JYKJ 一体化运作遵循 PDCA 闭环管理，包括计划、实施、检查和改进四个阶段。通过螺旋式上升，管理体系得以不断改进和完善。计划（P）阶段，以战略为指引，制定 JYKJ 方案；实施（D）阶段，审计并下达 JYKJ 方案，与二级单位签订考核责任书；检查（C）阶段，对 JYKJ 方案的执行过程实施监督管理；改进（A）阶段，实施考核、激励，对 JYKJ 管理体系开展经验反馈。

2. 应用流程

集团公司 JYKJ 管理活动围绕方案编制、执行分析、调整审批、考核激励、经验反馈五条主线展开。战略规划部门和财务部门完善协调机制、相互深度参与、及时双向反馈、持续互动完善，确保 SPI 和 JYKJ 两大战略落地体系无缝衔接。

"五条主线管理"贯穿全年，运用"持图作战、打表推进"管理工具，JYKJ 工作领导小组办公室编制次年 JYKJ 管理活动实施计划（事项清单）时，充分征求相关部门意见，经批准后发布执行。实施计划（事项清单）采取动态管理方式，如遇重大调整，及时更新发布。主要包括：事项日期、事项类别与活动描述、牵头主体与协作方，标识出活动中的关键节点和"三重一大"审批节点，通过按计划、按目标、按进度、按要求实施的工作方式提升 JYKJ 工作的有效性（见图 10）。

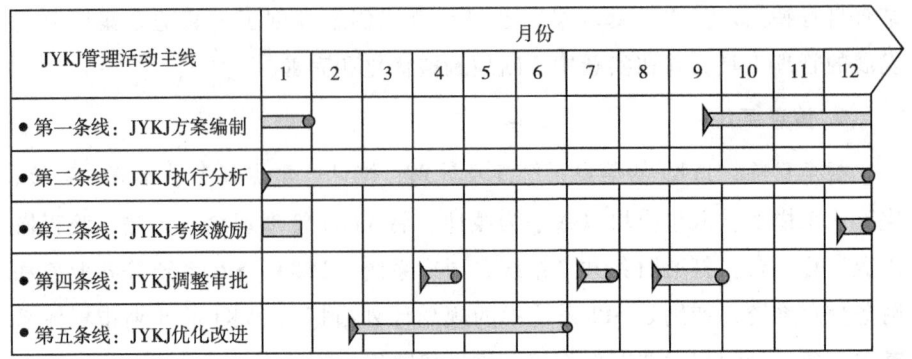

图10　JYKJ管理活动"五线"管理

（1）JYKJ方案编制节点（见图11）。

8月底前，集团总部启动次年JYKJ方案编制工作。组织召开年度JYKJ工作准备会，通报当年计划预算调整情况及全年经营预计情况；分析次年经营环境及指标的变化趋势，提出次年指标预安排初步建议。

9月中旬前，JYKJ与SPI成立联合工作组，共同研究确定次年边界条件和匡算结果，实现两大体系有机结合、同步共享、无缝对接。

9月底前，确定次年JYKJ方案边界条件、综合计划与经营预算目标，下达次年JYKJ方案编制通知（"一下"）。文件中明确SPI与JYKJ对接原则，统筹做好两大体系与二级单位的接口工作。填报内容涵盖三年滚动规划、年度JYKJ综合计划与经营预算、年度综合考核目标建议等。

10月底前，二级单位上报次年JYKJ方案预报表。

11月前两周，JYKJ工作领导小组办公室以联合审核会方式，与重点二级单位沟通次年JYKJ方案。11月第三周，与总部部门沟通次年重点任务方案。

11月底前，二级单位结合总部部门联合会审意见进行修改完善后，履行本单位决策流程，将JYKJ方案正式上报集团公司（"一上"）。

12月第一周，JYKJ工作领导小组办公室编制完成集团公司JYKJ建议稿；12月中旬，经分管领导审核的集团公司JYKJ方案，报JYKJ工作领导小组会议审核。

从12月底至次年1月，按照公司"三重一大"管理要求履行决策流程，最终经董事会批准形成集团年度 JYKJ 方案。

次年年初，集团公司与总部各部门责任人以及二级单位董事长签订经营业绩考核责任书。

次年 1 月底前，集团公司向二级单位批复下达年度综合计划、重点任务、主要预算指标（"二下"）。

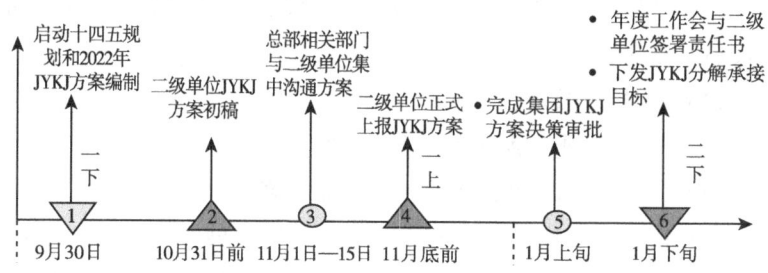

图 11　JYKJ 方案编制主要时间节点图

（2）JYKJ 方案执行分析。

月度分析。每月初在集团公司领导班子碰头会上通报 JYKJ 重点任务以及主要经营指标执行情况，对偏差事项进行分析，运用 TOP10 工具，围绕 JYKJ 推进部署安排当月重点工作事项；每月月中在集团公司领导班子碰头会上，由重点任务承接部门汇报月初通报偏差任务的最新进展情况。每月上旬在集团公司月度生产经营例会上开展 JYKJ 专项分析。分析内容主要包括：月度生产经营计划预算分析、各产业各单位生产经营分析、生产经营对标分析、面临的形势及全年经营预测，并据此提出需要重点关注事项和行动举措。

季度分析。每季度召开党组专题会，对季度生产经营活动开展分析工作。包括：通报季度 JYKJ 经济运行总体情况，分析重点任务、计划预算执行情况，针对重大问题专项督促改进。

年度分析。每年年末召开党组（扩大）会通报当年 JYKJ 执行情况，汇报次年 JYKJ 草案。

（3）JYKJ 方案调整审批。

JYKJ 方案具有严肃性，仅在发生影响 JYKJ 方案编制基础的重大变化，将导致 JYKJ 方案执行结果产生重大偏差时，才可申请进行调整。如发生国家重大政策变化、重大不可抗力因素、集团公司战略目标重大调整等情况。

年度计划和预算指标调整原则上每年度安排一次，调整时间安排在每年8月下旬至9月底。重点任务调整原则上每年度安排三次，4月、7月、10月各一次。根据实际情况，可适当增加重点任务调整的频次。

调整年度计划、预算指标，以及对重点任务行动方向（D）和年度行动目标（O）进行调整的，调整审批程序与JYKJ方案审批程序一致，报经董事会批准后下达执行。

(4) JYKJ考核与激励。

12月下旬开展专项奖励申报、评审工作。

12月底前，完成二级单位年度工资总额结算。

次年1月初，完成年度考核评价工作。考核结果经JYKJ工作领导小组审核，履行集团公司"三重一大"决策审批。考核结果经审定后发布和应用。

(5) JYKJ经验反馈改进。

做好JYKJ管理体系持续优化和总结提炼工作，充分调查研究，以调查问卷、案例征集、专题调研等多种形式，以问题为导向，全面真实了解JYKJ体系中存在的问题。学习、借鉴和吸收国内外的先进管理理念和方法，按照PDCA循环要求不断改进和完善。

每年2月下旬，总结上年度JYKJ管理体系运转情况，进行经验反馈。

3月下旬，调研分析，提出优化JYKJ工作思路。

4月上旬，审查通过JYKJ优化方案。

5月底前，修订JYKJ相关制度，征求相关方意见。

6月底前，完成制度修订工作。

（五）在实施过程中遇到的主要问题和解决方法

1. 主要问题

国家电投正处于转型发展的关键时期，如何打破壁垒更换跑道，率先紧跟智慧城市和乡村振兴等国家战略是发展的重中之重。JYKJ作为战略规划落地的重要管理工具，在落实"五新""四个转型"工作中，遇到的主要问题有：

（1）解决发展痛点力度不够。

集团公司长期存在投资能力与投资需求不平衡不匹配的矛盾，新能源项目投资建设已进入新高潮，各单位发展能力强劲，资源获取多，投资需求持续加大，但受权益融资和"稳杠杆"的限制，投资需求和投资能力不匹配的问题突出。投资计划过程管控力度不够，导致在临近年末时，才发现实际投资远超计划，控制资产负债率指标的难度非常大。

（2）指标体系建设不够完善。

计划作为链接SPI和JYKJ两大体系的关键一环，是将"讲语文"转化为"讲数学"的重要工具，集团公司不同类型的二级单位，经营目标和经营特点不同，目前计划指标体系没有覆盖到全部的业务领域，有待进一步完善。例如，各二级单位之间的重点任务指标不平衡、数量不统一，完成难度不统一；同一单位不同部门的重点任务指标不平衡，有的部门重点任务数量较多，有的部门重点任务数量较少。

（3）预算不能及时适应市场变化。

目前集团公司计划预算一经确定，除年中调整之外，原则上不再调整，不仅年度预算执行刚性强，年初分解的进度计划执行刚性也比较强，但受到市场变化的影响，如价格、利率、汇率等指标变动较大，对当期的预算执行产生了巨大影响。现有的单一年度预算机制下，对市场预判不足，容易导致进度预算与实际执行出现较大偏离。

（4）考核管理精细度不够高。

考核"重经营""重任务"，创新驱动导向不鲜明，较少把精力投入到创新驱动及转型发展上，创新驱动和成果落地成效不够的问题尚待解决；指标设置精细化程度不高，同类型企业设置同类型指标，未能做到"一企一策"精准设置；考核规则正向激励的力度不够，考核指标以完成目标、获得指标得分为主要任务，缺少"蹦一蹦"获得更好成绩的动力。

（5）系统之间存在数据壁垒。

财务部门管理的主要信息系统包括：JYKJ系统六个模块、财务共享和司库系统，目前各应用系统中的主数据尚未完全统一，系统之间单向输出信息，不同系统、不同模块之间的数据没有实现互连互通、相互验证。不同的系统和模块在基层单位由不同的部门和不同人员负责填报，填报负担重,并且会出现同一个数据在不同系统中存在偏差且不能相互验证的问题。

2. 解决方法

为解决 JYKJ 在执行中遇到的问题,提出以下七项措施:

(1) 投资计划管理由"控"变"疏"。

为解决投资能力与投资需求不平衡的矛盾,投资管理由以往的"严控"投资计划,调整为合理的"疏通",对鼓励发展领域的投资下达"并表投资计划"和"轻资产发展计划",通过"轻资产"的参股投资计划抢占优质资源;推行并购投资"双额管控",并购投资计划实行"股权+资产总额"双额管控,通过财务系统加强对资产增长额的监控;投资执行实施"两项考核",投资计划偏差率和资产总额管控两项考核,对计划外、超计划投资实施严格考核。

(2) 预算管理由"刚"变"刚柔并济"。

为适应市场变化,预算管理由原来的进度分解,升级为"进度+滚动"双模式,刚柔并济,建立全系统的月度滚动预算机制,结合商情预测,对包括发展在内的年度经营绩效进行年内剩余月份的逐月滚动预测。按月对价格、利率、汇率等受市场因素影响较大的"变量指标"进行动态滚动更新。根据滚动预测,适时启动预算调整工作,不断强化、优化进度预算的合理性和准确性。

(3) 重点任务由"一类"变"三类"。

为了更好地对接考核激励,重点任务进一步细分为焦点任务、登高任务和揭榜任务(见图 12)。其中焦点任务为考核型任务,未完成扣分;登高任务的范围变广变细,聚集"一企一策",为正向激励型任务;揭榜任务全面推广,加快关键领域的重大突破,为正向激励型任务。登高任务和揭榜任务的完成难度要高于焦点任务,如果任务顺利完成,完成任务的团队和个人可获得专项激励,企业在年底重点任务考核时,可作为一项加分事项,完成后考核加分,未完成不扣分。

(4) 考核指标体系由"双维"变"三维"。

突出创新驱动考核导向,资产经营考核指标由原"资产经营+重点任务"的双维评价转变为"经营绩效+创新驱动+重点任务"的三维评价。调整考核指标权重分析,按照重点任务权重不低于 30%,创新驱动指标权

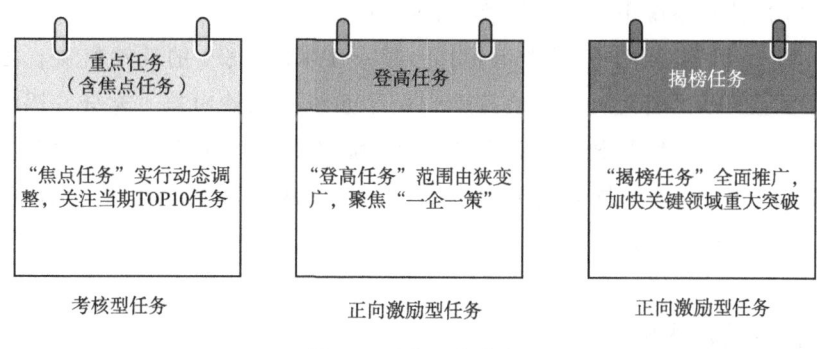

图 12 重点任务分类

重不低于20%的原则，根据企业特点进行差异化指标设置（见图13）。

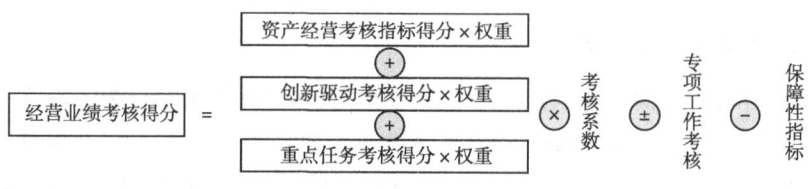

图 13 经营业绩考核计算公式

（5）考核指标设置由"分类"变"精准"。

不断优化考核指标体系，以 EVA 系数替代 EVA 指标，突出"以自己与自己比"，更加真实、有效地衡量企业价值创造能力。对处于重点培育期的或专业化公司，结合企业类型及经营实际，"一企一策"设置经营考核指标。对"独角兽"企业，设置"企业估值"指标；对科研类企业不再设置净利润指标，改为"科技成果产业化收入"指标；对以服务集团为主的服务类企业，为鼓励开拓市场化业务，设置"市场化收入占比"指标；对财务公司增设"债务成本支持率"指标；对资产管理公司设置"承接集团资产处置规模"指标。

（6）经营绩效由"结果评定"变"过程管控"。

将资产负债率、资产总额两个指标的管理由"结果管控"逐步向"过程管控"转变。指标核定方式原则上为根据年度新能源投资额及当年投产的项目投入额配置相应的权益融资，实现对二级单位"稳杠杆"工作的前端引导。

(7) 信息系统由"独立"变"融通"。

提升 SPI 对 JYKJ 的科学引领性,建立 JYKJ 向 SPI 的反馈机制,提高 JYKJ 承接 SPI 的管理沟通,真正实现两个系统的无缝对接。充分发挥财务共享、司库"两翼"数据服务保障作用,加强 JYKJ 的计划预算与共享、司库系统的数据交互协同和智能融合建设,切实减轻各单位填报系统数据的负担,全面支撑经营决策。

四、取得成效

(一)应用 JYKJ 管理工具前后情况对比

1. 财务管理能力提升

SPI 和 JYKJ 两大体系把原有的单项管理经过创新式整合为一套系统性的工作程序,促进各管理体系的融会贯通,使各项工作形成了紧密联系的有机整体。财务扮演了承上启下的重要角色,一方面承接战略部门意图,转换成可实施方案;另一方面向各二级公司具体分解。在运用 JYKJ 管理体系时,财务人员必须提高政治站位,发挥战略财务职能,充分运用好管理会计工具,提升财务管理能力。财务人员须适应管理需要,找准工作定位,坚持战略导向,提升统领全局的能力,更好地发挥计划引领、统筹协调、把握全局的作用。

2. 经营业绩稳步提升

全面推行 JYKJ 管理体系以来,经营业绩得到了显著的提升。2019 年,集团公司利润超过当时的历史最好水平。2020 年,在全球疫情的不利影响下,集团公司实现了利润总额和净利润较上年增长均超过 30%,利润总额首次突破 200 亿元,再创历史新高。2021 年,在大宗商品价格上涨、煤价高起的不利影响下,充分发挥 JYKJ 管理体系的作用,多措并举完成了国有资产监督管理委员会下达的考核目标。近几年,经营业绩指标在发电集团排名得到明显提升,部分指标排名第一。

3. 对标指标持续提升

JYKJ 管理体系的延伸是通过横向和纵向对标以找差距、补短板、促发展。强化对标管理,就国有资产监督管理委员会关注的指标在十家电力相关央企范围内开展对标,将发展项指标和生产经营指标在五大发电集团之间对标。将对标指标嵌入计划、预算系统,结合不同单位的实际情况,与集团公司内部领先企业、国内行业领先企业、国际先进企业对标。2020年,选取18项指标在五大发电集团进行对标,10项指标实现"保二争一"的目标,较上年增加6项第一。2021年对标指标扩大到21项,在国内10家电力企业进行对标,7项指标提名得到提升。

4. 内生动力不断提升

实行新的考核规则后,实行自主申报、利润挂档。一档为超过基准值、二档为与基准值持平、三档为低于基准值,通过完成任务的难度设置不同系数,引导鼓励二级单位挂一档。将超过基准值10%列为登高目标,以"揭榜"方式设立专项奖励,鼓励二级单位主动"揭榜",申报登高目标。实施新考核规则的当年,二级单位预算利润由首轮申请的金额较原规则下增长近5倍,2021年申报一档的企业占比由原来的15%提高至93%,二级单位上报利润预算超300亿元,首次高于集团公司内部预算目标,彻底解决了计划预算博弈难题,考核与薪酬的联运机制激发了企业内生动力。

(二)解决管理问题情况的评价

1. 促进业财融合

JYKJ管理体系以计划为引领,计划承接战略规划的关键业务、规模、发展、财务等指标,通过预算将计划指标以考核责任书的形式逐级下达给各单位,层层传导压力、层层压实责任。预算管理增加县域开发、三新产业发展、轻资产等指标,预算体系由"法人主体"变为"项目主体",将1 600个预算法人细化拆分成3 000个预算项目主体,实现预算到项目,解决预算与项目投资可行性研究相匹配的难题。财务管理从业务出发,将业务流程、财务流程和管理流程三者有机结合在一起,促进业财深度融合。

2. 优化资源配置

JYKJ管理体系使资源配置对准战略,把有限的投资资源用在战略重点支持领域,投资安排聚焦清洁、绿色和智慧能源开发建设,优先支持重大技术创新和商业模式创新项目，重点支持加快县域开发和大客户合作，实施"三网融合"，推进"天枢一号"应用。积极应变，优化存量资产，使"存量增加效益"，近1.5万亿规模的存量资产，通过对外加强电力营销、对内严格控降成本、稳步处置煤电资产等手段，实现50亿元提质增效目标。

3. 促进战略落地

JYKJ管理体系以落实"2035一流战略"为核心，聚焦集团公司经营、改革、发展、创新等各领域的发力点、突破点、创新点和风险点，把集团公司两个重大专项、一个专项任务、"四个转型""新能源+"等重大部署纳入JYKJ重点任务管理，不断提高行业引领能力和核心竞争能力。把战略与日常工作连接在一起，将战略解码，较为深刻地促进了集团公司战略意图的落地和实现，在助推集团公司经营业绩和创新驱动方面发挥了积极作用。

4. 助力高质量发展

JYKJ管理体系与集团公司战略规划有机的结合，JYKJ方案作为统领全年重点工作的基本方案，要求牵头的财务部门必须提高站位，统筹安排年度重点任务及保障措施。管理工具为全集团公司各层级单位全员参与，要求全系统各单位的财务管理要具备统揽全局的能力，发挥计划引领、统筹协调、把握全局的作用，充分体现战略引领性，以战略规划引领高质量发展。

（三）提升管理决策有用性的评价

1. 组织架构更加合理

集团公司全面持续深化改革创新，不断优化总部组织体系与运作机制，总部作为国有资本投资公司的中枢和大脑，减少了"拉车"的任务，强化了"看路"的事情。打造"一流总部"建设，部门数量由20个减到16个，人员由原来的379人精简到300人以内，部门职责与JYKJ工作小组同步推进，形成了统筹集团内外优势资源的大协同体系。

2. 提供信息更有价值

基于JYKJ管理理念，计划预算不仅仅是根据财务数据简单分析财务指标,而是将业财融合,加强生产经营分析和全面预算管理,分别按月度、季度、半年度和年度各有侧重地对综合计划、预算执行情况、计划预算指标的异动情况、财务状况、盈利能力、可持续发展能力以及宏观经济和市场环境进行分析,揭示主要问题和风险,对下一周期的经济运行重点提出建议和安排。通过分析经营结果、查找经营差距、揭示经营风险以及发现经营机会,紧紧围绕集团公司战略规划,调整策略、行动和资源配置,为决策者提供有价值的财务信息。

3. 议事程序更加高效

JYKJ 体系是战略规划落地的机制保障,是对管理逻辑、管理思想和运营流程的重构和再造。国家电投的 JYKJ 体系建设,以"议事——定事——落事——成事"为主线,按照"研究——决策——部署——落实"顺利推进。当一项任务完成后,将从上一个任务的"落实"工作进入到新任务的"研究"工作。清晰划分 JYKJ 领导小组会与董事会、董事会执委会、党组会、总经理办公会、生产经营月度例会等各种会议的职责,使议事程序更加高效。

4. 决策依据更加充分

JYKJ 方案执行情况按月度、季度和年度进行分析,分析内容包括存量资产的经营管理情况,战略规划和重点任务的落地情况,集团公司"新能源+"等重要领域的发展情况。月初通报重点任务执行情况,对偏差事项进行分析,以便于公司领导对当月重点工作进行部署安排;月中通报偏差任务的最新进展情况,月末通报主要指标执行情况,深挖偏差事项原因,根据面临形势预测全年经营情况,提出重点关注事项和行动举措,为决策提供充分的依据。

五、未来展望

为了保持企业的战略定力,避免出现将战略规划"束之高阁"的现象,集团公司通过"整合式创新"创建 JYKJ 管理体系。以"整合式创新"理论所构建的 JKYJ 体系经过三年的实践,始终坚持战略引领、把握能源趋势、激发企业活力,不断根据外部环境和发展需要持续优化,已经与企业文化深度融合,成为企业战略规划落地的重要管理工具。JKYJ 体系优化的核心,就是要顺应国家发展趋势,在变化中找到方向、引领方向,推动创新驱动、落地见效,使 JYKJ 管理体系具有生命力,在促进战略规划落地方面发挥越来越重要的作用。

总结

JYKJ 体系从无到有、从有到实、从实到精,经过三年的运行和实践,在不断改进和完善中,将两个体系在宏观、中观、微观层面有效衔接。JYKJ 管理始终坚持战略引领、把握能源趋势、激发企业活力,不断根据外部环境和发展需要持续优化,已经与企业文化深度融合,成为企业战略规划落地的重要管理工具。

全面推行 JYKJ 管理体系以来,经过与时俱进的不断优化,促进集团公司经营业绩得到了显著的提升。2019 年,利润超过当时的历史最好水平,在全球疫情的不利影响下,2020 年实现了利润总额和净利润较上年增长均超过 30%,至 2021 年底,清洁能源装机占比提高到 61% 以上,较 2018 年底上升 12 个百分点,处于同类能源央企中的领先地位,为实现双碳目标打下坚实基础。管理创新在实践中不断改进和完善,JYKJ 管理体系将发挥更重要的作用,保障在 2035 年建成世界一流清洁能源企业的目标有效分解落地,推动国家电投高质量发展。

参考文献

[1][加]约瑟夫·兰佩尔(Joseph Lampel),[加]亨利·明茨伯格(Henry Mintzberg),[美]詹姆斯·布赖恩·奎因(James Brian Quinn),[印度]苏曼特拉·戈沙尔(Sumantra Ghoshal). 战略过程:概念、情境与案例 THE STRATEGY PROCESS CONCEPTS, CONTEXTS, CASES 5th Edition [M]. 北京:机械工业出版社,2021.

[2][美]艾伦·P. 布拉奇(Alan P. Brache),[美]山姆·鲍德利-斯科特(Sam Bodley-Scott). 战略执行:如何将战略举措转化为卓越成果 IMPLEMENTATION:How to Transform Strategic Initiatives into Blockbuster Results [M]. 北京:东方出版社,2020.

[3]罗伯特·卡普兰,大卫·诺顿. 战略地图:化无形资产为有形成果 [M]. 广

东：广东经济出版社，2005.

［4］吕守升. 战略解码：跨越战略与执行的鸿沟［M］. 北京：机械工业出版社，2021.

［5］秦杨勇. 战略解码：华为等公司战略落地的利器［M］. 北京：中国人民大学出版社，2021.

［6］何绍茂. 华为战略财务讲议［M］. 北京：中信出版集团股份有限公司，2020.

［7］叶永明. 集团战略与管理体系实践探索——来自百联集团的案例［J］. 新会计，2021（05），41－43.

［8］刘洋. 大型企业战略执行困境与高质量发展破局［J］. 商讯，2020（11），99－100.

［9］孙晓平. 让战略执行从悬空到落地［J］. 人力资源，2020（05），68－70.

［10］马梦玲. 如何提升企业财务战略执行力［J］. 财经界，2020（07），148－149.

［11］黄欣婷，韩振家，蔡方. 电力央企"战略＋财务"管理体系构建初探［J］. 财务与会计，2021（08），49－52.

［12］王焕敏. 国家电投"计划－预算－考核－激励"管理体系在贵溪电厂中的应用［J］. 能源研究与管理，2021（03），78－82.

［13］何召滨，王银仓. 价值型财务管理体系的方法与实践［J］. 财务与会计，2017（12），9－11.

［14］江滢. 试析战略管理会计在经济管理中的应用［J］. 商讯，2020（01），77.

［15］罗勇. 央企财务公司战略管理会计应用实践［J］. 国企管理，2020（08），28－37.

［16］景晓波. 战略管理会计研究［J］. 财会研究，2020（07），72－73.

［17］刘跃珍，张新民. 中国石油基于价值的战略管理会计创新实践［J］. 中国管理会计，2020（04），90－111.

［18］王思. 神华集团财务战略分析［D］. 硕士学位论文，华北电力大学，2015.

［19］王建松. Y公司的战略管理研究［D］. 硕士学位论文，长春工业大学，2021.

［20］王硕钦. H公司的发展战略研究［D］. 硕士学位论文，扬州大学，2021.

［21］Alfred D. Chandler, Jr. Strategy and structure: a textual research on the history of industrial enterprises［J］. Management review，1962（1）：19－23.

［22］Ansoff, H. Igor, Leontiades, James C Strategic Portfolio Management［J］. Journal of General Management，4（1）：13－29.

［23］Dan Schendel. Igor Ansoff, Derek Channon. Statement of editorial policy［J］. Stratergic Management Journal，1980，1（1）：1－5.

[24] Igor Ansoff. Company strategy [J]. Main line of joint operation. ,1980,79 (14):109-111.

[25] Hoskisson R E, Wan W P, Yui D, et al. Theory and research in strategic management: swings of a pendulum [J]. Journal of Management, 1999, 25 (3): 417-456.

[26] Jenkins, D. S., Kane, G. D., Velury, U. The Impact of the Corporate Life-Cycle on the Value-Relevance of Disaggregated Earnings Component [J]. Review of Accounting & Finance, 2004 (3): 5-20.

[27] Vankateson, R. Strategic Sourcing: Make or not Make [J]. Harvard Business Review. 2019, 70 (6): 98-107.

军工科研单位的标准成本管理实践

——基于 A 所的案例分析

王胤宇

摘 要：军工科研单位是国家投资兴办的国防科技事业性质的单位，主要进行军事应用研究和生产经营。大多数军工科研单位承担项目繁多的单件或小批量生产科研任务，成本对象复杂，项目之间可比性差（韩耀庆，2008）。随着军民融合发展、军品竞争性采购等宏观政策的调整，成本管理将成为军工科研单位的管理重点。由于其军品研发、事业单位组织形式等特点，缺乏有效的成本管理工具，实施成本管理的难度较大。

一般来说，标准成本法的适用范围是大批量少品种的大型机械化制造企业，特别是适用于存货种类较少的企业。标准成本法在军工科研单位并未广泛实施，与其小批量多品种、研发过程多变的特点有关系。

对于标准成本法能否在军工科研单位运用，本文将结合信息化建设，探讨标准成本在军工科研单位的具体应用，且不局限于标准成本的传统内容范围（标准成本制定、核算和差异分析），而是结合军工科研单位全寿命周期成本管理方案，系统地提出标准成本管理的定位、作用及其三层应用架构，提出了标准成本在业务前、中、后端的应用场景，包括标准成本对其他财务管理活动的支撑效应。

同时，本文总结了标准成本应用过程中面临的困难和经验，对标准成本工具在军工复杂装备研发和生产领域的应用具有很强的示范效应，对标准成本管理应用的理论拓展也有很好的借鉴意义。

关键词：军工科研单位；科研生产项目；标准成本

一、研究背景

(一) A所概况

中国电子科技集团公司A所（以下简称"A所"）于1965年始建于四川省都江堰市，1993年，科研和生产主体迁至成都市，是我国最核心和最大的电磁空间安全总体技术研究、装备研制与生产的核心骨干研究所。产品主要面向军工电子及军民两用应用领域，覆盖多种装备平台。产业发展主要聚焦电磁频谱管控、太空应用、海洋综合感知及自主可控基础四大方向。建所以来，一直承担国家重点工程、重大基础、重大安全等工程任务，为国防建设及国民经济发展做出了重要贡献，形成了10个具有国际领先优势的专业领域，创造了40多项共和国第一，取得了1 000多项科技成果。在国家创新驱动发展战略、国防和军队改革、国有企业改革等时代背景下，A所作为电磁空间安全行业领头羊，向建设"国内卓越，世界一流"的整体解决方案与系统集成商、产品供应商、运营及服务商的目标迈进。

(二) 军工科研单位成本管理存在的问题

军工科研单位的业务，依据技术成熟度，按照"四个一代"（探索一代、预研一代、研制一代、生产一代）迭代管理。随着近年来军工行业的快速发展，A所科研生产规模不断扩大，但由于成本管控力度不足，缺乏行之有效的成本控制方法，导致资金和存货压力凸显。

由于军工科研单位小批量多品种、项目研制周期长、科研生产一体化、制造成熟度较低的特点，成本管理问题主要体现在以下几方面：

1. 成本管理意识薄弱

军工科研单位以计划交付和质量保障为首要目标，成本管理难以满足成本单位的整体战略，各级单位对成本管理不够重视，成本管理意识严重不足。

2. 成本过程控制缺乏

目前的成本核算采用实际成本法，仅限于对已发生成本费用金额的归集，虽然有事前对成本的预测和计划，但缺乏成本过程控制，形成不了对实际发生成本的有效管理与控制。

3. 成本管理责任不清

成本管理是一个闭环式的过程，而目前以事后核算为主的成本管理，不能实现对成本的精细核算，无法将成本控制目标分解落实到相应的责任部门，成本管理责任不明确，容易产生责任推诿的现象。

(三) 军工科研单位加强成本管理的必要性

1. 满足装备经费管理改革的要求

随着《中国人民解放军竞争性装备采购管理规定》《国防科研试制费管理办法》和《军品定价议价规则》等一系列制度出台，军品采购从单一来源向竞争性采购方式改革，价格管理向军品定价和议价相结合的方式转变，要求军工科研单位不断提高装备经费使用效益。各类项目的外部监管越来越严，对成本管控提出了更高的要求，军工科研单位成本管理理念和能力与国家的要求还存在较大差距。开展标准成本管理，通过成本精细化管理，可以为外部审计检查提供有力的支撑。

2. 落实企业高质量发展的要求

面对复杂多变的外部环境、快速提升装备战斗力的要求，军工科研单位重视科研生产计划进度和产品质量，而对科研生产资源使用效率关注不够，科研生产周期加长和资产使用效率降低，"两金"（应收账款和存货）规模快速增加，成本和资金流等问题凸显，影响经营效益和发展质量。在国有资产监督管理委员会要求企业增收节支的背景下，中国电子科技集团有限公司组织开展"降本增效"专项活动，要求树立一切成本皆可控的理念，运用相应的管理会计工具，加强成本分析及控制，确保营业成本增长低于营业收入增长，营业利润率实现稳中有升，实现企业高质量发展。

3. 实现财务管理转型发展的要求

军工科研单位财务工作以会计核算为主，业务与财务相对分离，缺乏有效的管理会计工具和管理手段，财务对业务的支持和价值创造作用不显性。面对日益增强的市场竞争和提质增效要求，迫切要求军工科研单位从财务会计向管理会计转型，将财务工作前移至业务过程，实现财务和业务有机结合，提升财务管理水平和经济效益。

二、总体设计

（一）军工科研单位标准成本管理的可行性

通常来说，标准成本作为成本管理的有效方法之一，其应用要获得良好效果，要求企业具备一定的基础条件（陈倩，2019）：（1）经营环境相对稳定；（2）企业生产模式一般为少品种大批量；（3）企业需要有完善的各项成本管理的基础工作。

对标以上条件分析，军工科研单位与"少品种、大批量"的特点并不相符，同时，在技术状态稳定性和工艺定额准确性方面也还有差距。但部分军工科研单位（以 A 所为例）仍具备实施标准成本的主要条件，只是实施的难度相对更大。

1. 直接材料成本占比较大

科研生产一体化的军工科研单位，除理论研究外，最终交付产品以实物为主，其直接材料占比仍然较大（约占 65%），因此能直接计入成本对象的成本占比较大，相比分摊计入的间接费用，更容易进行成本对比及差异分析。

2. 有较成熟的流程及基础数据

军工科研业务主要按项目进行管理，严格的质量管理体系要求建立成熟的科研、生产管理流程。为完善项目管理流程，A 所推动基于 BOM（Bill of Material）的科研生产管理，打通从 EBOM、PBOM 到 MBOM 全业务过程，提升了管理水平，同时也为成本管理提供了基础数据。

目前将 A 所的 BOM 主要分为：EBOM（早期 BOM、初始 BOM、优化初始 BOM、EBOM）、PBOM 和 MBOM。以 BOM 基线作为任务分解（WBS）、研制任务统筹下达的基础，进行研制生产过程整体计划管控，以 MBOM 作为生产过程控制的基础，实现 MBOM 驱动的精益生产。

3. 有较完善的信息化管理系统

标准成本管理需要以大量的数据对比、分析为基础，数据量庞大，靠手动是不可能完成的。A所建立了业财一体化的ERP信息系统，打通财务与主业务流程的数据壁垒，实现数据一体化展示与穿透，为标准成本的实施提供了重要手段。

综上，标准成本在具备一定管理基础的军工科研单位存在具体实施的可行性。

（二）军工科研单位标准成本管理体系构建

1. 科研生产项目全业务流程

军工科研单位的项目和产品，按照技术成熟度不同，遵循"四个一代"（探索一代、预研一代、研制一代、生产一代）迭代管理，其全寿命周期主要分为论证、研制、试制及服务保障四个阶段。

2. 项目全寿命周期成本管理方案（见图1）

结合军工科研单位成本管理特点，以设计目标成本为牵引，结合项目预算经费管理和制造标准成本管理，建立和完善全寿命周期成本管理方案。设计目标成本在方案设计阶段进行约束，构建成本合理的产品组成（BOM）；项目经费预算则对方案设计阶段消耗的成本进行约束，包括设计阶段的研发费用及样机制造成本；标准成本定位于设计定型后，标准成本与实际制造成本的差异分析。三者相互配合，共同作用，构建项目全寿命周期成本管理方案。

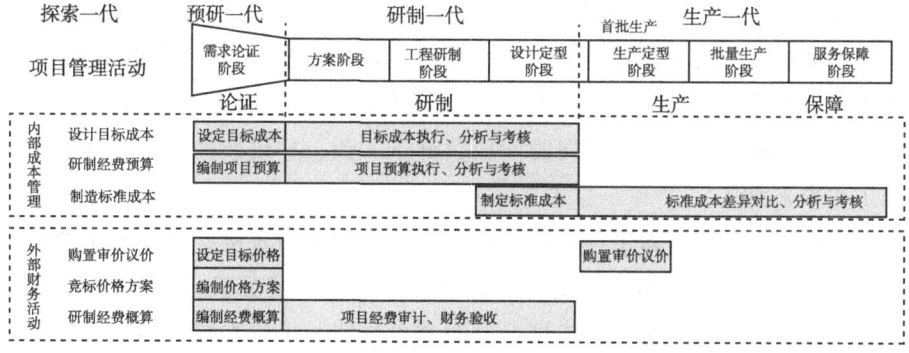

图1 项目全寿命周期成本管理方案

依托对内成本管理体系,军工科研单位需要对外提供目标价格(根据《军品审价议价规则》,非竞标项目须先确认目标价格,再实现激励约束议价)或竞标价格方案,对研制项目编制研制经费概算。

3. 标准成本管理的定位及作用(见图2)

在项目全寿命周期成本管理方案中,标准成本是基础和核心。标准成本不仅仅在制造阶段提供成本的对标和分析,还在前端支撑成本的计划与决策,中端支撑成本的核算与控制,后端进行成本分析与考核。

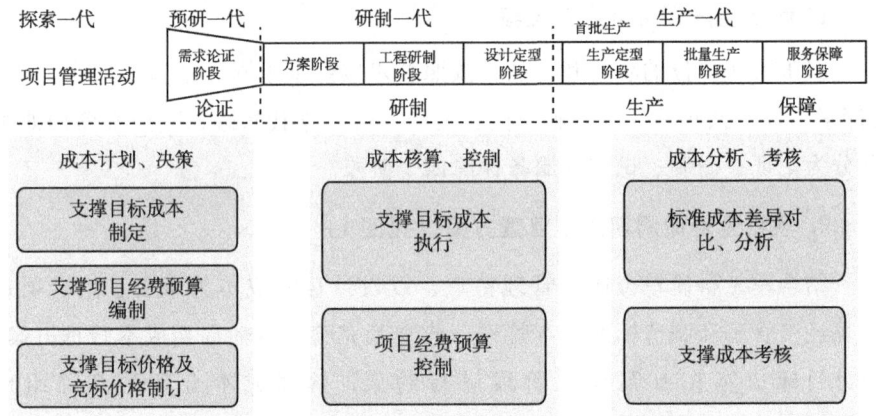

图2　标准成本在全寿命周期成本管理方案的作用

按照成本管理前、中、后端的逻辑,标准成本的具体作用如下:

(1)前端:成本计划与决策。

由于产品的结构树(BOM)是一个动态变化的过程,有不同的版本,同时,物料单价及小时费用率也是变动的,因此用BOM展开计算产品成本便有很多种算法。比如物料单价就有最近采购价、最高价、最低价、平均价等不同选择,不同人、不同时间取数都不一致,导致数据口径差异很大,给工作带来混乱。

标准成本充分考虑了在有效作业条件下所需要的直接材料和人工数量,预期发生的直接材料和人工费用,以及在正常生产情况下应分摊的制造费用等因素,其制定有科学的依据,同时在单位统一了成本统计的标准口径,能够支撑快速、准确制定项目成本预算及设计目标成本,支撑购置目标价格和竞标方案的形成及申报等活动。

（2）中端：成本核算与控制。

由于会计核算和成本分析的滞后性，等到发现成本超支时已是既成事实，因此成本控制点必须前置。借助标准成本，可以在各个业务关键环节设置成本管理控制点，将成本管理及控制点前置到设计（目标成本）、计划、制造和采购环节，真正实现成本可控。

（3）后端：成本分析与考核。

通过标准成本差异分析，对暴露出来的管理问题提出相应的改进建议。生产环节的成本管理重点是实际数量耗费与定额数量的差异分析，即标准成本差异中的数量差异。生产环节产生的数量差异，往往对应不合格品问题，体现为质量成本。采购和外协外包环节的成本管理重点是实际采购价格与计划价格的差异分析，即标准成本差异中的价格差异。针对采购价格的异常波动，要深入分析原因，并根据实际情况定期修正标准价格。针对采购量大的常用物料，应制定年度采购降价目标，促进成本管理持续优化。

成本管理的一个难点在于，成本管理缺乏基准，未对各主体成本责任进行有效划分，借助标准成本，可以建立并完善成本考核体系。

4. 构建标准成本管理体系三层架构（见图3）

系统实施标准成本管理，需要建立三层成本管理体系（战略层、经营层、支撑层）。

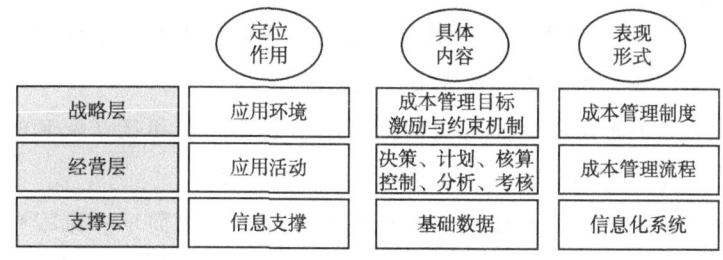

图3　标准成本管理体系三层架构

其中，在战略层应明确成本管理顶层目标、激励与约束机制，搭建标准成本管理应用环境，主要表现为成本管理制度。

在经营层，应建立从成本决策、计划、核算、控制、分析到考核的全业务流程，主要表现为成本管理流程。

在支撑层，应建立标准成本管理所必需的基础数据，主要表现为成本管理信息化系统。

三、应用过程

（一）实施标准成本管理具体措施

1. 成立标准成本管理专项团队

为确保标准成本管理工作得以有效推进，A所初步建立了标准成本管理专项团队。专项团队由计划、物资、生产、工艺、财务、信息化等多部门的人员组成。主要职责是完成标准成本前期实施方案策划，并利用信息系统以生产项目的材料费开支作为标准成本管理对象，共同完成典型项目标准成本分析，积累经验为后续推进工作提出改进建议。

2. 制定标准成本实施方案

制定实施方案，梳理A所成本管理现状及存在的问题，并在此基础上对整个标准成本管理工作进行策划。

（1）分阶段开展。

标准成本管理工作分为策划实施方案、建立管理流程、开发信息系统模块、试点项目标准成本分析、全面推进标准成本管理五阶段。

策划实施方案阶段主要是明确工作目标、工作思路、工作内容、工作计划和团队成员，由财务部牵头负责完成。

建立管理流程阶段主要是明确标准成本管理框架和建立配套的管理流程及管理制度，由标准成本管理专项团队负责完成。

开发信息系统模块阶段主要是根据标准成本管理需求、流程和制度等内容，制定标准成本管理信息系统模块开发方案，完成系统模块功能开发，由标准成本管理专项团队和ERP项目团队共同完成。

试点项目标准成本分析阶段主要是结合标准成本管理流程和信息系统模块，完成典型项目标准成本分析，根据分析结果改进、优化管理流程和信息系统模块，由标准成本管理专项团队负责完成。

全面推进标准成本管理阶段主要是根据试点项目标准成本分析和信息

系统成果，对A所各类项目（产品）全面推进标准成本管理工作，以实现标准成本管理工作目标，由标准成本管理专项团队负责完成。

（2）分步骤实施。

鉴于A所历年发生的成本开支以材料费为主，项目类型以生产项目为主，因此，在推进标准成本过程中，以生产项目的材料费为标准成本管理工作的重点。

标准成本管理工作一期：以生产项目的材料费开支作为标准成本管理对象，完成上述标准成本管理各阶段工作，积累工作经验。

标准成本管理工作二期：在一期工作完成的基础上，推进研制项目的材料费标准成本管理，并推进项目人工和费用开支（含直接费用和间接费用）的标准成本管理。

（3）按专项推进。

专项管理方式：制定工作推进计划，按照工作计划节点进行监控。

协同配合ERP项目团队：与ERP项目团队紧密配合推进，开展信息系统开发和标准成本分析等工作，不断完善标准成本管理流程和优化信息系统。

3. 搭建标准成本信息化平台（见图4）

A所由财务部牵头组织梳理标准成本管理探索应用阶段的信息化需求，并通过ERP系统开展标准成本信息化工作。先后开发了项目成本差异汇总表、项目成本差异明细表、材料采购降价分析明细表等管理工具。

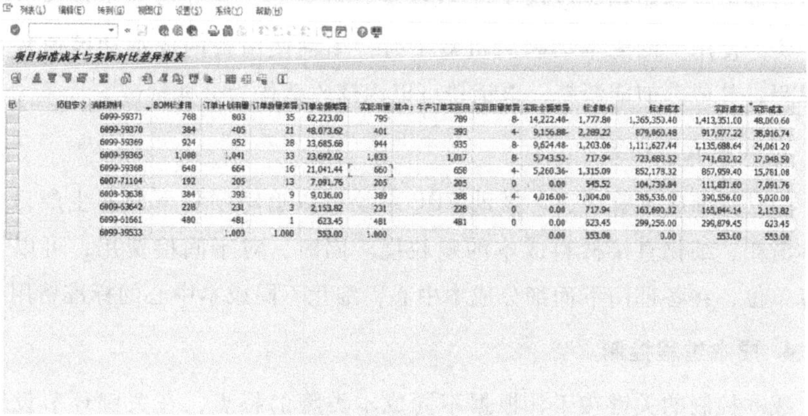

项目定义	消耗物料	BOM标准用	订单计划用量	订单数量差异	订单金额差异	实际用量	其中：生产订单实际用	实际用量差异	实际金额差异	标准单价	标准成本	实际成本	实际成本
	6099-59371	768	803	35	62,223.00	795	789	8-	14,222.40-	1,777.80	1,365,350.40	1,413,351.00	48,000.60
	6099-59370	384	405	21	48,073.62	401	393	4-	9,156.88-	2,289.22	879,060.48	917,977.22	38,916.74
	6099-59369	924	952	28	33,685.68	944	935	8-	9,624.48-	1,203.06	1,111,627.44	1,135,688.64	24,061.20
	6009-59365	1,008	1,041	33	23,692.02	1,033	1,017	8-	5,743.52-	717.94	723,683.52	741,632.02	17,948.50
	6099-59368	648	664	16	21,041.44	660	658	4-	5,260.36-	1,315.09	852,178.32	857,959.40	15,781.08
	6007-71104	192	205	13	7,091.76	205	205	0	0.00	545.52	104,739.84	111,831.60	7,091.76
	6008-53638	384	393	9	9,036.00	389	388	4-	4,016.00-	1,004.00	385,536.00	390,556.00	5,020.00
	6009-63642	228	231	3	2,153.82	231	228	0	0.00	717.94	163,690.32	165,844.14	2,153.82
	6099-61661	480	481	1	623.45	481	481	0	0.00	623.45	299,256.00	299,879.45	623.45
	6099-39533		1.000	1.000	553.00	1.000			0.00	553.00	0.00	553.00	553.00

图4 标准成本管理信息化平台

（二）实施标准成本管理具体步骤

1. 确定应用对象

根据 A 所的业务特点，标准成本管理主要适用于已经设计定型并进入批量生产的产品。A 所的业务主要以项目（批次）形式开展，成本管理的对象主要是项目（批次），但具体的成本分析对象还需要穿透到生产订单及物料级。

2. 制定标准成本

直接材料：根据产品物料消耗清单（BOM）的材料成本制定直接材料标准成本，BOM 用量来源于图档系统，物料单价来源于现有 ERP 系统。材料标准消耗量是指单位产品消耗的材料的标准数量，由工艺部门、设计部门及生产部门共同参与制定。材料标准价格由物资部和财务部共同参与，以实际采购价格为基础制定，考虑未来可能的变动因素。同时建立标准成本定期更新和维护的机制。

直接人工：直接人工以人工工时为基础，测算小时费用率。其中，生产人员工时以生产工艺定额为基础测算生产部门的小时费用率；科研工时的统计是个难点，科研部门借助科研计划管理系统填报工时数据，以科研工作人数及制度工时为基础测算小时费用率。

制造及管理费用：由于 A 所采用完全成本法核算，制造与管理费用一同进行分摊。参照作业成本法（ABC 法）的思路，建立多成本动因分摊方式，资产使用费的成本动因为机器工时；车辆使用费的成本动因通常为行驶里程，其他类似能源费、电话费可以内部收费作为分摊标准。

3. 实际成本核算

建立标准成本管理后，借助 ERP 系统可以追踪项目下面各生产订单的成本消耗，细化直接材料成本的颗粒度。同时，对于间接费用，可以划小核算单位，在各部门下面细分成本中心，细化不同成本中心的标准费用率。

4. 成本过程控制

成本控制的关键在于，根据不同成本类型的特点，在关键环节设置监控点，将成本控制点前移（见图5）。项目材料费、专用费预算在任务下达环节进行控制，项目外协费预算在采购申请和合同签订环节按照预算事项清单控制，项目事务费在报销申请环节进行刚性控制。

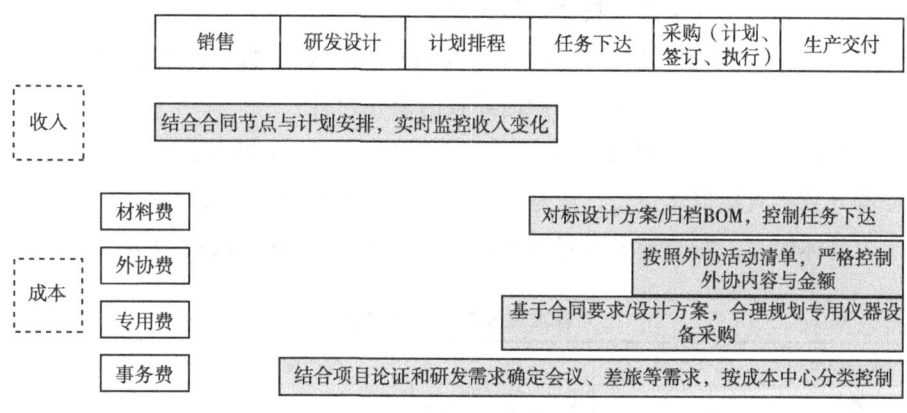

图 5　成本控制关键点示意图

对于占比最大的直接材料费，由于传统核算具有滞后性（计入项目成本的时间点为项目领料阶段），需要将成本控制点前移到制造任务下达阶段（见图 6）。即在任务下达时，就要对所下任务对应的物料需求与预算（包括总额和重点清单）进行比对，若超过预算，则任务不能下达。任务下达后必然带来采购需求，如果任务下达阶段不进行控制，而仅在领料阶段进行控制，则会造成库存积压。

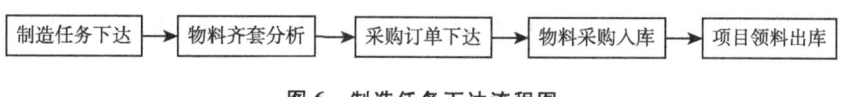

图 6　制造任务下达流程图

5. 成本差异分析

鉴于 A 所历年发生的成本开支的费用类型以材料费为主（约占 65%，人工和费用占比约 35%），人工成本较为固定，直接、间接费用暂无合理的标准参照，以直接材料量差作为主要分析对象。直接材料量差业务上体现为多投产、多领料、多采购等，通过订单维度差异对比，穿透追溯预算偏差的业务原因，规范超额领料、减少生产过程成本浪费。

多投产：多投产指由于操作失误或者设计变更、需求变更，导致任务多下多投。多投产会导致多产出，但无内外部需求（即供大于求）的情况。

由于 A 所大部分产品为专用件，可能短期无法消化。在该场景下，下级生产部门被动接收上级部门投产指令，单独分析下级生产部门领料无法分析出差异，成本超支主要与投产部门相关。

多领料：多领料是指在生产环节超过标准计划用料范围外的领料，包括由于设计更改、质量报废等原因导致的额外领料。

库存浪费：库存浪费是指在库存管理环节，库存报废、盘亏、器材维修等导致的直接成本浪费，或是库存呆滞导致的间接成本浪费。

具体而言，每类业务场景下的超支差异及分析途径如表 1 所示。

表 1　　　　　　　　　标准成本差异分析途径

业务环节	超支差异	分析途径
投产	任务多投	监控供需是否平衡，供大于求可能是任务多下/多投导致的
领料	生产订单多领	对于计划内订单（系统自动运算产生），对比订单备料行数量与标准 BOM 数量，超出部分可能是超支差异 对于计划外订单（人工创建），包括临时任务订单、报废补下订单等，可能是超支差异
	部门多领	部门领料主要为综合材料领料
	项目领料多领	部分领料不领用至生产订单，直接领用至项目，主要为零星领料或不能够发料至订单等
库存	在库报废	在库报废后，可能会导致重新采购，导致超支差异。通过查询报废清单统计
	库存盘亏	库存盘亏后，可能会导致重新采购，导致超支差异。通过查询盘亏清单统计
	在库呆滞	在库呆滞虽然还没有领用，但大多数为无需求，且可能计提减值，属于隐性的超支差异

以 A 项目成本差异分析为例。

第一步：定位超支项目，明确分析对象。

A 项目成本执行情况为超支 20%，下一步需要利用信息系统，结合项目的实际管理情况，分析挖掘超支和节约的原因（见表 2）。

表 2　　　　　　　　　项目标准成本差异分析表

项目号	标准成本	订单成本	差异率
A	100	120	20%

第二步：开展明细差异分析。

（1）生产订单与 BOM 差异。

通过分析 BOM 与订单差异，可以发现导致订单用量与 BOM 标准用量不一致的业务原因，并通过业务原因类别明确下一步管理优化工作的主要方向，具体情况如表 3 所示。

表 3　　　　　　　生产订单与 BOM 差异原因分析表

差异原因	问题项数
BOM 变更	1
订单管理	1
库存利用	1
替代料管理	1
质量问题处理	1

（2）实际领料与生产订单差异。

通过分析实际领料与生产订单差异，可以发现导致实际用量与订单用量不一致的业务原因，并通过业务原因类别明确下一步管理优化工作的主要方向，具体情况如表 4 所示。

表 4　　　　　　　实际领料与生产订单差异原因分析表

差异原因	问题项数
订单占用资源	1

第三步：问题总结及建议。

通过 A 项目与实际成本与标准成本差异分析，主要发现以下问题，并据此提出完善建议。

（1）BOM 变更。

生产订单对应的 BOM 版本为生产订单创建时的版本，如后续 BOM 版本发生变更将导致最新 BOM 数量与订单数量存在差异。

建议在 ERP 系统中通过对订单对应的 BOM 版本进行追溯，区分出 BOM 变更对订单成本的影响。

（2）订单备料表管理。

备料表的修改存在通过临时任务申请修改、以 NCR（质量问题处理）

结论为依据直接在 ERP 系统修改等情况，且修改备料表的权限比较分散。订单备料表管理不规范，导致订单成本异常，部分情况无法追溯修改备料的原因，且实物用途存在不可控风险。

建议：一方面，加强订单备料修改的管理，明确各类业务场景及修改权限；另一方面，要通过系统记录各类修改备料表场景的业务输入，确保在 ERP 系统中可追溯。

（3）库存利用。

项目利用现有库存时，部分物料可以少投产或者不投产，导致订单数量比 BOM 数量少。现有系统无法对此类情况进行统计分析。

建议：一方面，要在 MRP 运算匹配现有库存时进行记录；另一方面，将利用记录在成本分析报表中体现，便于区分。

（4）替代料管理。

主要情况为通过系统维护的后继物料属性、代用单、直接修改替代物料（无备注）等方式替换物料，导致 BOM 与订单数量不一致。一方面，替代料的替代关系维护不全，部分替代物料的前端输入不可追溯，替代料管理不规范容易产生质量问题。另一方面，用高等级的物料替代低等级物料时导致成本增加，对产品成本有影响。

建议规范替代料的管理，替代修改备料的情况要有明确的输入，实现原因可追溯。

（5）质量问题处理。

质量问题主要情况为返修、更换、调试等原因导致订单数量大于 BOM 数量，且物料类别绝大部分为芯片类。根据《临时任务下达流程》，研制和生产项目的物料更换、返修应通过 NCR 流程触发，质量问题部分领料通过临时任务以更换、返修等理由提出申请，存在不按流程执行的情况，实物管理未闭环存在一定的失控风险。

建议严格规范研制生产项目的临时任务下达管理，确保按流程执行，并对领用物料的去向进行闭环管理。

（6）订单占用资源。

订单占用资源主要情况为创建订单未释放或者在订单中挂了备料实际并未领用，占用库存资源，增加呆滞风险。

建议定期对订单状态及领料情况进行清理，对长期未领料的订单进行关闭处理，及时释放资源。

6. 成本考核应用

按照可控性原则，不同责任主体对不同类型的成本负责：市场部门应对产品目标价格负责，研发部门应对产品设计的目标成本负责，生产部门应对实际数量耗费与定额数量的差异负责，采购部门应对实际采购价格与计划价格的差异负责。据此在业务全过程建立相应的成本责任体系（见图7），各司其职，各负其责。

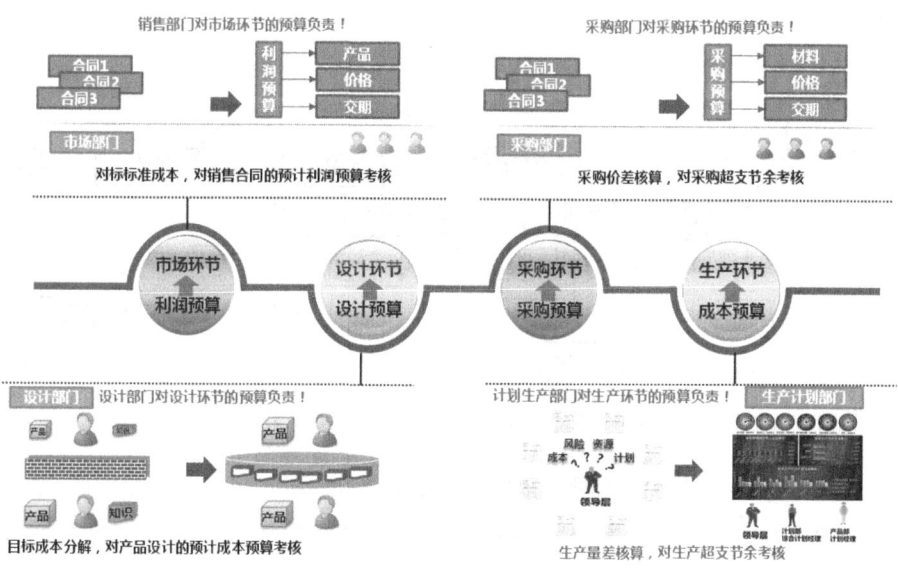

图7 成本责任体系示意图

A所按照上述原则，对各责任部门下达了以下指标：

计划部门：年度直接材料成本总额；

采购部门：年度物资采购到货总额、非首次采购成本降低率；

生产部门：标准成本执行率（实际成本÷标准成本）。

（三）基于标准成本的管理提升

1. 支撑销售价格方案决策

合理的销售定价必须遵循市场价格，还要充分考虑到单位内部成本。

借助标准成本管理，结合信息系统解决方案，可以快速地计算出每个订单的成本及盈利空间，更好地支撑销售定价决策，包括购置目标价格及竞标价格方案，真正做到事前算赢，并为后续的目标成本制定提供依据。

2. 支撑设计目标成本管理落地

产品成本主要是在设计环节决定的。以目标价格为指导制定目标成本并层层分解，在设计环节落实成本压控责任（见图8）。研发人员须在目标成本范围内完成设计，按产品构成明细表进行成本测算，并将测算结果与目标成本进行对标，校验成本指标达成情况，超出目标成本的须重新设计或提交成本变更审批。

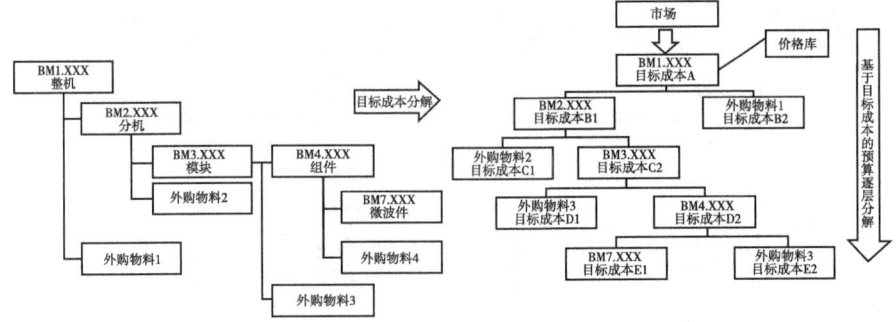

图8　基于预算约束的目标成本逐层分解

按照研发设计不同阶段，落实目标成本控制。

论证阶段，在市场部门收集确定的目标价格基础上，结合单位利润要求、外部进度要求以及类似产品成本经验数据测算整机目标成本，并提交立项决策评审。

方案阶段，结合下级分机/模块的技术成熟度、沿用分机/模块的成本、新研分机/模块的类比成本、新选用器材调研情况等，将整机目标成本层层分解至新研和改进的分机、模块，确保分机组成不突破整机目标成本，同时对早期BOM各层级的搭建进行符合性检查。

工程研制阶段，分机/模块负责人在工程研制阶段以成本指标为约束开展详细设计，在不突破整机目标成本的前提下形成试制BOM。

设计定型阶段，根据最新状态的设计BOM进行成本统计，考核目标成本最终的达成情况。

3. 支撑全面预算管理落地

全面预算以业务预算为基础,而军工科研单位的业务预算以项目全寿命周期预算为基础。由于项目周期较长,项目全寿命周期预算分布在多年,在年度上的分布往往很难找到准确切分依据。依据标准成本和项目执行计划,就可以计算项目的投料节奏,从而较为准确地计算项目在年度内的预算额度,从而各项目汇总形成年度的业务预算。因此,标准成本可以支撑项目全寿命周期预算更好执行落地。

四、取得成效

(一)提升经济效益,推动单位高质量发展

通过实施标准成本管理,控制成本费用,优化业务流程,全面降低运营成本,A所2018年至2020年节约成本和费用2.6亿元,推动了经营目标的全面实现和经济效益的持续提升,净利润从2017年的3.65亿元增长到2021年的10亿元,有力支撑了A所连续三年获得集团公司经营业绩考核A级,推动了A所高质量发展。

(二)提升科研生产效率,增强单位核心竞争力

通过实施标准成本管理,有利于快速发现科研生产过程的管理问题,推进销售、计划、生产、采购、售后等业务环节的流程优化和效率提升,促进研发周期和采购生产周期缩短了4到6个月,满足了快速增长的装备生产交付要求,增强了单位核心竞争力。

(三)促进业财深度融合,提升财务管理能力

通过实施标准成本管理,推进了业务数据与财务数据的一体化,进一步推动了财务与经营管理的一体化,真正实现了财务与业务的深度融合,财务管理成为项目管理活动的重要参与者和价值链管理中不可或缺的一部分,促进财务管理从价值守护向价值创造转型。

五、经验总结

（一）实施标准成本管理的难点

由于军工科研单位的特殊性，实施标准成本管理面临诸多困难。按照标准成本管理三层架构进行梳理，主要困难点如下：

1. 应用环境方面

军工科研单位以计划交付和质量保障为首要目标，成本管理难以上升为单位整体战略，因此，成本管理的结果应用是一个难点。

2. 应用活动方面

军工科研单位财务工作以会计核算为主，业财融合程度较低，财务数据分析难以穿透到业务底层，不易找到成本问题的根因。

3. 信息支撑方面

军工科研单位以项目核算为基础，核算的颗粒度较粗，准确、详细的基础数据搜集及数据治理是一个难点。

（二）实施标准成本管理的经验

面对种种困难，A所经过多年坚持不懈的努力探索，取得了一定的成果。成功实施标准成本管理的主要经验如下：

1. 以服务战略为首要目标

近年来，A所"两金"持续居于高位，尤其是存货金额较大，成本控制不力、项目盈利能力的下降是主要原因。通过标准成本管理，提高成本核算准确性，分析实际成本与标准成本的差异，进而实施成本控制，是提高成本管理水平、提升经营质量的有效手段。标准成本管理针对A所当前的痛难点，提出有效的解决措施，是服务于A所高质量发展战略的重要途径，因此得到了各层领导和员工的广泛支持。

2. 以业财融合为推进机制

成本是研发、生产等业务结果的价值体现，成本管控、成本分析离不开财务与业务的协同。为了更好地推进标准成本差异专题工作开展，A所财务部门与业务部门达成支部联建协议，将标准成本差异分析作为支部联建的主要专题工作，明确了专题工作目标："开展成本分析，规范业务开展，推进降本增效"；建立了专项工作团队及联络小组，为后续工作开展奠定了良好的基础。为了解业务实际开展情况，专项工作团队深入生产一线，熟悉产品的生产工艺及流程，对生产过程中可能存在的损耗、报废有了更深刻的认识。

3. 以信息化建设为关键手段

标准成本管理涵盖业务部门及基础数据多，对业务数据要求高，需要借助信息化手段，确保成本数据的准确性、完整性和规范性，以满足标准成本分析和管控的要求。A所由财务部牵头组织梳理标准成本管理的信息化需求，并通过ERP系统开发实施。先后开发了项目成本差异汇总表、项目成本差异明细表、材料采购降价分析明细表等管理工具，为标准成本管理提供数据基础。

4. 以考核运用为根本保障

军工科研单位通常重视科研生产计划进度和产品质量，而对科研生产资源使用效率关注不够，成本管理让位于计划和质量。在此情况下，唯有加强成本考核力度，让成本结果与考核挂钩，实施有效的激励和约束，才能促进成本意识的提高。A所按照可控性原则，对计划、生产、采购等不同的责任主体下达差异化的考核指标，确保了成本管理各项措施的落地，为标准成本管理顺利实施提供保障。

总结

通过对成本管理及标准成本相关文献的回顾可以发现，对于标准成本的应用研究，大多针对于成立时间长、行业成熟、规模较大的企业。现有文献主要针对机械加工制造、汽车及零配件制造、电线电缆制造、钢结构制造、钢铁冶炼、日用化工、高速公路、地铁盾构、建安工程行业进行了案例研究，其中以机械加工制造、汽车及零配件制造居多。军工科研单位的业务具有小批量多品种、科研生产一体、制造成熟度低的特点,标准成本法在该领域的应用研究还存在空白。

随着军民融合发展、军品竞争性采购等行业变革,军工科研单位也需要学习和借鉴使用先进的成本管理方法,提升成本管理水平,提高产品的综合竞争力,促进企业高质量发展。

本文探讨了标准成本在军工科研单位的具体应用,文章的主要创新点在于:

(1) 构建了标准成本在特殊行业应用的新范例。本文探索标准成本在军工科研单位应用的过程和方法,总结面临的困难和经验,对标准成本在军工复杂装备领域的应用具有很强的示范效应。

(2) 构建了标准成本应用新场景,拓展了标准成本应用理论边界。本文不局限于标准成本的传统内容(标准成本制定、核算和差异分析),而是结合军工科研单位全寿命周期成本管理方案,系统地提出标准成本管理在前、中、后端的应用场景及三层应用架构,提出标准成本对其他财务管理活动的支撑效应,拓展了标准成本应用场景及理论边界。

参考文献

[1] 查灿. 浅议军工科研单位成本管控 [J]. 中国市场,2020 (10):103 - 104. DOI:10.13939/j.cnki.zgsc.2020.10.103.

[2] 韩耀庆. 军工科研事业单位科研成本研究 [J]. 华东经济管理,2008 (03):62 - 65. DOI:10.19629/j.cnki.34 - 1014/f.2008.03.015.

[3] 李云宽,朱晓光,凌铭博,高阳,于亮. 军工科研事业单位标准成本制订浅析 [J]. 中国总会计师,2019 (06):118 - 119.

[4] 刘运国,邓凯. 标准成本法在某日用化工企业应用的案例研究(下)——以 XL 集团为例 [J]. 财会通讯,2010 (19):17 - 22. DOI:10.16144/j.cnki.issn1002 - 8072.2010.19.045.

[5] 刘俊勇,任秋实. C 企业标准成本案例研究 [J]. 会计之友,2016 (07):60 - 66.

[6] 王胤宇. 军工科研单位成本管理 [J]. 中外企业家,2017 (27):121 - 122.

[7] 温素彬,韦海钦. 标准成本法:解读与应用案例 [J]. 会计之友,2020 (24):151 - 156.

[8] 许军. 成本工程在军工科研事业单位运用的探讨 [J]. 现代国企研究,2018

（20）：117＋116．

［9］姚传新．标准成本法在恒隆公司的应用案例［J］．财政监督，2018（04）：74－80．

［10］陈倩．T公司基于标准成本法的成本管理改进研究［D］．湖南大学，2019．DOI：10.27135/d.cnki.ghudu.2019.001074．

［11］李显凤．以财务管理为核心的ERP应用研究［D］．同济大学，2006．

［12］蔺奇珩．航天集成电路科研项目成本管理工程研究［D］．哈尔滨工业大学，2012．

［13］宋雅丹．标准成本法在高速公路养护成本管控中的应用研究［D］．河北地质大学，2019．DOI：10.27752/d.cnki.gsjzj.2019.000025．

［14］王礼瀚．基于标准成本法的高层住宅建安成本控制［D］．南昌大学，2019．DOI：10.27232/d.cnki.gnchu.2019.001169．

［15］许培培．LF公司标准成本管理体系设计及应用研究［D］．中国石油大学（华东），2018．DOI：10.27644/d.cnki.gsydu.2018.001646．

［16］张宇．基于标准成本法的HP公司生产成本控制应用研究［D］．江苏大学，2019．DOI：10.27170/d.cnki.gjsuu.2019.000077．

海外工程项目关联交易税务筹划案例研究
——以以色列 K 项目为例

延 肃

摘 要：海外项目税务筹划工作需要有全局性的思维，并且该工作与各国的会计准则、资金监管、合规管理等密切相关，可以说是一项极为复杂的大型工程。而海外市场的经济发展形势、政治稳定、宗教、当地人员素质等方面均与税务管理密不可分。提升企业税务管理的战略思维，提高税务筹划工作效率和管理能力，保证税务思路和筹划顺利落地，加强与国家税务总局的汇报沟通机制，这对跨国企业海外业务的可持续高质量发展有重要的影响。

作者所在的中国电建集团积极响应国家提出的"一带一路"倡议，努力开拓海外市场，取得了较好的业绩，树立了央企出海的正面榜样和形象。电建集团深耕海外市场多年，形成了较为集中高效的财务、资金、税务管理体系，也总结了较有借鉴意义的税务筹划和管理经验。

本文以电建集团于 2017 年中标的以色列 K 项目关联交易下的税务筹划工作为例，阐述了海外税务筹划的重要意义，介绍了海外工程项目税务筹划工作的全流程，总结了税务筹划工作的总体设计思路和核心原则，具体分析了 K 项目税务管理面临的困难和挑战，着重对关联交易转移定价、双边税收协定等进行了分析研究，结合税务咨询意见形成了税务筹划方案，并首次在电建集团海外项目中聘请第三方出具了转移定价国别报告。经过三年对税务筹划工作的不断修正调整，K 项目最终取得了较好的节税效果，有效降低了整体税率，在所在国也取得了良好的社会声誉。

本文根据 K 项目关联交易下的筹划经验，提出了税务筹划应合规适度、严格执行遵从原则、重视关联交易下的转移定价工作、合理利用第三方咨询等多方面的经验总结，以期可以提升跨国工程企业的海外税务战略眼光和管理水平，以达到有效管控税务风险的目的，实现海外业务可持续高质量发展的目标。

关键词： 海外工程；税务筹划；关联交易；转移定价

一、背景描述

（一）公司及案例基本情况

笔者所在的中国电建集团于2012年重组完成，是国务院国有资产监督管理委员会直接管理的中央企业，属于八大建筑类央企之一，主要业务范围是水电、火电、水资源与环境建设、基础设施建设等板块，业务遍及全球130多个国家和地区，是一家大型跨国建筑类央企。电建集团积极响应国家于2013年提出的"一带一路"倡议，利用"走出去"比较早建立起来的优势，在"一带一路"沿线的65个重点国家深耕细作。截至2020年底，已在"一带一路"沿线超过2/3的国家设立了机构开展业务，海外市场新签、营收、利润业绩在集团国际业务总体中的贡献分别达到73.02%、66.81%、48.88%，新签、营收在中国对外承包工程行业中的市场占有率分别达到15.35%、11.04%。可以说，电建集团是在中央建筑类企业中国际化程度较高的龙头企业。同时不同于其他国家的大型跨国企业，作为中央企业的跨国企业既有自身的独特特点，包括但不限于国内上级管理和外部监管机构的资本限制、中国化程度、资金归集度等要求，又有自身的跨国税务管理体系建设的要求。

1. 案例背景介绍

电建集团下属的二级公司水电国际公司（SINOHYDRO）与通用电气（GE）组成的联合体（JV），于2017年1月24日签署了以色列某抽水蓄能电站（以下简称"K项目"），项目总装机344MW（2×172MW），合同工期52个月。K项目业主是由三家私人投资方组成的项目公司。项目合同为EPC总承包合同，按联合体协议，水电国际公司为责任方，负责实施该工程的土建部分。主合同于 2017 年 7 月 4 日完成融资关闭，7 月 19 日正式开工。

K 项目在以色列当地以"水电国际以色列分公司"名义对外开展经营活动。内部管控由水电国际公司委托电建集团的另外两家二级公司——水电五局和华东院组成的联合体具体承担合同全部履约任务，水电五局为责任方，华东院为本工程的设计方。设计分包合同名义上由华东院直接与水电国际公司签订。

2. 合同主要边界条件

K 项目合同总额共 15.83 亿谢克尔[①]，水电国际公司承担的合同份额为 11.53 亿谢克尔（不含增值税），其中美元 1.5 亿，谢克尔 5.76 亿，按照当时汇率 1 美元 = 3.615 谢克尔，合同额折合美元约 3.09 亿（不含增值税）。

K 项目为全税项目，包括增值税、所得税等均不免除。在合同结算支付时，开具增值税发票后，业主一并支付合同款和增值税。K 项目合同结算支付货币为美元和当地货币，各占 50%。资金来源为业主自筹 20%，当地两家银行融资 80%，采取银行无追索的项目担保融资模式。本项目工程款的确认和支付按里程碑方式进行，预付款为合同额的 15%，约为 4 635 万美元。

（二）K 项目税务现状分析和存在的主要问题

1. 完善的以色列税制和严苛的征收体制

以色列是发达国家，而且为了维持庞大的军费开支，必须征收高额税收，是世界上税负最高的国家之一，2006 年总税负占 GDP 的 39.1%[②]，因此监管非常严格。以色列国家法律法规健全，其税收体制源于英美法系，但又有其独特性。税务系统担负着很重的税收压力，外账筹划空间有限，资料准备要求非常严谨。

2. 陌生且高端的市场

以色列是电建集团战略发展中定义的高端市场。电建集团的市场群体

---

① 谢克尔为以色列的法定货币。
② 该数据来源于商务部。

主要集中在第三世界国家或不发达国家，缺乏在发达国家履约和税务管理的经验，K项目是电建集团进入以色列市场的第一个项目。履约团队对于以色列的税制、会计准则、监管机构政策、海关、社保等政策法规认识不足，前期在市场营销和投标阶段，对于税制方面仅有大概了解，并没有在合同报价中进行细化，对于税务成本在项目造价中仅有概算，缺乏具体的税务筹划方案。

3. 无任何税收优惠政策

K项目业主为私人公司，没有当地政府背景，没有免税优惠。

4. 项目关联交易较多，筹划难度较大

K项目的关联交易较多，包括设计合同分包、设备物资采购、部分现场土建部分的分包、上级管理费等，共计6 230.59万美元，占合同总额的20.07%。而关联交易一直是海外筹划的重点和难点，也是税务机关重点关注的领域，面临的内外部压力巨大。

（三）税务筹划工作的意义

1. 税务风险

电建集团的子公司、分公司、项目部等各类分支机构散布全球，截至2020年底，已经在超过140个国家建立了分支机构，经营环境涉及多国家、多文化、多语言、多税法体系，税务风险管理难度很高，而不同国家的税收法规和税务机关的执法程度差异也给跨国企业的税务筹划工作增加复杂性。电建集团国际业务在过去高速发展的二十年间，经济欠发达的非洲作为公司海外业务最主要的规模增长地区之一，当地的税收法规日趋完善，税务机构的管理水平和数字化平台的建设都有普遍的提升，部分国家内部的各类包括工商注册、海关、税务、劳务社保等信息共享机制已经开始形成，海外税务筹划策略必须要作出及时调整。

2. 合规要求

在数字化经济高速发展的今天，各国已充分认识到税务主管机关对存有模糊地带的法令解释与认定有可能改变，国际间整体赋税趋势也有所演变，致使跨国企业原有运营模式与税务遵循方式、组织安排乃至税收筹划，可能不一定能继续达到最佳避税效果，甚至反而存有潜在税务风险。2013年6月经济合作与发展组织（OECD）发布的《BEPS行动计划》，重点放在了关联交易部分，直指部分跨国企业的利润转移定价策略。这给中国企业的全球税收筹划工作提出了新的要求。电建集团曾于2018年遇到了此类事件，国家税务总局接到了马其顿国家税务局发来的关于提供电建集团在中国境内的税务相关信息共享的要求，主要涉及部分即为关联企业的分包成本、人工成本及总部管理费等。

二、税务筹划的总体设计

（一）海外工程项目税务筹划的目标

1. 总体目标

从战略视角来看，税收筹划强调企业在执行之初即制定其税务筹划目标，以便设计出合适的控制架构与作业流程，有效管控税务风险。对于跨国企业来讲，恰当的税务筹划方案可有效降低资金成本，同时还可以通过适当的安排降低全球有效税率。

2. 具体目标

基本的企业税收筹划策略聚焦于有效遵循税务法规，恰当履行纳税义务，以避免因违反税法规定而招致税务机关处罚、因认知或处理错误而导致溢缴税款或浪费税盾。积极的税收筹划策略目标则是强调企业在进行经营决策之前须考虑各个方面的税务问题，并予以详细规划，综合考虑不同决策可能导致的税负差异后，选定对整体企业最有利的方案。

3. 核心原则

具体的海外项目税收筹划策略的核心原则应为"遵从原则"，即拟定税收筹划策略的前提是尽力遵循当地的法律法规，以防衍生出最佳方案外的额外税负。尤其是当前跨国企业面临严峻的合规风险，严格按照"遵从原则"开展所在国的税务管理工作既可使企业规避可能存在的高昂的税务成本，同时也可以更好地推进跨国企业本土化。

海外项目以当地分支机构（分公司、子公司、项目部等）名义开展税务工作，首要原则即为遵从原则，除日常税务管理完全按照当地的法律法规严格执行外，会计期末须根据当地的准则和其他规定出具由当地事务所审计后的财务报告、税务报告、转移定价国别报告等，以满足全球税收筹划的需求。

（二）项目税务筹划的总体思路

海外工程项目的税务筹划工作是全生命周期管理。在项目投标时即开始筹划的准备工作，并在投标报价时充分考虑所在国和中国国内的税制，在依法合规纳税的前提下保证投标价格具有优势；在项目履约开始前应基本确定项目的整体税务筹划方案。项目筹划方案应是动态的，履约时应随时根据内外部情况的变化，对税务筹划的目标进行方案的调整和优化，并应考虑未来新增项目对所在国机构或本项目造成的影响。

（三）项目税务筹划的内容

在项目开始制定税务筹划方案时，应着重考虑以下几点：

1. 所在国背景调查

具体了解并分析所在国的税制、会计准则、金融秩序、外汇管制政策、人工成本及社保政策、签证政策、所在国的设备物资成本、国别税收协定、税务征收监管尺度、审计或稽查周期等，这是税务筹划工作基本准备阶段需要了解的内容。

此阶段的重点是了解所在国与中国之间是否有签订双边税收协定，分析协定条款的税种应用范围和条件，关注协定中是否包含饶让条款，避免出现由于协定中没有饶让条款，导致在合同框架设计时争取的当地免税优惠虽然落地但在国内须补缴相关税款的情况。同时，关注是否有所在国相关行业的特殊优惠政策，有无关于关联方企业间的转移定价（Transfer Pricing，简称 TP）方面的规定等。由于目前各国普遍关注转移定价，因而要特别注意关联交易的安排是否符合行业常规，是否能遵循当地税务机构重点关注的公允价值交易原则。此阶段最好有专业的税务咨询，尤其是刚进入新市场，选择合适的税务咨询可尽快地了解，节省时间。

2. 确定税务筹划的实施主体

根据所在国关于实施工程项目的法律规定确定项目实施主体和税务实体。由于常设机构类型不同，项目负担的税率也不同，因此应首要研究并明确。有些国家法律明确要求外国企业在本国开展经营活动时必须成立法律实体，可以是分公司或者子公司，而有些国家则允许外国企业可以不在本国注册法律实体，仅以项目部名义开展税务管理工作。

3. 确定项目内部的成本构成和盈亏情况

海外工程项目的税务筹划工作的目标取决于多个方面，项目自身的盈亏情况是一个重要方面，决定了税务筹划整体方向。海外工程项目有时为了战略考量，要迅速占领市场份额或优先在所在国取得业绩和相关资质，低价中标的情况时有发生。如项目的内部经营成本测算在项目签约时即为亏损，则后续税务筹划管理工作的重点应为尽量消除所在国与中国境内成本之间的会计或税务差异，保证在所在国以外的采购货物或服务的成本能尽量在当地税务成本列支，不产生税务抵扣差异引起的税盾浪费，或避免成本列支不充分造成在所在国产生了额外的不能在国内抵扣的所得税。

此阶段的重点在于财务部门与经营部门的充分沟通和协同配合，确保重要的成本类型不漏项，盈亏情况真实可靠。

4. 形成税务筹划报告

综合考虑所在国和中国的税负情况，结合项目面临的各种情况，就项目收入和成本构成逐项梳理，总结出税务筹划的重点和难点，形成具有可操作性的税务筹划方案并由公司总部审批后执行。

此阶段应借助会计师事务所协助完成。会计师事务所的选择应结合事务所在所在国是否具备优势和成本两方面综合考虑，不宜选用无知名度、无本土优势、无外国企业税务筹划经验的事务所。

5. 关注税务筹划方案的落地情况，动态调整

由于海外工程项目年限一般较长，可能会面临所在国的税制调整，同时项目的经营情况也会影响税务筹划的结果，因此，财务部门应高度关注所在国的财税政策变化和项目的执行情况，以遵从原则为底线来动态调整筹划方案，严防出现税收失控情况。

（四）重点关注关联交易处理及转移定价的研究

中国电建集团作为国内第一批"走出去"的建筑类央企，在海外承接了大量建筑类项目，发挥了央企排头兵的榜样作用。但主力市场多年来在非洲、南亚、东南亚等不发达国家，其中绝大多数在过去时期税制并不完善，税收理念和征管系统落后，税收问题并不突出，一定程度上导致了早期国内企业对海外税务问题的关注度不足。公司总部欠缺系统的统筹安排，海外项目自身税务管理理念也较为落后，税务管理基本上还是遵循以国内为主、所在国为辅的思路，会经常性出现所在国税务违规的情况。但在全球数字化发展迅猛的今天，简单粗暴地利用国别间税务信息不通畅做些"处理"的方式已经行不通了。

OECD 组织针对跨国公司关联交易的转移定价而自 1979 年公布的《转让定价与跨国公司》历经了多次修改，各大跨国企业在转移定价方面做了大量工作。但各国对于关联交易转移定价、建筑项目常用的以转变交易形态而做的 EPC 合同拆分非常警惕，部分国家例如印度尼西亚已不允许做 EPC 的合同拆分以达到节税目的。这时结合所在国税制，合理地利用第三方出具的转移定价报告可能是一个很好的备选方案。

三、以色列 K 项目案例关联交易税务筹划案例分析

（一）组织机构及方式

水电国际公司作为电建集团海外业务的平台公司，同时作为集团海外事业部，牵头负责电建集团海外市场的营销、履约、财资税管理。在 K 项目签约后，水电国际公司与具体实施的水电五局——华东院联合体组成 K 项目税务筹划工作组，共同研究制定以色列 K 项目税收筹划方案，并报电建集团海外事业部审阅。

（二）K 项目税务筹划工作组主要成员

主要工作由水电国际公司相关财务负责人牵头，工作组由项目部经营

团队包括前期营销人员、项目履约经营部门、财务等部门组成。

(三) K项目税务筹划前期准备工作

K项目签约后,K项目税务筹划工作组即开始了前期准备工作,在项目真正落地前即完成了前期准备工作。具体内容如下。

1. 梳理以色列税制,确定项目部在当地的实施主体

K项目由水电国际公司(以色列)分公司作为实施主体。涉及K项目(分公司)的税种包括:企业所得税(24%,2017年)、个人所得税(含持工作签、持专家工作许可、持特殊劳务签证)、增值税(17%)、关税(0—12%)、预扣税等。涉及的政府收费包括:国家保险费、养老金及离职金。以色列税务征收监管尺度非常严格,且税务申报实现了全电子化。另外,K项目无任何特殊税收优惠。

2. 梳理外汇管制情况

以色列境内外汇与当地货币可自由兑换,没有限制,可以在以色列境内自由接收外汇。但从以色列向境外支付外汇时,要向银行说明款项用途,并且要提前从税局取得免预扣税证明,否则银行将会扣除25%预扣税。

3. 梳理双边协定情况

以色列与中国签订了对所得避免双重征税和防止偷漏税的协定,规定了代扣税税率,但无饶让条款。

4. 聘请税务顾问

聘请了KPMG(以色列)会计师事务所作为分公司的税务顾问,为项目税务筹划做全程业务咨询。

5. 经营情况测算

工作组对K项目的收入和经营成本逐项进行了分解测算,结果是该项目在开工前测算为微利(内账)。编制内容详见附表1。

通过前期充分的调研,工作组对以色列的税制有了较好的认识,对下一步的筹划工作重点指明了方向。

(四) 重点筹划关联交易问题

K项目业主为私人公司,没有政府背景,没有免税优惠,项目部只能通过常规方法策划外账，即通过对项目收入、成本费用等的合理分配及筹划，达到项目部整体税负最轻的目的。以色列是发达国家，而且为了维持庞大的军费开支，必须征收高额税收，是世界上税负最高的国家之一，其税务系统担负着很重的税收压力，因此监管严格。工作组在策划时秉持谨慎的原则，重点保证合规合法性，避免水电国际品牌出现税务污点。

K项目税务筹划的基本思路是：以项目实际经营策划利润为基础，对于内账中发生的成本因以色列税法要求无法进入内账核算的项目作为其利润调增项，对于项目部通过节税措施能够多进入外账的成本作为利润调减项，修正后的结果作为项目部的外账利润总额结果。由于K项目内部经营分析仅为微利，工作组在筹划时将工作重心放在了外账成本尽量完整列示上，以达到所得税抵免的合理效果。K项目合同为EPC合同，除了本地发生的土建部分外，还有部分在中国境内采购的永久设备和临时进口机械设备（P部分），其中一部分涉及关联方交易；设计分包（E）部分由电建集团华东院负责实施，合同金额为1 309万美元。在项目签约前并未做EPC合同的拆分工作，即未对EP部分单独拆开进行交易形态改变。因此，在筹划的过程中，关联交易下的成本列支问题成为项目筹划工作中的重点和难点。

1. 设备采购部分（P部分）

永久设备和临时进口机械设备主要由签约方水电国际公司在中国境内签约，且由其报关出口，再由以色列分公司进行清关并缴纳关税。这部分涉及金额为1 014.98万美元。

2. 设计分包部分（E部分）

华东院负责K项目的设计分包，合同金额1 309万美元，占合同收入的3.52%。由于华东院并未在以色列单独注册机构，且工作主要发生在国内，在提供设计合同及相关支撑资料后，可以计入外账成本。但集团内设计分包模式有集团关联交易牵涉纳税是否合理的审查问题，以及综合这些因素，在外账申报时确定设计分包费占合同收入的比例的风险把握问题。

3. 总部管理费无法直接税前列支

水电国际公司和参加的两家单位均对项目部有一定比例的管理费提取，即国内需要提前兑现一部分利润，金额共计1 242万美元，占总收入的4%，包括集团管理费621万美元（2%）及联营体母体单位管理费621万美元（2%）。根据当地会计师事务所的意见，单一按照比例提取的管理费用无法进入外账成本。管理费用要按照实际发生的明细费用项列支，且即便能够列出管理费用的具体构成和收费标准，税局也未必会认可，多会视为是利润的汇回而要求项目部缴纳企业所得税。

4. 集团总部提供的竖井正井法施工技术服务费

K项目抽水蓄能采用的是当时全球领先的竖井正井法施工技术，中国电建拥有此技术独有的专利权。项目部在使用该项技术专利时应缴纳集团的专利技术服务使用费，此使用费预计占到合同额的1%。以色列税法认可专利费使用费，但作为关联交易方可能无法直接认可，存在不确定性。

5. 项目签约前以总部名义支付的前期筹备费用

项目在签约后因融资未关闭造成项目实际未开工，项目为抢工期做了大量的筹备工作，包括在国内发生了大量的前期筹备费用，共计1 068万美元。由于该部分费用发生于分公司成立之前，因此这部分发生在中国境内且以水电国际公司名义发生的费用，是否可以完整计入外账成为了工作组的又一个难题。

（五）关联交易下的主要解决方案

针对项目部（分公司）与国内关联企业的交易部分，包括设计费、设备物资采购、总部管理费、专利费等类别，金额较大，对税务局解释为完全依赖可能效果并不好。以色列属于OECD成员国，对在以色列经营的外资企业的税务要求较高，对于转移定价方面一直持谨慎态度。工作组在分析了当地税制并且咨询了毕马威会计师事务所后，形成如下方案：

1. 部分关联交易成本据实列支

将总部发生的前期筹备费用、设计分包、境外设备物资采购部分、专利技术服务费等成本完整列支，并提供相关采购合同、专利技术服务费证明及支持材料。对于境内总部为了支持项目经营而发生的各项直接或间接费用，提供费用组成明细和发票清单，以及总部机构运行费用全球分配的政策文件，争取获得事务所理解。

2. 做好关联交易的转移定价相关工作，由第三方出具转移定价国别报告

聘请毕马威（以色列）会计师事务所为电建集团出具《转移定价国别报告（以色列）》，用第三方的视角为电建集团关联方收费标准定价提供相对公允的证明。

电建集团首次通过事务所出具转移定价国别报告的方式规范转移定价工作。毕马威在与工作组充分沟通后，形成了转移定价国别报告。由于 OECD 对于关联方的转移定价要求较高，毕马威采取了利润分割法（Transactional Net Margin Method，TNMM）来评估或确定几项管理交易是否符合独立交易原则（Arm's Length Principle），并通过欧洲 NACE 数据库取样了欧盟国家在以色列的 11 家同类型企业，估算了成本加成比例（NET COST PLUS，NCP）在 2.9%—7.7% 之间，中位值为 3.9%，成本类型涵盖了设备修理或安装费、大型设备摊销、特殊建筑活动、设计费、技术咨询费用、专利费等。详见附图 1。

工作组认为涉及关联交易的设计费、设备物资采购、总部管理费、专利费等成本加成比例在不超过 4% 内列支较为稳妥。转移定价国别方案在国内审核后报给了当地税务局，并初步得到了税务局的认可。

四、K 项目关联交易税务筹划工作取得的成效和启示

2017 年，K 项目税务筹划工作组经过长达半年的工作，出具了 K 项目税务筹划工作方案报集团海外事业部审阅，以色列分公司随即按照方案内容推动执行。

（一）关联交易税务管理落地情况

1. 税收筹划的主要板块为关联交易筹划，目的在于降低综合税负。以色列 K 项目重点针对集团内设计分包费、集团管理费、利息费、保函服务费、设备物资进口等开展了税务筹划。截至 2020 年底，K 项目通过税务筹划及执行，累计新增外账成本约 9 300 万当地币（折合约 18 600 万元人民币），按照当地 23%（2018 年税率调整）的企业所得税率计算，可为项目节税 4 278 万当地币。

2. 为确保税收筹划方案的有效落实，尤其针对关联交易筹划，结合项目实际情况，毕马威会计师事务所于 2018 年为电建集团出具了转移定价国别报告，分公司和当地税务代理针对每一项关联交易充分准备了支撑性材料，有效保障税务审计解释，取得了良好效果。

（二）关于 K 项目税务筹划结果的评价

以色列 K 项目税务筹划管理是电建集团海外工程项目税务管理中较为优秀的典范，整个筹划过程高效、务实，推动税务筹划的措施有力，基本上实现了项目税务管理的"全周期管理"，尤其是对项目关联交易的税收进行了系统筹划。本文作者认为，K 项目关联交易税务筹划工作有以下亮点：

1. 税务筹划适度

K 项目筹划工作并不以恶意偷漏税为主要筹划目标，而是始终以管控税务风险作为核心目标开展工作。以色列税率较国内略低，按照中以双边税收协定中关于所得税的相关规定，实施单位在以色列本国缴纳的所得税在中国境内汇算清缴时，可以提供在以完税证明抵扣其所得。从降低集团全球有效税率的角度出发，以色列本国税务筹划适度即可，以不增加额外税负为主。

2. 严格按照"遵从"原则来管理

在税务管理工作中完全遵循了"遵从"原则，把合规性摆在第一位，对于无法调节的成本绝对不踩红线，且并未在关联交易下做更多的"成本加成"，降低未来发生税务稽查的可能性，保证品牌和分公司在所在国的形象和声誉，提升了企业形象，逐步实现公司在境外实体化运作的目标。

3. 海外转移定价国别报告的首次应用

以色列作为高端市场，无论是税制还是征管体系都非常完善，虽然以色列税务局（ITA）成立时间较晚，但在成立之初已经将所得税和土地税部门、海关和增值税部门、相关信息技术部门整合在一起，基本上实现了各税种的集约化组织体系和高度信息化。电建集团将 K 项目作为税务筹划重点项目，牵头各参建单位系统地组织了税务筹划编制工作，重点对关联交易转移定价进行了研究，首次就海外项目通过会计师事务所出具了定价国别报告，合理地制定了关联交易的营业利润率，一定程度上避免了争议，取得了较好的节税效果。

4. 经营团队和财务团队有效联动，协同保障方案落地

税务筹划工作是系统性工程，需要公司多部门协作共同完成，绝不是财务或税务部门一家的事情。K项目在项目开工前即组织多部门参与税务筹划小组，各司其职，系统分析市场、投标价格、经营情况测算、所在国各类成本对比、财税政策等，形成了多维度的税务筹划方案，避免出现存在税务死角或将问题留到项目清算时无法解决的尴尬局面。

（三）对同行业单位海外工程税务管理工作的启示

1. 高度提升公司全球税务管理战略，避免滥用"关联交易"

公司税务管理部门应具备全面、系统的管理思维，秉承遵从原则，从大合规的角度开展跨国企业税务工作。近年来，无论是OECD推出的"BEPS"方案还是"双支柱"方案，无一不是在针对跨国企业的避税行为，国别间税源的公平有效分配逐步成为世界各国的共识。企业在从事税收筹划时，应从全球有效税率出发，合理运用中国与所在国之间签订的避免双重征税协定，进行整体的规划评估。在此前提下，合理确定项目在所在国的税务筹划策略，不能简单为了避税而无底线地利用关联交易原则做所谓的"成本加成"，在所在国持续亏损其实是短视行为。

2. 重视海外工程关联交易下的转移定价工作，善于利用第三方资源

企业相对于国家公权力部门在税收管理上有先天的弱势，即便有高效的内部税务风控管理，企业也仍然免不了要应对税务机关的多重稽查。尤其是关联交易下的税务筹划工作难度较大，除了做好项目基本税务管理工作以外，合理利用第三方资源、讲好"中国故事"能让自己的税务筹划工作更加有信服力，能够有效避免税务争议。欧美的很多大型跨国企业将海外区域的关联交易行为通过转移定价的形式做了很多系统性安排，尤其是专利使用费、品牌使用费等无形资产的转移定价更是我们中国企业应该学习的方向。

总结

本文作者以中国电建以色列K项目的税务筹划中的重点——关联交易

筹划为例，系统地阐述了项目税务筹划的全链条管理，根据项目经营情况设立筹划的总体目标和具体方向，在合法合规的税务前提下设定了关联交易的合理抵扣比例，以降低全球一体化的综合税率角度出发进行适度筹划，同时，在集团内首次运用了由第三方知名机构出具转移定价国别报告的方式，为公司税务筹划工作增信背书。在OECD近年来持续推出BEPS方案和"双支柱"改革方案的大背景下，跨国企业全球税务管理工作的难度逐渐增加，合规工作面临了巨大挑战。本文中的具体做法相信可以对中国企业"走出去"的海外工程项目的税务筹划工作有一定的启示作用。

附录

附表:

附表1　　以色列 K 项目经营成本测算表　　单位：万美元

序号	项目或费用名称	测算金额	实际比例	备注
一	营业收入	31 049.04	100.00%	
二	成本	31 010.43	99.88%	
(一)	直接成本	20 961.73	67.51%	
1	自营直接成本	7 694.13	24.78%	
1.1	人工费	1 197.94	3.86%	项目部自营部分，生产工人
1.2	材料费	4 021.05	12.95%	包括设备、加工、照明、通风用电
1.3	机械费	2 475.14	7.97%	
1.3.1	其中：折旧费	1 395.60	4.49%	
1.3.2	修理费	290.27	0.93%	
1.3.3	燃料费	643.36	2.07%	主要为柴汽油，设备用电在材料费的电量中
1.3.4	非固定资产	71.43	0.23%	
1.3.5	港运费（港口至工地）	36.08	0.12%	
1.3.6	出口退税	-21.68	-0.07%	
1.3.7	设备租赁费	60.10	0.19%	
2	其他直接费	979.60	3.16%	
2.1	生产系统临时设施费	839.75	2.70%	
2.2	现场临时设施费	7.31	0.02%	
2.3	安全、健康、环保施工措施费	45.07	0.15%	
2.4	人员、设备进退场费	87.48	0.28%	
2.4.1	人员进退场费	51.40	0.17%	
2.4.2	设备退场费	36.08	0.12%	
3	分包成本	12 288.00	39.58%	
(二)	间接费	5 987.17	19.28%	
1	项目管理费	5 754.42	18.53%	

续表

序号	项目或费用名称	测算金额	实际比例	备注
1.1	项目管理人员工资	1 992.65	6.42%	
1.2	公司交纳社保	307.74	0.99%	
1.3	中方人员个税及社保（国外）	1 372.91	4.42%	
1.4	项目人员生活物资及生活费	173.06	0.56%	
1.5	检验试验、测量仪器	23.94	0.08%	
1.6	管理车辆购置及使用费	91.76	0.30%	
1.7	差旅费	86.69	0.28%	
1.8	工作签证费	426.83	1.37%	
1.9	业主办公设备	64.84	0.21%	
1.10	办公用品购置及维护费	63.08	0.20%	
1.11	业务及其他费	15.10	0.05%	
1.12	营地租赁及运行费	1 069.37	3.44%	如房租费、水电费、清洁费等
1.13	项目办事处费用	16.45	0.05%	
1.14	其他	50.00	0.16%	
2	保险	232.76	0.75%	
2.1	PI 和 PL 险	30.00	0.10%	
2.2	施工机具险	84.00	0.27%	
2.3	延伸火灾险	21.70	0.07%	
2.4	第三者责任险	66.00	0.21%	
2.5	雇主责任险			
2.6	工人赔偿险	17.36	0.06%	
2.7	强制身体伤害险——机动车	13.70	0.04%	
（三）	财务费用	294.36	0.95%	参照以色列当地咨询结果测算
3.1	财务保函	149.38	0.48%	预付款及履约保函质保金保函
3.2	财务手续费	35.72	0.12%	
3.3	贷款利息	29.32	0.09%	
3.4	税务咨询服务费	79.93	0.26%	

续表

序号	项目或费用名称	测算金额	实际比例	备注
(四)	上级管理费	1 241.96	4.00%	
4.1	集团公司管理费	620.98	2.00%	按2.00%
4.2	联营体管理费	620.98	2.00%	
(五)	其他费	465.74	1.50%	
(六)	前期筹备费用	681.00	2.19%	
(七)	风险费（不可预见费用）	310.49	1.00%	
(八)	市场开发费	387.00	1.25%	
(九)	中信保特险	60.00	0.19%	
(十)	5年质保期维修成本	620.98	2.00%	
三	毛收益	38.60	0.12%	
四	外账策划成本			
五	净利润	38.60	0.12%	

附图：

Summary of Results/结论

Results

- KPMG selected the TNMM with the NCP as the PI. The NCP is determined by dividing the operating profit by the total operating costs.
- KPMG选择了利润分割法（Transactional Net Margin Method, TNMM）即在市场平均利润指标上做成本加成。营业利润率为经营利润除以经营成本。
- The interquartile range of arm's length NCP results for the set of 11 companies broadly comparable to SH-IL is presented below:
- 根据11家海外公司模型测算结果，提供给水电国际公司（以色列）分公司的独立交易原则下的平均范围如下：

低值	中位值	高值
2.9%	3.9%	7.7%

附图1　毕马威会计师事务所出具的转移定价国别报告结论

参考文献

[1] 刘丽,陈高桦. OECD"双支柱"改革方案研究及其对中国的影响分析[J]. 国际税收,2020(08):14-23. DOI:10.19376/j.cnki.cn10-1142/f.2020.08.003.

[2] 王晓悦,程娱."双支柱解决方案"下的跨国企业税务优化[J]. 中国外汇,2020(24):28-29. DOI:10.13539/j.cnki.11-5475/f.2020.24.008.

[3] 张凡成. 海外工程项目税务筹划与风险防范分析[J]. 财会学习,2018(30):10-11.

[4] 李铮. 海外项目税务管理与筹划[J]. 国际工程与劳务,2015(06):64-67.

三医联动背景下的骨科供应链优化研究
——以 A 医院为例

闫美英

摘　要：在三医联动的背景下，传统供应链无法满足骨科高值耗材管理的需求，医院的耗材管理难以闭环，管理效率低下，由此导致医院面临着较高的合规性风险与管理成本。通过将骨科智慧仓与 SPD（即 Supply Processing Distribution，简称 SPD）供应链有机结合，实现新型骨科高值耗材管理数字化模式：货物流通过程全追溯，实现高效双向物流；全天候自动出货，大幅度提高效率；全流程数字化，实现合规化管理。本文以 A 医院骨科为例，分析了 SPD 供应链的实践应用与实施效果。在此基础上，总结了骨科供应链优化成效，并归纳出若干骨科供应链持续优化的对策建议。

关键词：三医联动；骨科；高值耗材；供应链；SPD

一、研究背景与意义

（一）三医联动的背景

"三医"是指医疗、医保和医药。其中，"医疗"不是狭义的医疗服务，而是围绕修复、维护和增进人民健康而组织起来的各级各类医疗卫生机构、人员、床位、设备等的总和，及以上述资源为基础提供的公共卫生服务和医疗服务；"医保"主要指医疗保障制度体系，是包括基本医保、医疗救助和各种形式的补充保险在内的综合保障体系；"医药"则是指药品、耗材、器械等用于医疗卫生目的的有形产品的生产、流通、配送和保障体系。三医联动则是通过统筹推进医疗、医保、医药领域的改革，使"三医"领域的运行机制和参与主体的行动策略协调统一、相互支持，从而共同促进改革目标达成的过程。

三医联动是新一轮医改确定的基本原则之一，也是深化医改的必然要求和有效路径。2013年11月，党的十八届三中全会提出全面深化改革的国家战略，要求改革的系统性、整体性、协同性，医药卫生体制深化改革升级为医药卫生体制全面深化改革，此后大多医改政策都提出将医改纳入深化改革同部署、同要求、同考核。全面深化改革的战略为三医联动改革拉开了序幕。2015年10月，党的十八届五中全会提出"推进健康中国建设，深化医药卫生体制改革，理顺药品价格，实行医疗、医保、医药联动，建立覆盖城乡的基本医疗卫生制度和现代医院管理制度，实施食品安全战略"，明确提出了在国家层面实行"三医联动"。2016年，人力资源社会保障部印发《关于积极推动"三医联动"改革的指导意见》，界定了三医联动改革在医药卫生体制改革中的地位，提出发挥医保在医改中的基础性作用，并以医保为支点撬动医疗改革和医药改革。

在三医联动的背景下，骨科供应链管理面临着新的机遇与挑战。一方面，随着医院信息化建设的不断完善，骨科耗材的信息化管理也提上日程。目前国内骨科耗材的信息化管理相对滞后，多数医院对骨科耗材的管理仍停留在医院一级库管理上，这就导致工作效率低下，无法形成闭环管理，出现账实不符的情况，与现代化医院发展需求以及医保的合规性要求相脱节。另一方面，在传统骨科耗材管理模式日益不能满足需求的现实情况下，供应链企业也需要寻找新的供应链管理模式和利润增长点，以帮助医院骨科实现信息流、物流、资金流的整合，提高骨科物资管理效率，从而巩固渠道、扩大市场、实现利润。

（二）研究意义

研究骨科SPD供应链的建设现状以及优化路径，对于促进先进供应链管理理论在医疗卫生领域中的应用，提高医保资金管理水平，优化医院科室资源配置，降低医院物流成本和提高医院的竞争力等方面具有重要的现实意义。具体来讲，包括以下三个方面：

一是有利于提高医保基金使用的合规性。由于耗材管理不规范导致的"耗材违规结算，套取医保基金"的现象屡见不鲜。传统骨科耗材的出入库流程缺乏信息系统的控制，主要依靠人工核对，效率低下并且存在较高的风险。SPD供应链有助于解决骨科耗材管理中出现的账实不符等问题，提高医保基金使用的合规性，降低法律风险。

二是有利于提高医疗机构的运行效率。实现骨科物资全供应链的运转实时可视化以及骨科耗材的数字化闭环管理，能够增加医院骨科手术效率，减少其人工成本。

三是有利于保障患者的切身利益。骨科耗材管理中存在的"以次充好"等"套标"现象，虽然在短期内可能有助于套取医保资金，减轻患者经济负担，但是长期来看，不利于患者的康复与后续治疗，会增加患者二次手术的难度与经济负担。

二、骨科供应链管理现状

（一）骨科供应链管理的现状与问题

骨科医疗耗材是医疗器材领域最大的子行业之一，骨科植入耗材是其中最重要的门类，是手术植入人体以替代支撑或修复骨骼、关节和软骨组织的材料，因其价值高被归属为高值医疗耗材。骨科高值耗材供应链管理，是一个非常复杂的领域。一方面，它涉及双向物流。对于一台骨科手术来说，通常由于高值耗材价值高、品规多样、手术差异大，医院不会批量采购大量高值耗材放在仓库，而是在临床科室有了初步手术需求后再向供应商下达手术需求订单。在手术完成后，部分高值耗材还要经历一次回收的过程。另一方面，除了双向物流这一特点，骨科供应链中还要面临发生应急手术时，医院没有备货，紧急需要耗材配送的情况。

在带量采购、DRGs（Diagnosis Related Groups，即疾病诊断相关分组）和DIP（Diagnosis Intervention Packet，即疾病诊断干预分组，也称病种分值付费）转换、两票制等政策背景下，原本的供应链体系难以满足新环境下降本增效的需求，流通环节的问题逐步凸显，经销商在医用耗材供应链方面需要大幅缩减成本以保持盈利空间。在实践中，骨科高值耗材供应链管理主要存在以下问题：

1. 医院院内骨科管理未闭环

由于缺乏闭环管理，风险也是长期存在并持续积累。外飘货物管理不清晰，全链条跟踪追溯难。从生产到患者使用全流程无法进行追溯，容易产生货物不相符，更容易导致医保套标案的发生。

2. 骨科高值耗材管理效率较低

在传统的骨科供应链中，供应链特别依赖仓库管理员这一角色，管理员需要对所有骨科的高值耗材非常熟悉，还需要具备配台能力。骨科高值耗材的品规非常庞大，包括口腔、眼科等所有的高值耗材在内，骨科的品规占据了90%左右，这也就导致仓库管理员的培训周期非常长。加之骨科业务规模化复制难，服务要求极其专业，导致仓库新人培训周期长。

3. 骨科供应商服务能力滞后

骨科供应商服务能力和组织能力建设滞后。骨科耗材品规数量庞大，工具管理繁杂，双向物流频繁出入库，出入库核验繁琐耗时。不同骨科经销商对耗材的使用管理和服务水平不一致，上下游企业软硬件的要求参差不齐。导致整个供应链中医疗器械生产商和进口商无法获得研发、生产、营销的精准决策，流通渠道效率低下，流通风险增加；医院则是管理困难，面临巨大的潜伏的合规风险。孤立的流程也让监管部门无从下手实施监管，产品无法实现追溯。

（二）三医联动背景下骨科供应链管理存在的风险

1. 医院面临合规风险

根据国家药监局综合司发布《关于加强无菌和植入性医疗器械监督检查的通知》（药监综械管〔2020〕34号），要求各级监管部门要深化风险管理意识，采取更加有效措施，落实属地管理责任，全面加强对无菌和植入性医疗器械的监管。《国务院办公厅关于印发治理高值医用耗材改革方案的通知》（国办发〔2019〕37号），要求规范医疗器械唯一标识系统建设，加强医疗器械全生命周期管理。

然而，骨科的高值耗材存在未闭环的管理风险，近年来关于高值耗材违规医保结算案例比比皆是。2021年郑州市第六人民医院"套标"使用耗材违规结算医保基金案中，存在将低价值的内植入物骨科螺钉替代高价值的微创钉植入病人体内的"套标"行为，并指出医生收取供应商40%的回扣，以459枚普通椎弓根螺钉充当高价微创型椎弓根螺钉植入患者体内，医院被处罚违规金额合计174.15万元。

2. 骨科耗材管理成本较高

由于骨科高值耗材的专业复杂性以及特殊性，很难对耗材进行全程唯一追溯。加之骨科业务的具体操作一直由经销商完成，成本较高。另外，国家降价政策环环相扣，零差率、带量采购、两票制等实行，利润大幅缩减，医疗器械行业面临大洗牌。与之相对的是中国医疗器械流通行业日益增长的需求，根据智研咨询发布的《2021—2027年中国高值医用耗材行业市场全景评估及未来趋势预测报告》，2015年我国高值医用耗材行业市场规模602亿元，到2019年规模增长至1 292亿元，2015—2019年复合年增长率14.83%。

（三）三医联动背景下骨科供应链管理优化的必要性

根据标点信息的相关研究报告，以2019年的308亿元为基础，预计到2024年骨科植入医疗器械市场规模在607亿元左右。但相比美国，目前国内骨科植入到各细分市场的渗透率均不足5%，远低于美国的40%至70%，未来发展空间巨大。医院方面必须降低采购成本和库存管理成本，特别对于骨科耗材类的产品，本身成本高、耗材管理困难，在此背景下，根据国家有关医药耗材管理要求，优化骨科SPD供应链不仅有利于提升医疗机构的运行效率与合规程度，也有利于医保资金使用与监管，保障患者的切身利益。

首先，在当前医改医保控费环境下，骨科高值耗材SPD供应链的优化能够满足医院实施降本增效的目标。近年来，随着医保目录调整、DRGs分级诊疗、带量采购、医用耗材零加成、医联体、医共体、两票制等一系列新医改政策的出台，"三医"联动将愈发密切，除了医药药品的集采政策，关于医疗器械的集采政策也会加速落地。政策对于医疗耗材的质量、管理、价格等方面作出了明确的指引，这也促使医院逐步提出并落实实施更精益管理的管理要求。

其次，优化骨科 SPD 供应链管理是医院优化业务链的重要环节，也是提升医院运营效率与质量的重要手段。由于骨科的专业性和复杂性，一直未能实现骨科供应链的智能化，传统的医用耗材管理流程中采购、申领等多个环节工作繁琐、重复且数据不精准，信息传递不及时，消耗了大量的医疗人力资源，管理效能低下。与此同时，在政策影响下，原先的耗材管理部门渐渐从盈利中心变成了成本中心，从"经济效益型"向着"管理服务型"转变。如何将传统的骨科 SPD 供应链优化成适合医院的骨科智慧仓，协助医院建立起一套完整的院内管理模式，提升医疗耗材的管理水平成为医院实现业务链优化的重要手段之一。

最后，骨科 SPD 供应链的优化为医院实现全面智能化管理打下坚实的基础。医院的 SPD 供应链在其他科室已经小有成效，骨科作为医疗器械行业最大子行业之一，市场增长复合率也在进一步增长。优化后的骨科 SPD 供应链运用新运营的 AI 系统，将厂商、医院和患者的数据打通，消除不对等性，避免医保套标等违法行为，降低医院的合规风险。数字化的骨科智慧仓结合云计算大数据等数字化功能，365 天低成本运作，一是避免人为操作带来的违规风险；二是降低人本，进一步的提高医院管理效率。

三、骨科 SPD 供应链优化的路径

（一）优化骨科 SPD 供应链的思路、原则、方法

1. 骨科 SPD 供应链设计思路

在现有医院以及经销商对于骨科耗材管理进行调研以及问题提取下，最终明确涉及骨科 SPD 供应链的目标为：从档案管理、基础信息维护、验收使用以及监管追溯四个方面分析骨科 SPD 管理模式的优势。在三医联动的基础上，保证医疗企业以及患者的共同利益，运用数字化模式设计骨科 SPD 供应链，实现骨科耗材闭环管理，提升骨科耗材效率，提高国有资产使用效率和医院管理内涵质量。

2. 基本原则和方法

从费用控制和质量控制两方面评价骨科 SPD 管理模式的运用效果，借

助 SPD 平台实现骨科耗材的精细化管理，保障骨科耗材使用的安全性和规范性。运用 SPD 模式管理骨科耗材，可进一步规范医院耗材管理，降低患者费用，提高品控质量，促进医药、医保以及医疗企业之间的三方联动。

（二）新型骨科智慧仓实现高值耗材管理数字化

由来自美国约翰霍普金斯大学的创始团队成立，无境创新先后获得顶级风险投资机构和产业资本的多轮投资。引入国际先进的理念，通过自主研发的 AIoT 与数字化技术，已为医疗健康、文化、地产等多个产业提供了先进的供应链智能化解决方案。目前已完成第一代产品研发和上线，形成了智慧仓系统、骨科 AI 识别引擎、行业大数据引擎三大产品，在骨科智慧仓与 SPD 供应链的双重结合下，实现新型骨科高值耗材管理数字化模式：

1. 货物流通过程全追溯

使用药监发布的医疗器械唯一标识（UDI），支持 UDI 和一物一码，订单影响资料关联，实现高效双向物流。一物一码，使用专用目视化货架。无境创新的主要产品就是器械智慧仓、中心化运营系统及网络化协作模型。在商业版智慧仓的具体实施上，分为中心仓——城市仓——院外仓，其中中心仓为省会级的大仓，院外仓为医院外三公里范围内的下沉前置仓。通过中心化运营系统，无境创新可实现厂商、医院、患者三个环节的数据打通，将信息不对称消除。厂商可以直接看到自己所生产的产品的使用情况，患者也能直接获取自己所使用的医用耗材来源为何，实现全流程可追溯，让整个供应链更加透明、可监管。通过新开发的自动特征抽取算法，及 AI 卷积神经系统训练学习，经光学系统高清成像及图像算法 GPU 运算，全自动精准识别骨钉盒中所装备的骨钉唯一识别码，追溯骨钉及精准核验效率，解决骨科高值耗材管理未闭环的风险。

2. 在不增加人员的情况下实现 365 天运作

骨科新型智慧仓采用 AI 视觉辅助系统，生物识别身份认证操作人员。365 天低成本运作，远程值守，多重记录避免违规操作。一般来说，一个人工库管出货一台手术，需要 30 分钟到 40 分钟的清点时间，以保证不出错。

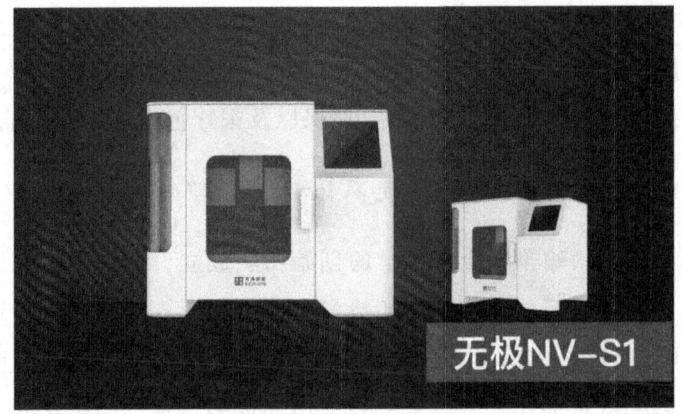

图 1　无境创新 AI 产品：无极 NV–S1

而采用骨科智慧仓最快三分钟就能完成一台手术的备货出货。假如是半夜三更需要高值耗材备货，就需要去叫醒库管，然后再进行备货，骨科智慧仓实现了利用 AI、物联网等技术实现业务员通过手术配台工具，自助出货。实现了数字化供应链在骨科的实际应用，为医院在国家集采的大环境下实现进一步的降本增效。

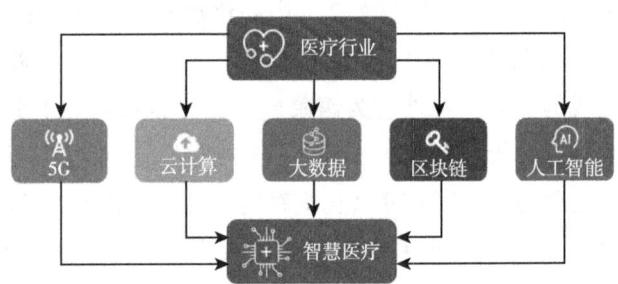

图 2　医疗行业转变为智慧医疗所需数字化条件

3. 不依赖熟手，大幅度提高效率

整个骨科供应链系统无须人工进行核验，过程中利用钉盒管理、工具管理、模板订单智能操作。无须人工交接数据，全程采用数字化管理，丢失率以及学习成本为 0。骨科供应链的物流包装形态多种多样，无菌包装、普通包装、钉盒、工具盒、动力工具等各种库内的管理逻辑都不一样，新型骨科智慧仓专门研发了可视化钉盒、工具管理、手术配台、工具

组套、耗材组套、一物一码管理等骨科专用的设备及系统,帮助企业快速建立完善的骨科管理模式,降低库存,极大地降低了进行骨科业务运作的门槛。

从效果来看,骨科智慧仓储可以做到全天候运转,经销商的业务量可以翻一番,让经销商可以拓展分仓;以往库存资金通常需要在医院端占压6—12个月,通过智慧仓储可以大幅提高流转率;提高医疗高值耗材的质量管控、保质期管控水平,帮助减低30%成本;解决了耗材错配问题,有助于提升医院满意度;解决了过于依赖库管的问题,库管培训可以从6个月压缩到7天。

4. 借出归还风险可控,合规化管理

手术模板配置订单、借货货款管理、自助取环、授信机制以及自动催还等全数字化功能。接触以及归还过程符合药监规范,兼容UDI、HIS、政府数据等接口。无须依赖人工进行盘查,耗材从生产至使用报废过程全程进行合规检测,保证医患、医疗企业以及医保间的合法权益。

四、骨科SPD供应链案例分析——以A医院为例

(一) A医院概况和SPD成果实现

本研究选取上海A医院为实践医院进行研究。上海市A医院始建于1920年,是一所年门急诊量超300万人次、出院超10万人次、手术超5万例、年业务收入超30亿元的公立大型三级甲等综合性医院。2020年耗材采购量50 390万元,早在2012年末,A医院就积极进行管理模式转型,打破传统理念,引入第三方配送SPD模式,从人力、物力、场地各方面做到精细化运营交互的东方模式。并在2013年全面实行SPD物流管理,2 588个医用耗材服务于174个科室,服务上游供应商300家。在使用SPD供应链医用耗材管理全流程(见图3)后,实现了耗材的精细化管理,极大程度提升了医院的管理效率,是一家在SPD供应链应用实践中获得全国肯定的医院。

➤ 医用耗材管理全流程

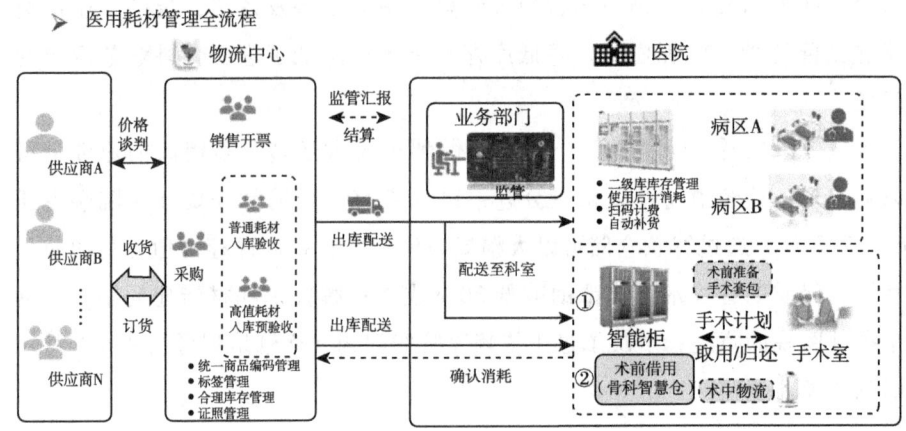

图3　SPD供应链耗材管理全流程

（二）骨科SPD供应链在A医院的实践和成果（见表1）

1. 通过物联与智能技术实现数字化、远程值守、自主运作的骨科智慧仓（见图4），可有效解决双向物流、人员依赖、从产品到使用全程追踪等问题，节省时间和成本。实施骨科智慧仓管理系统后配送时间明显缩短，漏登记数由原来的189件下降为0件，实现无错登记数的出库记录。月统计报表时间也由原来的2天下降到5分钟即可出具。

骨科高值耗材智慧仓=骨科业务系统+智能硬件系统+作业标准系统

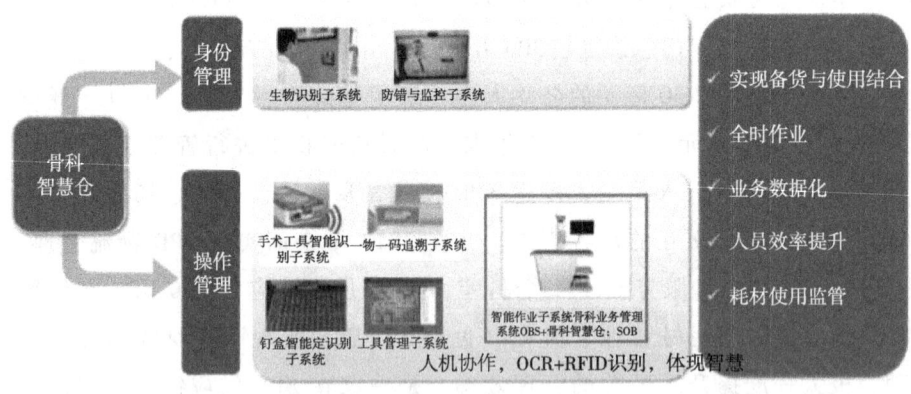

图4　骨科智慧仓系统概况

表 1　　　　　　实施 SPD 前后医院效率提升的对比

> **项目前后医院工作情况变化(里程碑①全面物流管理变化)**

项目	实施前	实施后	备注
月请领次数	20次	4次	
补货方式	手工订单	扫码自动补货	
计费方式	手工录入	扫码计费	
一级库周转天数	30天	10天	
结算方式	购买结算	用后结算	
医院人员工时	8小时/天*5人	0.5时/天*1人	降低98%
合规性	植入介入类产品由供应商送至手术室	植入介入类产品全部由服务商验收，院内物流可追溯	
跑冒滴漏			降低93%

2. 骨科智慧仓耗材充足、库存明确、准确取货，保证耗材取货的出错率为 0。帮助医院提升骨科耗材管理能力，最大化避免手术意外风险。智慧仓对手术室高值耗材进行分类管理以保证耗材的安全性和可追溯性，进一步提升手术室护理工作质量。

3. 帮助流通平台做到合法合规，低成本快速复制，减少人员依赖。高值耗材由原 2.5 人分散式管理改为由 1 人专门负责，使手术室工作效率快速提升。

4. 帮助经销商提升服务专业度，降低库存和每日占压量。骨科智慧仓可管理来自 40 多个经销商、60 个品牌、超 30 000 个耗材品类，日常库存量超过 16 000 件。统一管理来自不同经销商的高值耗材，保证耗材质量的同时，减少经销商的库存压力。

五、研究结论与对策建议

(一) 骨科供应链优化成效

1. 实现院内物流，有效控制成本

实施骨科智慧仓前，医院要花费大量成本进行经销商管控，每个骨科耗材有四十多个经销商，无法控制其统一质量，不可控因素众多。由于经

销商进行院内流程的全程跟进，包括术前配送以及术后回收，经销商配送人员在医院耗时长，时间成本过高。

实现骨科耗材智慧仓管控后，由供应链统一进行经销商管控，加强流程管控，医院只须进行监管，统一流程模板进院耗材全程可追溯。运用生物识别身份认证，远程审单多重记录的管控下实现365天运作无须增加额外人员。经销商方面也无须进行院内术前配送以及术后回收，减轻了工作量，可降低30%的人工成本。

2. 合规操作，实现骨科耗材闭环管理

骨科耗材质量检测由于各经销商的操作流程不统一，其按自有流程进行操作，进度与完成度不统一，医院对于各经销商提供的耗材质量检测花费时间长。由于骨科耗材其复杂性以及难以统一检测，医院未对收货与术后进行检测，无法判定手术器械是否达标，使用数据不透明存在大量骨科套费现象，无法实现数据闭环管理。

骨科智慧仓制定统一操作标准，所有操作按流程，避免因服务能力问题导致的合规性问题。使用符合药监规范，兼容 UDI（Unique Device Identification，医疗器械唯一标识）、HIS（Hospital Information System，医院信息系统）、政府数据等接口保证合规性。运用系统快速核验、钉盒管理以及工具管理，手术耗材进行耗材工具组套快速盘点，进行术前核验与术后清点，自动化生成订单，杜绝套费现象出现，实现骨科耗材数据闭环。

3. 自动化智慧仓提升骨科手术效率

当骨科术前术后操作均由经销商完成，配台与配货时常会出现错配少配的情况，影响手术进度。由于经销商的不统一，全部库存都储备在经销商自己的仓库，有急诊手术需求时，须在库房出库，专人配送至医院手术室，手术效率低下。

骨科智慧仓能够实现术前术后统一耗材监管，配台数据有系统维护，全程 RFID 标签管理，出错率为 0。同时，应急库存可放在院内仓，统一数据管控可预测应急手术需要耗材，应急手术可直接取货，快捷方便的同时，节约物流成本与仓储成本。

4. 降低业务财务风险

如果实际业务对接过程均由经销商与医院对接，全程由业务员跟进，易出现套费情况，财务管理控制难度大，易出现财务核对问题，存在退票及跑票风险。

骨科智慧仓实施全程数据闭环管理，通过一物一码，订单影响资料关联，使用人、物、单追踪的流通过程全追溯，解决了使用结算过程中的不合规不合法的问题，配台数据有系统维护，杜绝套费现象出现，财账清晰，将风险降低。

（二）骨科供应链持续优化的思考和建议

1. 多维度的医院运营管理目标

医院运营管理的目标不仅仅是成本控制，还包括公益性、医疗质量。核心在于"平衡"客户价值与医院成本，使不同的医院战略目标相互融合，让成本管理为医院战略发展服务，由上到下实现精细化控制，提高医院核心竞争力，使医院在激烈的竞争环境下朝着公益性与效益型双赢的方向发展。

2. 合规性与透明度的监管日趋加强

随着疫情平稳，疫情防控常态化，医药反腐工作又被提上了议事日程。业内普遍认为，国家卫健委、国家药监局、国家医保局等医药监管部门陆续出台政策，新一轮的反腐合规监管将在全国范围内不断扩大。在外部政策监督不断加强的情况下，管理的合规和透明对医院运营管理十分重要。运用SPD供应链有利于骨科耗材的数据透明，信息公开，从而增强耗材管理的合规性，避免违规风险。

3. 医院运营管理的降本增效导向

优化成本结构，提高效率效果是医院运营管理的最终目标。医院的运营管理则主要是根据资源和流程与成本和绩效的理念来进行的一种组织和评价系统。将医疗资源、设备资源等资源管理统一收归于集中的供应链管理部门，将人员的配备、医疗空间的使用、运营成本的监控以及耗材资源的管理、配送保障系统的整合进行科学的调配，能够大大提升医院的运营效能并改善流程。

4. 骨科数据化平台的完善

骨科由于其耗材的复杂化以及须保证其质量合规性，骨科SPD供应链一方面使得医院内部数据的可靠性和相关性大大增强，有助于信息的交流互通，另一方面使得外部关联性进一步加强。从骨科关节类耗材产品的试运行到随后院内物流的承接，骨科智慧仓的数据链接实现供应商的高效备货。最终能够使骨科要求最高的脊柱以及创伤运行的耗材能够完全实现智慧仓的智能化，完成医院骨科SPD供应链服务的最终建设。

参考文献

［1］程维国，邹晶．骨科内植入物和器械精细化管理［J］．医疗装备，2018，31（15）：60-61．

［2］赵东辉，付晓光．健康治理视角下的"三医"联动：内涵、目标与实现路径分析［J］．中国卫生政策研究，2021，14（1）：10-16．

［3］吴庆斌，苏铭俏，潘志强．医院传统物流与SPD模式的对比分析［J］．中国数字医学，2019，14（5）：67-70．

［4］赵云．"三医"联动改革的历史进程和发展动态［J］．中国卫生事业管理，2017，34（12）：881-883，920．

［5］张璐璐，谭艳芬．骨科高值耗材管理制度优化及效果分析［J］．医院管理论坛，2021，38（2）：25，40-42．

［6］李岚，徐培红，干荣富．医药新政下影响的行业供应链发展趋势分析［J］．中国医药工业杂志，2020，51（1）：130-135．

［7］刘同柱，沈爱宗，胡小建，等．基于SPD模式的医用耗材物流管理流程优化策略［J］．中国卫生事业管理，2017，34（2）：114-116，119．

［8］李卫东，王婕，王保健．医院SPD智慧供应链项目的应用实践［J］．中国数字医学，2019，14（10）：35-37．

［9］王婧．国产骨科植入物制造中小企业供应链研究［D］．对外经济贸易大学，2016．

基于预算管理方法的降杠杆减负债实践与探索
——以 A 公司为例

姚 卉

摘 要：本文主要研究预算管理在现代企业治理中如何发挥积极作用，为企业的长期战略和短期目标服务。预算管理是一个持续的过程，允许企业对实际业务数据和预算数据的比较进行持续的监控，以实现既定的预算目标。预算管理体系主要包括预算编制、预算管控分析和调整、预算的事后考核三个维度，本文以这三个维度为视角，贯穿分析 A 公司的现金流管控、成本控制等活动，以实现降杠杆、减负债的战略目标。

近年来，随着我国经济增速的不断放缓，政府逐渐减少对固定资产的投资，建筑企业过去依靠传统粗放型、外延式、举债经营换取规模的发展方式已难以持续。资产负债率过高、负债规模越来越大等现象在建筑企业中普遍存在，特别是一些大的央企、国企的建筑集团公司，降杠杆、减负债已势在必行，这是我国供给侧改革的主要内容之一，也是党中央部署的重要经济战略。

A 建筑集团公司，正式成立于 1982 年，是世界上最大的工程承包商之一，经营业务遍布国内及海外一百多个国家和地区，业务范围涉及技术研发、勘察设计、工程承包、地产开发等一系列内容。A 公司作为建筑行业的中央企业，受行业特殊性影响，资产负债率居高不下，截至 2017 年底，资产负债率常年在 78% 上下一个点波动。A 公司以"落实新发展理念，坚持高质量发展"作为指导思想，积极响应党中央的号召，成立降杠杆专项工作组，制定了三年行动方案，进行深度的资产负债清理，以提高企业资产质量和运营质量。经过三年的不懈努力，A 公司从 2018 年到 2020 年底，资产负债率稳步下降，截至 2020 年底，A 公司资产负债率为 73.67%，治理效果显著。

本文主要采取案例分析法、文献综述法、比较分析法，研究预算管理工具在 A 公司降杠杆、减负债活动中发挥的作用。第一，对预算指标编制过程进行跟踪，分析指标的科学性和合理性，包括集团层面和单个项目层面的现金流指标、管理费用和项目成本指标。第二，对预算实施的过程管控进行评价分析，针对预算在实际执行中的差异进行预算方案的补充调整和滚动预测，评价预算管理的有效性。第三，分析预算的考核评价是否准确、高效，评价考核的激励和惩处措施的落实与执行效率。

关键词：预算管理；降杠杆；预算管控；企业战略

一、绪论

（一）研究背景

我国从市场化经济改革以来，建筑行业发展得非常迅速，一大批民营企业和国有企业如雨后春笋般生长起来，为我国经济的发展做出了重要贡献。建筑行业市场化竞争十分激烈，承接项目的毛利率普遍偏低。由于建筑行业特有的先施工后收款的商业模式，以及项目竣工结算时间较长等问题，建筑施工企业经常需要为项目垫资，并且长时间无法收回资金。这些因素导致了整个建筑行业负债规模愈发庞大，财务杠杆居高不下。一方面，随着整个房地产行业的不断低迷，很多地产项目工程款无法全额回收，建筑企业需要为此计提大量的减值准备。另一方面，随着地方财政的不断紧缩，很多公投项目施工方也无法及时收回工程款，企业需要承担巨额的资金成本。因此，建筑企业现面临的最大风险是现金流和高负债问题。如何改善建筑企业现金流，降低负债规模，使企业能够"活下去"，是所有建筑企业目前最重要的任务。

（二）研究意义

1. 推动预算管理理论与企业战略目标的融合

理论研究的意义在于应用于实践并产生预期的效果。改革开放以来，随着市场化经济的发展，我国的一些大型企业也开始学习现代企业管理制度，开始建立预算管理体系，引进平衡计分卡、滚动预算等现代管理工具。但是部分企业在实行预算管理过程中仍然效果不佳，存在激励机制与预算机制相分离、预算编制与企业现状脱节等问题。预算管理停留在表面阶段，企业盲目跟风，流于形式，预算管理的效果与预期大相径庭。本文带着这些问题展开研究，寻找可行的解决方法，以推动预算管理更好地为企业战略服务。

2. 促进我国经济的整体去杠杆化

虽然我国国民生产总值每年稳定增长，但是整体的经济形式不容乐观。存量债务居高不下，地方政府、企业举新债还旧债的案例屡见不鲜，债务风险成为悬在我国经济发展头上的一把利刃，美国次贷危机和欧洲债务危机的前车之鉴不能再在我国重演，"去杠杆，防风险"是经济发展面临的巨大挑战。那么我国企业如何化解自身的债务危机？不同的企业债务困境成因不同，但总有一些共性的问题。本文将 A 公司的实践经验总结出一套理论成果，其他企业可以结合自身特点汲取，在去杠杆化的战略上多提供一些有效的选择。

（三）国内外研究现状

1. 国外研究历史

预算管理的概念起源于英国政府，英国政府对于财政收入和支出的分配形成了国家预算。随着西方工业革命的发展，大规模工业企业逐步建立，政府对财政的预算管理思想被引入现代企业，促进了预算管理在西方企业中的普及和应用。在 20 世纪初期，西方国家的一些大型公司陆续采用了预算管理，积累了丰富的预算管理的实践经验。J. O. Mckinsey（1922）结合自己的实务经验，详细而系统地分析了预算控制的问题，并首次提出了"动态预算"的理念。他认为，预算不是一成不变的，而应该是动态的过程。GlenmA. Welsh（1976）认为预算是为企业未来的经营活动制定的一种详细计划，是企业管理层为整个企业及其部门事先制定的目标，是经营策略的书面表达形式。预算管理贯穿于企业的整个生产经营活动，并着重强调预算的前瞻性和计划性。Hanson（2003）在研究企业预算管理活动后得出，传统的预算管理没有紧密结合企业的战略，而是单纯地在进行预算的编制，最终的结果就是预算管理只是在管理，对企业价值的贡献度较小。因此，企业应建立以战略为导向、以创造价值为核心的预算管理体系。

2. 国内研究现状

进入市场经济时代以后，企业处于日益激烈的市场竞争环境中，企业生产经营活动以市场的需求为导向，这种经济背景下，我国企业开始建立预算管理体系。随着企业的不断实践，预算管理的内涵也不断丰富，预算管理理论更丰富多样化。蔡莉（2019）认为，企业应该实施全面预算管理控制企业成本，以战略为依托，建立从制定、执行、管控到考核评价的全面预算管理系统。在全面预算管理过程中，对企业的各种成本耗费进行科学计量，统筹各部门制定预算方案，使企业的成本得到合理控制，降低企业的财务杠杆和经营风险。王文城（2020）的观点是财务杠杆过高不可避免地带来一系列的风险，危及企业生存，应通过预算目标的制定与执行来进行资源配置，在保证企业盈利水平的同时使整体风险可控。企业通过优化预算目标，利用信息化的预算系统，将预算融入业务单元，降低企业过高的杠杆。刘雪贞（2017）认为，预算管理不仅对实现企业战略具有重要意义，在优化资源的配置、协调各部门之间的工作等方面同样具有积极的作用。并且还可以最大限度地使企业对环境进行有效的适应。

（四）研究的方法和创新之处

1. 研究方法

本文在研究过程中主要采用了以下几种方法：

（1）案例分析法：通过以 A 建筑公司为案例，在降杠杆、减负债的战略目标下，分析 A 公司预算指标的编制、预算实施中的管控、预算的事后考核评价等几个维度，对实施过程中的积极效果深入学习探索并推广，不足之处加以完善。

（2）文献综述法：通过收集和查阅国内和国际相关文献资料，了解预算管理理论在国内外的发展和企业的实践案例，对 A 公司应用预算管理手段的信息技术基础、人力资源基础、理论基础进行评价分析，并贯穿分析整个预算管理流程对实现降杠杆、减负债活动中战略目标的积极意义。

（3）比较分析法：主要以 A 公司不同时期的数据对比分析为主，以实施降杠杆活动前、活动中以及现在的数据为基础，研究企业实施预算管理产生的积极效果和消极效果，对效果不及预期的原因进行探究，丰富预算管理的实践理论。

2. 研究的创新之处

本文的研究视角是从 A 公司降杠杆、减负债的总体战略出发，研究预算管理在降杠杆活动中发挥的具体作用，并用一系列的数据说明了预算管理机制对构建现代企业管理体系的重要意义，对实现企业战略的重要作用。我国很多关于预算管理的理论侧重于研究预算数据的编制、预算的过程控制以及预算的评价机制，只停留在了预算管理本身，忽视了预算管理的本质就是为企业战略服务，导致企业在实践中往往忽略战略而进行预算管理，本末倒置，效果往往不尽人意。本文站在降杠杆、减负债的战略视角来评价预算管理机制，体现了理论指导实践、实践作用于理论的指导意义。

二、预算管理相关的理论研究

（一）控制理论

实施预算管理需要企业有一个良好的预算环境，并能对整个预算环境实现控制，通过控制使实际结果在预算范围内。控制理论需要企业制定良好的规章制度，分工明确，以达到物尽其用、人尽其才的效果。"经典控制论"包括信息、反馈、控制三种要素。预算编制的过程就是一个信息沟通的过程，通过上级单位和下级单位的沟通、部门之间的沟通、员工之间的沟通，才能使预算指标合乎逻辑，员工有动力并且有能力去完成目标。预算执行的监控过程，就是适时地掌握预算反馈信息，保证实际执行结果朝着预算目标的方向发展。

(二) 激励理论

绩效管理机制在现代企业中应用比较普遍，通过设立绩效考核目标，激励员工在合理的时间范围内完成目标，并给予对应的奖励，极大地提高了员工的工作效率和企业业绩。企业在进行预算编制时，就是给企业制定一系列详细的目标，通过预算考核机制检验预算的完成情况，并根据预算的完成情况给出对应的奖励或者惩罚。预算编制工作使企业资源得到了优序分配，企业的考核目标也通过预算层层分解落实到具体责任人，企业在进行事后的绩效考核时就有据可依。在这种激励方式下，员工能够通过不断学习、不断改进，从而高效地完成相应的工作指标。

三、A 公司降杠杆、减负债活动案例分析

(一) 公司简介

A 建筑集团公司是我国最具实力的投资建设集团之一，拥有完整的建筑产品产业链链条，在房屋建筑工程、基础设施建设与投资、房地产开发与投资、勘察设计等领域居行业领先地位。2017 年及之前，A 公司资产负债率一直在 78% 附近波动，比较稳定，但是随着 A 公司规模不断扩大，整体资产负债规模增长得很快。2011 年，A 公司总资产为 5 058.29 亿元，总负债为 3 873.93 亿元。2014 年到 2017 年，A 公司负债规模从 7 221.92 亿元增长到 12 092.54 亿元，增长了 4 870.62 亿元，虽然 A 公司的财务杠杆相对指标数据比较稳定，但是债务绝对数额的增长过快，已经严重影响到企业抵御风险的能力，债务风险的不断积累对 A 公司创建世界一流企业的目标带来了巨大挑战。同时，A 公司提出"一创五强"战略目标，主题就是坚持高质量发展。A 公司将"降杠杆、减负债"专项行动作为推动企业高质量发展的重要举措，作为总体发展战略落地的具体体现，作为应对未来风险预判制定的有效措施，作为 A 公司建设一流企业和一流财务管理体系，实现高质量、高效率发展的有力保障。

A 公司经过多年的深耕，搭建了智能财务平台，为预算管理实施创造了一个良好的应用环境，奠定了信息技术基础。平台包含合约、财务中台，

资金、税务、全面预算、核算、合并报表、综合信息管理、智能财务分析等系统。预算管理系统旨在预测未来各项财务指标的变动水平及趋势；控制跟踪及掌握运营情况及计划的执行情况；通过信息的整合和处理形成利于决策的各类会计报告，为决策提供强有力的数据支撑；对各部门和个人的业绩进行评价和考核，进行绩效管理。

（二）A 公司降杠杆、减负债的具体活动分析

1. A 公司预算管理背景简介

A 公司根据业务板块的不同，将业务预算划分为房地产预算、建筑施工预算、制造业预算、其他预算，进行分类管理。预算事项分为常规事项、通用事项、专项事项，分别对应业务人员填报、项目财务人员填报、专项业务人员填报。预算控制周期分为月度控制、年度控制、全周期控制，根据事项的类别选择不同的周期进行控制。预算控制力度从强到弱依次为刚性控制、软性提醒、不控制。刚性控制对于支出超过预算总额的事项进行退回，或者进入超预算审批流程。软性提醒对于支出超过预算总额，会进行突出提醒。不控制主要在于加强成本费用的事后分析。

A 公司预算编制采取"三下两上"流程，每一预算年度开始，根据国有资产监督管理委员会预算管理要求，向各级单位下达预算编制的通知；各单位汇总下属单位预算，综合平衡后编制初版上报预算；集团汇总数据后，根据综合考量，向下属单位下达审议后的预算目标，征求其对预算目标的意见；各预算编制单位结合实际情况对预算目标反馈意见，并将结果上报；最终，A 公司根据第二次征求的反馈意见，综合决策之后，下达最后的预算。

2. 降杠杆、减负债专题调研

A 公司组织分析集团所属三级单位 2018 年底资产负债情况，选取其中五家资产负债率高、"两金"占用多的重点单位作为被调研单位。五家单位 2019 年 6 月资产负债率平均值为 88.2%，最高为 92.3%。调研的员工围绕降杠杆减负债、压控"两金"谈存在问题、主要原因、举措建议以及相关诉求，同时打开资产负债表逐项分析，查摆主要资产项目，特别是主要负

债及其形成原因，查摆"两金"占用前十大项目具体情况，找痛点、找堵点、找难点、找措施、找办法，并撰写完善形成了最终的调研报告。高杠杆的成因主要有以下几点：

（1）企业净资产偏低且难以有效补充。五家单位净资产合计 79 亿元，平均 15.8 亿元，在行业中，与同等经营规模企业相比，处于较低水平。而这五家单位同期资产总额为 701 亿元，营业收入为 702 亿元。

（2）经营性负债居高不下且难以压控。2019 年 6 月底，五家单位经营性负债总额达 584 亿元，占负债总额的 94.7%。同期，集团经营性负债占负债总额比重为 66.8%。更为关键的是，要压降经营性负债，更多需要加大对于分包分供的付款力度，这从思想认识、现金能力上均面临难题。

（3）商务条款日渐严苛，合同质量偏低。有些单位仍然承接合同付款条件较差、低于营销底线的项目。部分项目付款比例较低或节点较长，施工过程中存在部分垫资，部分项目结算周期长，尾款回收较慢。房地产项目较多且普遍为议标，均为最低价或次低价中标，平均投标利润率为 3%—5%，从源头上增加了"两金"总额。

（4）项目结算周期长，过程确权慢，及时足额收款困难。部分业主采用供应链融资方式支付工程款，付款周期长。业主对签证、变更、索赔等合同外产值，大部分未及时确权，竣工未结项目存量较多。

（5）内部债权债务金额较大，资产、负债"虚肥、虚胖"。五家单位在 A 公司内的债权、债务总额分别为 85 亿元、39.8 亿元，导致资产负债"虚高"。虽然内部债权债务对于全集团资产负债率影响有限，但直接导致二、三级单位资产负债率较高。

3. 编制合理的预算目标

A 公司通过对项目成本费用和现金流的预算控制，以实现降杠杆、减负债的战略目标。对于新承接的项目，安排专人对项目进行成本策划，旨在通过对未来的成本水平及其发展趋势进行预测与规划，实现成本目标的设定。首先，相关部门配合财务部门，在历史成本资料的基础上，结合未来可能发生的变化，进行成本预测与决策，设定目标成本方案；其次，识别目标成本因素，明确目标成本责任部门，集合经济效益、效率和规模等指标，对目标成本方案进行分析并选择最优方案；最后，将目标成本固化到预算中，基于预算对成本进行管控，保证成本的筹划具有约束力。根据项目成本预测，进行项目的资金策划，编制项目全周期现金流，并将项目全周期现金流预算细化为年度、月度现金流预算。通过项目资金策划，预测项目的现金流入和流出，对整个项目周期的现金流管控，原则上确保实际开工四个月内实现确权收款，开工六个月现金流为正。

A公司根据国有资产监督管理委员会下达的中央企业资产负债率警戒线和降杠杆指标，结合子企业实际，将三年专项行动目标进行年化分解，并根据降杠杆、减负债的战略目标制定了短期预算指标，因企制宜地给下级单位下达预算指标。在具体编制各个单位的降杠杆、减负债预算完成指标时，主要考虑以下几项原则：

（1）坚持统筹兼顾、有保有控有压。

对于处于行业先进水平和符合发展战略的创新业务、绿色产业，负债率给予一定空间；对传统企业则要有所控制，将杠杆率控制在70%—80%之间；杠杆过高和产能落后、资产运营低效的企业，每年下降3个百分点。

（2）坚持质量第一、效率优先。

优势企业要求负债率每年下降0.5个百分点；中等企业要求每年下降1.5个百分点；差等企业则要求每年下降2.5个百分点。

（3）坚持问题导向、突出重点。

抓住降杠杆的主要矛盾和矛盾主要方面，突出"降"和"防"。聚焦重点，把握力度和节奏，不搞"一刀切"。

A公司按照绿色产业和先进产业的标准，将子企业进行分类下达指标，避免了低效企业的盲目扩张带来的负债飙升。同时，使企业领导层能聚焦核心业务、实现科学发展，为集团完成降杠杆指标贡献主要力量。指标制定做到了统筹兼顾，实现了降杠杆战略和发展战略的共生共赢。

4. 加强预算监控，及时分析预警

（1）加强过程管控监督。

根据预定的目标，财务部门通过对运营过程中发生的成本进行监督和控制，将实际成本控制在预期目标内。项目施工进展过程中，以目标成本为基础，以合同为抓手，以资金计划为手段，通过加强合同的执行与变更管理，控制成本的价款支付，实现对成本的过程管控。

通过结算付款控制合同履约管理，严格按照合同条款进行结算付款，严禁不合规结算付款；通过建立合同履约台账，记录合同履行关键里程碑，实现合同执行状态及实际履约数据的实时查询；通过设置合同预警控制点，当业务事项触发预警控制点时，系统进行风险提醒反馈，实现成本超支风险管控。

A公司制定了现金流"结对子"方案，强化对现金流的管控。通过把集团十二家二级单位结成六组，成立"结对子"协同管理小组，达到互相监督、互相借鉴、互相进步的目的。现金流管控"结对子"单位协同完成年度目标，包括全年经营性净现金流总额、盈余现金保障倍数、负现金流项目占项目总数比、新开工项目现金流预算编制率等指标。在协同治理过程中，协同单位需要对现金流管控目标进行季度分解，互鉴制定长短期目标，并对短期目标的完成情况及时进行反馈总结；引领、监督双方严守营销底线，严格遵守市场营销"十条禁令"要求；加大现金流量管理宣传力度，互助对项目经理开展现金流量管理培训、考核；对重点风险项目协同帮扶对象、所属企业、项目建立"一对一""结对子"关系、主动推动解决，针对结算、确权、回款要求精确设定帮扶目标值、时间表、责任人，确保问题及时化解、款项足额回收。

（2）加强预算分析和过程纠偏。

定期对降杠杆防风险完成情况进行统计与分析，按月发布降杠杆简报，分析各单位预算执行情况，对重点领域、重点单位、重点项目降杠杆防风险取得的经验进行交流。对存在的突出问题进行通报，并查找实际指标大幅偏离预算指标的原因，及时进行整改，避免指标结果不可控的情况。设定月度货币资金存量底线机制，每月根据货币资金存量要求、收款计划，确定项目支出计划，严格执行资金授权预算，提升基层单位自主性，通过"预算管理，机动调整"有效保证了企业现金流良性运行和生产经营的正常开展。

5. 设立专项考核，强化激励约束

通过建立科学的绩效模型（见图1），以EVM价值树分析模型为基础，制定合理的绩效计划，协助优化企业绩效考核体系及考核计划指标。A公司建立以预算考核为基础的预算绩效考核方案，编制预算考核模型，对预算偏差度进行绩效评价。

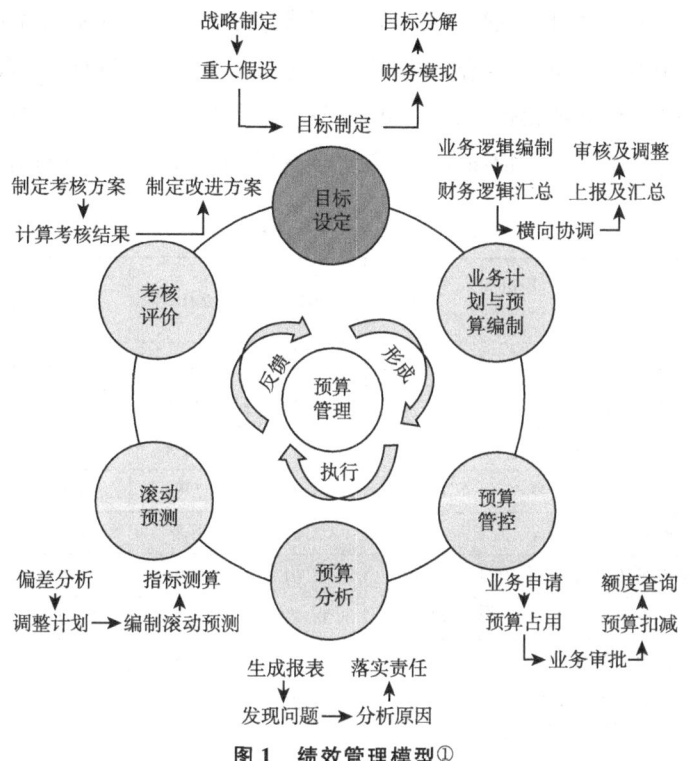

图 1　绩效管理模型①

A 公司将降杠杆目标完成情况纳入子企业业绩考核，签定降杠杆专项考核责任书，将降杠杆工作完成情况与薪酬挂钩，进一步加大降杠杆工作专项考核力度，确保落实公司降杠杆工作方案。同时要求各单位建立各业务系统激励与约束制度，将降杠杆防风险目标与各相关业务系统经营管理人员工作绩效和薪酬进行挂钩，制定奖罚标准，对完成降杠杆防风险部门目标的业务系统给予一定奖励，反之，扣罚工作绩效。

6. 实施效果

（1）资产负债率稳中有降。

A 公司通过实施预算管理等一系列降杠杆手段，整体负债规模的增长得到了有效控制。通过对 A 公司近五年的主要财务数据对比分析，发现 A 公司总体负债的同比增长率稳步下降，并且负债的增长率要小于同时期资产

---

① 图片来源企业内部资料。

的增长率,这得益于 A 公司经营质量的提高。速动比率和流动比率相比 2017 年稳中有升,表明企业的短期偿债能力有所提高。应收账款周转率、存货周转率也在不断提高,表明企业降杠杆活动取得了一定效果,应收账款的回款速度加快,存货和应收账款的变现能力增强,资产质量有所改善。

表1　　　　　　　　A 公司主要财务指标[①]

主要指标＼年份	2020	2019	2018	2017	2016
流动比率(%)	1.32	1.28	1.28	1.29	1.39
速动比率(%)	0.76	0.77	0.68	0.68	0.77
资产负债比率(%)	73.67	75.33	76.94	77.97	79.09
应收账款周转率(次)	10.27	8.83	7.86	7.63	7.55
存货周转率(次)	2.3	2.08	1.8	1.83	1.96
流动资产周转率(次)	1.06	1.01	0.96	0.94	0.99
固定资产周转率(次)	42.12	38.77	34.23	32.73	35.24
负债同比增长率(%)	5.4	7	18.5	9.8	31.6
资产同比增长率(%)	7.8	9.3	20	11.4	29.5

(2)资金管理实现了科学有效可控。

A 公司以项目现金流管理为重点,与年度预算及资金计划紧密融合,指导实际资金收付,实现了资金全价值链闭环管理,在确保业务资金需求的前提下,减少资金占用,降低资金成本,资金价值实现了最大化,资金使用效率有效提升。结合预算管控和资金计划,实现了对资金收付、费用成本的过程管控,避免超计划与预算超支行为。同时,根据项目全周期现金流量预测,合理安排应收保理、供应链保理、资产证券化等多种新型融资方式,降低了表内负债,加快了资金的周转和使用效率。

(3)成本管理更精细化。

通过建立成本测算模型,实现了成本管理与企业生产经营特点和目标相适应,实现了成本管理按计划、按流程,扎实稳步推进,避免了成本的浪费与滥用,缩短了项目的平均施工周期。施工项目的成本主要包括专业

---

① 图片数据来源巨潮资讯网。

分包、劳务分包、直接材料费用、项目管理费用和一些其他的成本，结合成本预测模型和过程管理，A公司实现了项目专业分包、劳务分包、直接材料费用的可控，项目施工周期的缩短减少了单个项目的管理成本，保证了收益价值，使项目的利润得到了最大化，从一定程度上减少了"两金"的来源。

四、A公司预算管理实施过程中的问题分析

（一）道德风险问题

A公司把降杠杆、减负债作为二、三、四级单位绩效考核的重要指标之一，直接影响到单位领导班子的综合年薪和直接责任人的绩效。在降杠杆、减负债的具体执行过程中，当考核指标无法完成时，员工存在调整报表数据的动机。以低效无效资产清理为例，当逾期的应收账款无法收回、逾期的合同资产无法确权时，单位负责人可能会给会计人员施压，要求会计人员调整财务数据以满足上级单位下达的预算指标要求，少数会计人员迫于领导压力无法坚守底线原则，配合单位领导"完成任务"，这就造成了信息数据失真，降杠杆、减负债活动可能并没有报表数据显示得那么有效。

（二）预算管理弹性不足

A公司预算编制采取"三下两上"流程，虽然在下达最终版的预算指标时，充分考虑了下属单位的反馈意见，但是预算在实际执行的时候可能会面临各种意想不到的情况，例如突然爆发的新冠肺炎疫情，这对预算的调整机制产生极大的考验。A公司预算编制方法主要采用零基预算法，资源的分配是基于以前期间的资源分配情况，这种方法并没有考虑科技进步、原材料价格变化、动荡的外部市场经济环境对企业经营带来的影响，并且预算编制时，企业没有足够的动力降低项目成本和费用，对外部环境缺乏足够的反应能力。

（三）企业整体参与意识不足

从实际执行过程的跟踪情况来看，预算指标的编制和过程管控基本以

财务部门为主，其他部门的参与意识不强，更多的是被动参与。财务部门主观地将预算指标在部门间进行分配，忽略了各部门和项目的实际情况，使得预算指标不科学合理，无法达到管控和激励的效果。

降杠杆、减负债活动涉及 A 公司的各个部门。逾期应收账款的回收、各类到期保证金的回收、项目的过程确权和结算涉及财务部门、商务部门、工程部门、营销部门、审计部门等。由于涉及部门众多，实际执行过程中或多或少会存在个别部门之间相互推诿、指标无人认领的情况。财务部门是预算指标的编制者，也是预算执行结果的反馈者，起点到终点都由财务部门主导，压力无法传导到其他部门，使得部门联动效率低下，降杠杆、减负债活动推进起来比较困难。

（四）预算管理系统实际应用不足

A 公司在 2019 年上线了财务一体化智能平台，涵盖了合约、报表、资金、中台、预算等多个管理系统。其中，合约、报表、资金、中台等系统应用较为顺利，在实践中，系统持续地完善升级，已经能深度融入 A 公司日常业务。但是预算管理系统实际使用情况比起其他系统稍有欠缺，少部分下级单位仅在预算指标填报的时候会使用预算管理系统，对预算执行过程管控不足，预算的考核评价工作也不到位。当费用指标填报完成以后传送到智能平台的中间库，业务系统抓取中间库的数据对实际的费用进行管控，管控的强度选择弱控或者不控时，预算只能进行软性提醒和事后评估，造成了预算的过程管控不到位，实际费用可能会超过预设的费用指标，导致预算管理工作失去了意义。

五、A 公司实施预算管理过程中的建议与思考

（一）推动滚动预算和弹性预算的编制

国务院国有资产监督管理委员会在 2011 年印发的《关于进一步深化中央企业全面预算管理工作的通知》中明确要求：有条件的企业，预算要逐级逐步细化到以季度、月度为周期的基于工作计划的滚动预算，并与中长

期规划有效衔接，更好地保障战略实施。A公司预算编制以零基预算法为主，滚动预算和弹性预算可以作为年度预算的重要补充和修正，对于受经济活动和经营环境影响较大的项目，可以采用滚动预算或者弹性预算，提高企业对外部环境的反应能力，抓住机遇。滚动预算和弹性预算的运用，能帮助企业克服预算的盲目性，避免预算与实际有较大的出入，有助于支持企业各级管理人员提高决策水平。

（二）鼓励全员参与

预算管理工作需要A公司各个职能部门共同发力，从A公司管理层到普通员工，都需要主动参与预算的编制、执行、考核的过程中。基于此点，本文给出几点建议：

（1）在进行预算指标编制时要尽可能让各部门参与、全员参与，每个部门需要充分考虑预估下一年的情况，认真编制预算指标，部门负责人对部门预算指标编制工作负责，也对部门预算的考核结果负责。

（2）加强预算管理的培训工作。财务部门是预算管理的主体实施部门，对于财务人员应加强预算管理的培训工作，提升管理视角和专业素养，利用信息技术和RPA技术把财务人员从传统的核算工作中解放，更多地参与财务管理工作，助力企业高效运营，提升决策质量。对于其他部门员工，应该加强预算管理意识培养，成本费用管控不仅是制定一个指标，而是深入日常的业务活动，会影响到员工的绩效考核，需要引起员工的重视。

（3）增强部门之间的联动，发挥协同效应。将A公司各部门纳入降杠杆减负债组织体系，以财务系统为降杠杆减负债活动的中枢系统，通过增强各业务系统和财务系统的联动、各部门的垂直联动和横向联动，实现多渠道地降杠杆，保证预算指标的合理性、过程管控的精准和及时、预算考核的真实有效。具体职责分工如下：

财务部门制定降杠杆、减负债总体方案并确定管控目标，定期进行信息统计与发布、分析与预警、检查与通报；企划部门加快推进企业内部改革，开展低效无效资产清理，进行降杠杆防风险目标专项考核；人力资源部运用薪酬手段对预算考核结果进行奖惩；金融部门探索创新融资业务，研究开展权益性融资，推进产融结合，为主业发展提供支持；投资部门合理把控投资节奏，不断加大投资项目回款力度，完善投资负面清单，防范投资风险；法律部门对公司重大投资、融资、并购等业务进行法律风险控制；市场部门健全营销管理制定，监控营销底线，开展垫资项目专项治理工作；商务部门积极组织业主确权、项目已完工过程确权和竣工结算，运用多种方式加大确权力度；审计监察部门对预算实施反馈结果进行审计监督，减少逆向选择和道德风险现象。

（三）推动预算管理系统的实际应用

A公司打造的预算管理系统已实现了有效地与业务系统进行对接，两个系统通过中间库进行数据的传送和反馈。业务系统抓取预算指标数据进行费用和资金的控制，预算系统接收业务系统传送的实际预算占用信息，对成本指标预算完成情况、运营指标预算完成情况、现金流预算完成情况进行预实差异分析。一方面，A公司预算管理系统比较成熟，完全可以满足公司日常管理需求，因此，可以发挥预算的强迫性作用，把资金和费用的控制逻辑调整为刚性控制，使业务人员能够认真编制预算指标。另一方面，需要加强预算管理系统的考核作用，通过A公司的财务智能平台自动生成实际业务数据，综合考虑各种特殊调整事项，基于调整规则对考核指标数据进行调整，保证考核数据的可用性，为企业的绩效考核管理提供基础。

总结

（一）研究结论

本文以A公司为案例，以降杠杆、减负债为企业具体战略，以预算管理工具为分析对象进行研究思考，主要得到以下几点结论：

（1）A公司以预算管理为工具，实施了一系列降杠杆、减负债活动，并取得了一定的成效，资产负债率近几年来呈下降趋势。

（2）预算管理作为现代企业管理手段在A公司各级子企业深度应用，配合A公司的其他管理手段和方法，在降低项目成本、控制资金和付款、费用管控等方面发挥了重要作用。《礼记·中庸》曾谈到，"凡事预则立，不预则废",体现的正是预算的思想。预算的前瞻性使 A 公司的决策更科学合理,企业的日常运营更加可控,责任追溯更为清晰,对 A 公司实现降杠杆、减负债战略具有不可忽视的作用。

(3)企业预算管理需要治理层、管理层和所有员工参与,需要各个部门联动,才能实现企业价值的最大化。A 公司需要做更多的工作推动各个部门和员工积极参与预算指标的编制和过程管控,推动预算管理系统在实际工作中的应用,完善预算管理信息系统,推动预算的考核机制和反馈机制更科学、合理、高效,真正起到激励的效果。

(二)未来展望

A 公司处于一个成熟的、完全竞争的建筑行业,面临着巨大的行业压力,需要用先进的技术手段、优秀的人才队伍、科学的管理理念树立自己的行业优势。尤其是集团企业,管理手段显得更为重要。预算管理目前在我国应用比较广,但是应用的深度不够,绝大多数企业只是制定了预算管理的相关文件和制度,从管理层到普通员工的预算意识都比较薄弱,预算管理形同虚设。少数大型企业虽然建立了预算信息系统,但是信息系统体验感较差。结合企业实践情况,本文认为,预算管理在实际应用中应朝着更智能化、自动化、全员化、深入化的方向发展。第一,预算管理系统不能孤岛式独立运行,需要加强预算管理系统和业务前端系统的联系,建立实时有效的双向反馈机制,及时分析和预警。第二,借助互联网技术和人工智能技术,将预算的滚动编制周期无限细化,从季度、月度更新到周、日更新。第三,预算单元可以无限细化、弹性化,可以到部门、个体业务员、管理所需的任意业务组合体,完全满足管理需要。第四,全面提高整个公司的预算意识,包括从管理层到普通员工,使预算管理活动融入具体业务活动,达到预算管理的目的。

参考文献

[1]蔡莉. 初探建筑施工企业成本控制中全面预算管理[J]. 管理论坛,2019(10):276-279.

[2]吴忠东. 构建以战略为导向的全面预算管理[J]. 新会计,2011(03):36-37.

［3］王文城. 基于降杠杆视阈下的企业预算目标管理探析［J］. 全国流通经济，2020（35）：46－48.

［4］丁铁成. 基于战略导向的成长型企业预算编制探究［J］. 财会通讯，2016（17）：68－70.

［5］何小丽. 中央建筑企业降杠杆减负债的具体实践［J］. 财务管理研究，2020（6）：73－77.

［6］戴国华. 中央建筑企业降杠杆减负债的现状、成因分析及相关建议（上）［J］. 财务与会计，2019（04）：40－43.

［7］戴国华. 中央建筑企业降杠杆减负债的现状、成因分析及相关建议（下）［J］. 财务与会计，2019（05）：40－43.

［8］杨扬. 基于战略导向的全面预算管理研究——以 A 公司为例［D］. 合肥：安徽大学硕士学位论文，2016.

［9］J. O. Mckinsey. Budgetary Control［M］. 1922.

［10］BinXia. Advanced Materials Research Construction of Comprehensive Budget Management System Based on EVA Trans Tech［J］. 2013.

［11］Liushi. Study on the Strategy-Oriented Enterprises Comprehensive Budget Management System［J］. Trans Tech，2014.

［12］Roberto Pilli. The European forest sector：past and future carbon budget and fluxes under different management scenarios［J］. Copernicus Publications，2017.

［13］Mariana. The pros and cons of budgeting system within economic entitles［J］. Economic Sciences，2015，8（1）：183－192.

防风险 提效能 促转型 构建审计信息系统
——以 A 集团为例

曾发明

摘　要：内部审计是企业内部经济管理的组成部分，也是企业实现自我监督的重要方式。面对日益复杂的经济活动，内部审计工作的重点、方式和内容等都发生了显著的变化，这给内部审计工作带来了不少挑战。随着信息技术不断发展，信息技术应用范围越来越广，已经渗透到企业管理的各个环节。有效识别风险，防范经营风险，深入践行科技强审理念，统筹审计资源，规范审计行为，强化审计项目管控，提高审计工作质效，充分发挥内部审计监督作用，构建审计信息系统势在必行。

本文结合 A 集团内部审计的特点，对 A 集团内部审计信息系统及其应用进行了介绍和分析。首先，以审计信息化为切入点，介绍了内部审计信息的研究背景、A 集团基本情况；其次，分析 A 集团内部审计存在的问题及构建审计信息系统的必要性；再次，结合审计信息系统的构建情况，对内部审计信息系统中审计管理系统、审计作业系统、决策支持系统 3 个子系统进行阐述，结合信息系统的应用情况，为进一步优化内部审计信息系统提出若干建议；最后，对构建防风险、提效能、促转型的审计信息系统进行了总结和展望。

关键词：内部审计；信息系统

一、背景描述

（一）研究背景

内部审计是企业治理过程中不可或缺的重要组成部分，在有效识别与防范企业重大风险、促进企业依法合规改善运营、促进企业全面提质增效、促进企业战略执行落地、维护企业资产安全与完整、确保企业资产保值增值等方面发挥着重要作用。

习近平总书记在中央审计委员会第一次会议上指出，要进一步解放思想、与时俱进，加强审计信息化建设，持续创新审计理念。随着大量新技术的广泛应用，企业已进入全面建设信息化的新阶段，通过建设审计信息平台，引导审计信息传递和共享，以信息手段规范审计作业流程，从事前、事中及事后等方面进行审计监管，引导实时预警和远程审计工作的融合，将审计职责落到实处，充分发挥审计监督作用，同时不断加强审计管理，规范审计操作，加强审计质量把控，防范审计风险，实现审计管理的智能化和科学化。

在百年变局及世纪疫情的双重影响下，进一步规范内部审计行为，降低审计风险，有效调配审计资源，提高审计效能，推动审计人员全面转型升级，做好常态化"经济体检"，在集团范围内构建集中统一、全面覆盖的审计信息系统是内部审计发展的必然趋势，也是必经之路。

（二）集团基本情况

A 集团成立于 2011 年 9 月，由国务院国有资产监督管理委员会直接管理，是一家集工程项目规划咨询、勘测设计、工程建设、装备制造、投资运营为一体的特大型能源建筑央企，业务涵盖能源电力、水利水务、铁路公路、港口航道、市政工程、城市轨道、生态环保和房屋建筑等领域。随着集团的快速发展，企业规模不断扩大，经营区域和业务领域呈多元化，目前已在 80 多个国家和地区设立了 200 多个境外分支机构，业务遍布世界 140 多个国家和地区，在全国各地设立审计机构 100 多个，现有审计人员 400 多人。在复杂的国际经济环境影响下，企业所面临的政治、经济、市场、经营等风险不断增加，且呈现出复杂性、隐蔽性和多样性等特征，导致审计风险日益凸显。

（三）论文框架

本文主要结合 A 集团现状，分析内部审计存在的问题及构建审计信息系统的必要性，并对内部审计信息系统提出优化改进建议。论文行文框架见图1，主要内容安排如下：

第一部分是背景描述。主要介绍论文的研究背景及 A 集团的基本情况。

第二部分阐述 A 集团内部审计存在的问题及构建审计信息系统的必要性。对 A 集团内部审计存在问题进行系统分析，并提出构建审计信息系统的必要性。

第三部分描述审计信息系统现状。分别从内部审计信息系统的具体应用进行阐述。

第四部分提出优化审计信息系统的建议。针对 A 集团在审计信息化系统应用过程中存在的不足，提出切实可行的建议，以推进 A 集团内部审计信息系统应用更加完善。

第五部分为结论与展望。该部分对审计信息系统的具体应用作出总结，并对未来更好地应用审计信息系统进行展望。

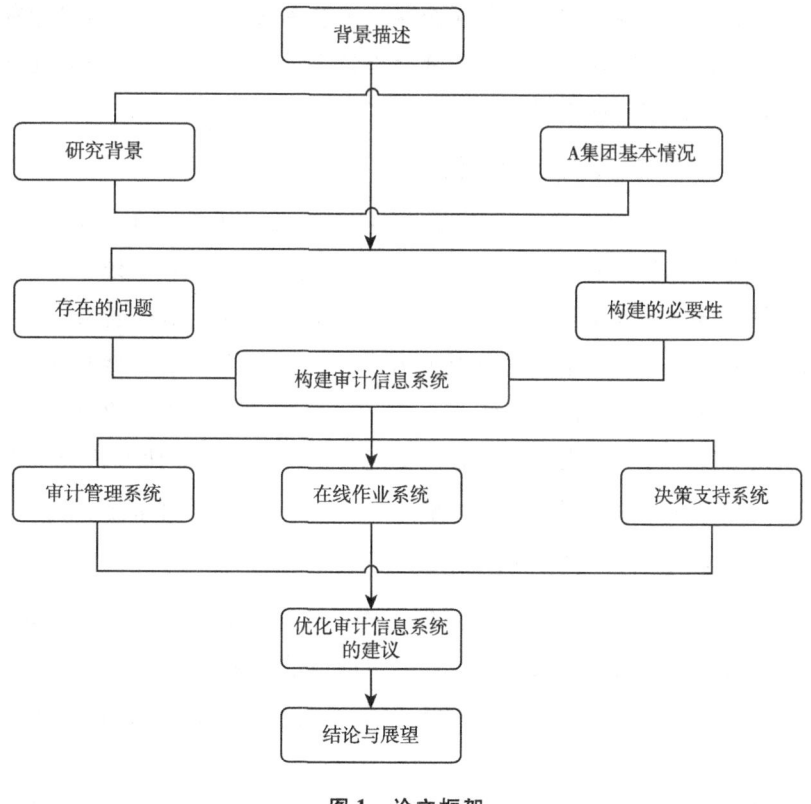

图1　论文框架

二、A集团内部审计存在的问题及构建系统的必要性

(一) 内部审计存在的问题

1. 资源未能统筹，监督力度不强

按照"统一管理、分级负责"的原则，集团审计部门负责组织实施重大、重要的审计项目，所属企业审计部门负责组织实施本级企业范围内的审计项目。每年年初，各所属企业编制审计年度计划并报送集团审计部门审核，集团审计部门审核后，统一下发年度审计计划。具体审计项目的执行由各所属单位审计部门负责组织实施，每季度将审计计划执行情况报送给集团，因此，集团审计部门无法实时掌握全集团审计项目的整体执行情况。同时，审计资源分散在各所属企业，不能有效统筹全集团的审计资源，人员调配也存在诸多困难与障碍，部分审计人员身兼多职，监督力度不够，审计工作监督作用发挥不明显。

2. 技术手段落后，审计效率低下

在审计信息系统搭建前，集团审计人员多数以现场查账、翻阅资料、询问人员等传统手工检查方法为主，缺乏有效的审计信息系统，审计信息化、科技化运用程度不够高，审计技术手段落后。在面对经营数据繁杂庞大的审计对象时，所获取的审计信息往往不全面，数据准确性和代表性都不高，审计重点不突出，审计工作不深入。另外，缺乏统一的审计作业平台，会出现同一业务多次重复检查的情况，审计人员相互协调沟通成本高，不利于信息及时共享，审计工作效率低下，造成审计资源的浪费。

3. 质量参差不齐，审计风险偏高

传统审计大多取决于审计人员的工作经验和实践判断，以审计抽取的样本推断总体，得出审计结论。审计项目的成功与否往往取决于个体依赖，导致审计质量参差不齐，审计质量难以保证。同时，缺乏审计信息化平台，好的审计经验和方法不易于积累，难以在集团范围内得到有效推广。新入职的审计人员，无法及时获取有效的审计方法和审计策略，甚至在执行审

计时会出现与审计目标背离的现象，不能有效形成监督合力，导致审计风险高。

4. 管理不够规范，成果不够显著

在审计实施阶段，所属企业按照各自的特点组织实施审计工作，在下发审计通知书，编制审计调查报告、审计工作方案、审计工作底稿、审计报告等环节出现审计文书多样化，未能建立统一的审计文书模板，无法实现审计文书标准化、审计工作程序规范化，不利于集团审计精细化的管理。此外，对审计发现的问题缺乏信息系统管理，未建立问题整改电子台账，落实整改闭环管理缺乏抓手，无法实现动态销号管理，导致审计成果碎片化严重。当人员变更或被审计单位多次落实整改时，问题整改缺乏连续性，不能动态呈现问题整改过程，整改责任和传导机制层层衰减，整改信息不能实现共享，不利于多部门联动督促审计整改，问题整改成果不够显著，无法实现齐抓整改、共享成效。

（二）构建审计信息系统的必要性

随着 A 集团业务扩张，充分利用信息技术，不断加强审计监督力度，为企业高质量发展做好保驾护航，在集团层面构建统一的审计信息系统迫在眉睫。

1. 适应环境变化，提升监督能力

随着信息化技术不断发展，大数据、云计算、互联网等现代信息技术在企业管理中的应用范围将越来越广，收集分析数据量将呈指数级增加，此时，传统的手工审计将难以完成审计目标任务。若不构建审计信息系统，诸多数据信息无从下手，无法及时找出有利的信息。

为适应新环境、满足单位发展需要、进一步完善内部监管体系，构建审计信息系统既是外部环境的必然趋势，也是企业精细化管理的内在需求。有利于在审计中紧紧围绕企业经营重点，聚焦重点领域、关键环节、重要岗位等监督范围，有效融合现代信息技术，及时查找并揭示企业经营过程中的短板弱项，有效落实内部审计监督和评价职能，不断提升审计监督能力，筑牢内部审计监督的第三道防线。

2. 优化审计手段，提高审计效率

审计信息化是新时代发展的趋势，也是更好发挥审计"免疫系统"功能的必然要求。落后的审计手段无法适应新的环境，审计人员要做到与时俱进，积极主动拥抱新时代，充分认识构建审计信息系统的紧迫性和必要性，把信息技术作为提升内部审计效率的"助推器"和"加速器"。运用现代信息技术，科学统筹、系统优化，推进跨层级、跨专业、跨区域审计融合，将不同类型审计项目和审计资源进行统筹和相互衔接，不断探索高效、实用的审计方法，持续优化审计手段，不断提高审计工作效率。

3. 提高审计质量，降低审计风险

运用审计信息系统，可实现不同单位、不同类型业务之间的数据对比分析，准确有效识别经营异常点，对各单位运营情况进行实时监控，不断前移审计端口，提高审计识别风险的能力。通过审计信息系统，可搭建审计风险预警信息库，为实施数字化审计、智能化审计夯实基础，不断提高审计工作质量，降低审计风险，为企业合法合规经营和高质量发展提供强有力的支撑。

4. 规范审计行为，提高管理水平

规范的审计行为是审计质量的前提，采用审计信息系统可以将好的审计业务流程不断固化，为新入职的审计人员提出硬标准，实现审计作业标准化和流程化。借助审计信息系统平台，将审计准备、审计实施、审计终结、后续审计等各个阶段的主要工作步骤和工作成果更好地嵌入信息系统中，推行审计管理数字化，不断规范审计行为。同时，也便于审计管理人员及时掌握审计项目进度，了解审计方案实施情况，掌握每位参审人员的审计动态和进度，确保审计过程可控，审计结果可靠，对内部审计实行精细化管理，不断提高审计管理水平。

三、审计信息系统现状

随着 A 集团业务快速发展，企业规模不断扩大，经营区域和业务领域呈多元化。为全面提高内部审计工作效率，统筹全集团的审计资源，规范内部审计作业，强化审计项目动态管控，有必要运用现代化信息技术，实现全集团内部信息的传递和共享，精准识别企业管理漏洞及潜在风险，不断提高审计工作质效，更好地发挥审计监督作用。

（一）分页导航式系统，标准化实施审计作业

A集团按照"集中建设，全面覆盖，稳步推进，分期实施"的工作方针，构建以风险为导向、以控制为核心、以增值为目标的内部审计信息系统，实现审计工作流程标准化、管理行为规范化、审计文件模板化、报表统计自动化。该审计信息系统主要以审计作业系统为基础，以审计决策支持系统为工具，以审计管理系统为统领，具体见图2。

图2　审计信息系统

1. 审计管理系统

审计管理系统采用分级分层的形式，对审计工作流进行全面管理，包括计划管理、项目管理、整改追踪、档案管理、审计资源、报表统计等环节（见图3）。在审计管理系统平台上，集团可实时掌握审计年度计划执行情况，实现以图表方式对审计业务进行分析，采用逐级穿透的技术达到项目多级管控，实时监督审计项目的工作成果，也实现审计整改实时跟踪，监督审计整改，构建审计高质量"闭环"链，提升审计工作成效。

图 3　审计管理系统主界面

审计管理系统中建立了审计知识模块，主要包括法规制度库、审计案例库等（见图 4）。该系统为审计人员搭建了知识共享平台，供审计人员持续学习，不断提高审计人员的业务水平。法规制度库：采用列表推送的方式，将法律法规制度库中的相关信息推送到审计用户窗口，审计人员可实时查看相关法规、政策、公司制度等。审计案例库：将典型的审计案例直接推送到审计案例库中，便于审计人员实时查看学习与借鉴，也为日后审计工作树立标杆，好的审计经验得到了有效传承。

图 4　审计知识管理

审计标准模块是将审计事项、实施方案、工作方案、工作底稿等各类审计规范流程和审计文书统一管理，实现审计工作标准化（见图 5）。该模块将标准化的工作程序、业务规范、业务标准嵌入系统各个流程中，供审计人员在审计作业时实时查看相关内容及填写示范，为规范审计人员的工作提供指引。

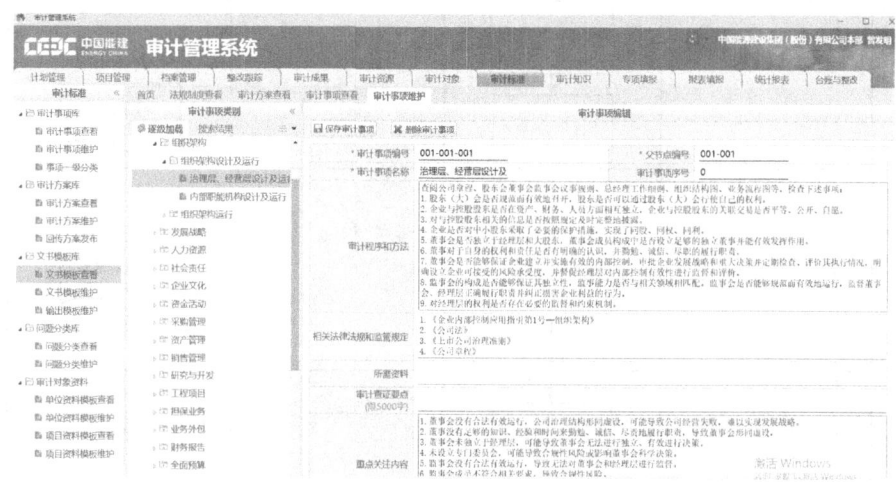

图 5　审计标准管理

运用审计信息系统将发现的问题自动归集到问题整改台账中，设定整改责任部门、责任人和整改督导验收人。被审计单位可实时反馈整改情况，审计整改督导验收人对整改情况进行跟踪评价，并自动对问题整改情况实时更新，可对每次问题整改进行追溯查看，确保整改留痕，实现审计整改闭环管理，促进审计整改工作落到实处，有效打通了审计"最后一公里"。

2. 在线作业系统

运用审计信息系统，将审计作业与审计进度管理进行有机融合。在线作业系统以准备、实施、报告为主线，分为项目准备、审计分工、疑点与问题、审计方案编制、底稿管理、审计报告等子流程，如图 6 所示。

审计在线作业系统以审计年度计划为依据。首先，选择审计项目类型，系统自动搜索审前疑点，对接财务系统开展数据分析，自动匹配审计工作方案，自动生成审计通知书；其次，结合审计工作方案，匹配审计资源，对审计人员进行分工，引导和提醒审计人员开展实施审计；最后，审计人员在实施审计时，可在系统中记录审计检查过程，针对审计发现的问题，

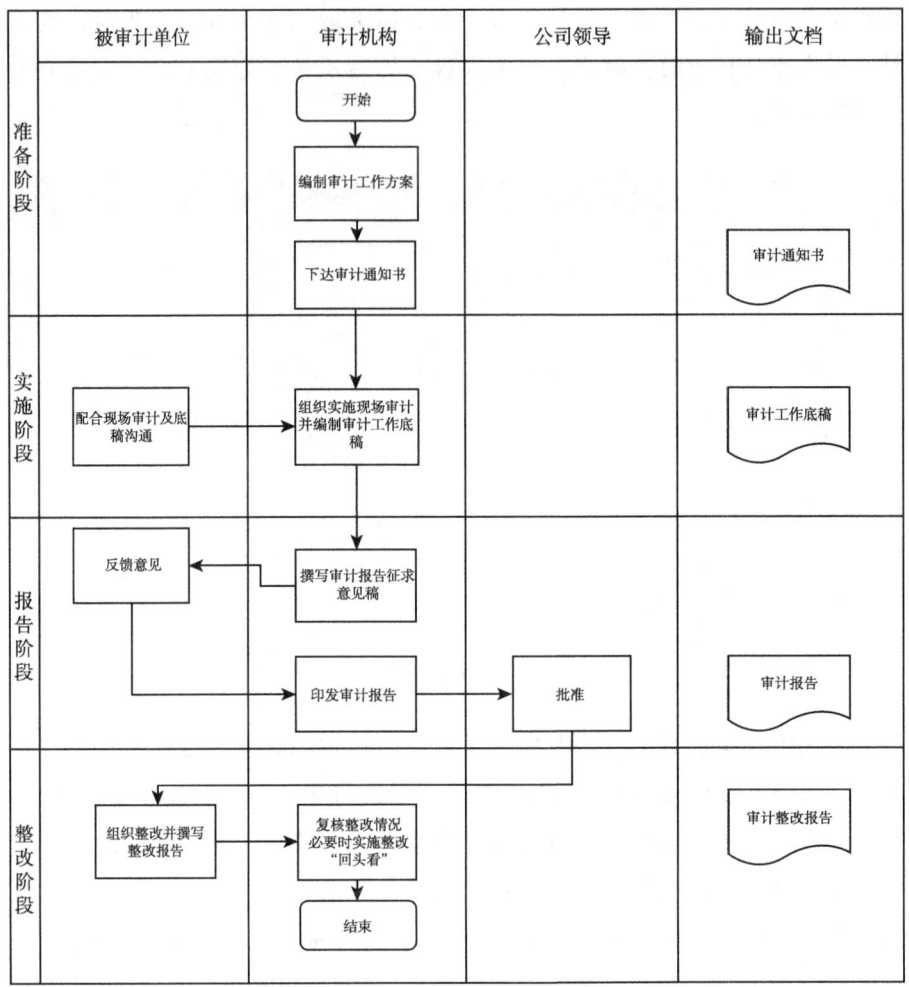

图 6　内部审计作业流程图

编写问题工作底稿,并在附件中上传相关证明材料,审计人员可在线实行逐级复核审批,实现审计信息实时共享。在线作业系统与数据分析系统互联互通,与公司财务核算系统集成对接,支持多组织、多层级数据分析,支持多年度、多单位关联查询分析,对查询维度、数据指标、审计模型等灵活管理,实现审计过程中实时查账发现问题,提高了审计工作的效率。

3. 决策支持系统

决策支持系统直观呈现审计项目整体动态,方便领导层掌握审计工作动态。以驾驶舱的形式呈现问题频发的业务领域和业务单位，并根据权限对问题实行逐级穿透，及时揭示管理的短板和弱项，为管理层决策提供支持，如图7所示。

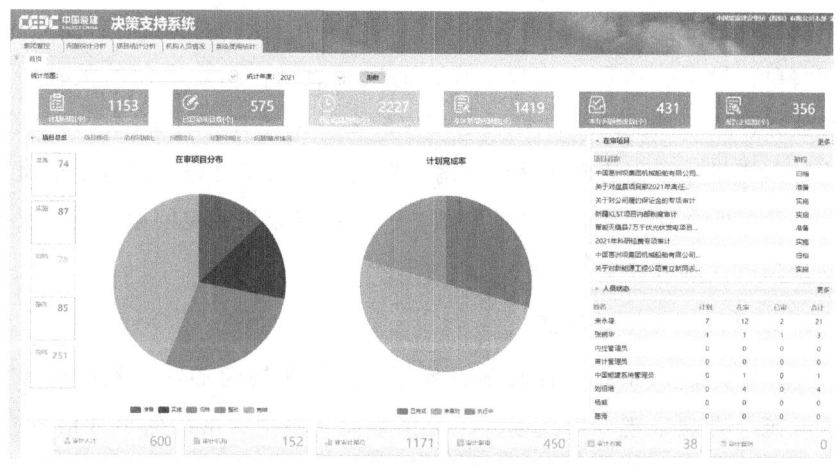

图7　决策支持系统

系统可对审计发现的问题进行多维度统计，并进行结构分析、趋势分析，可根据不同使用者关注重点和管理目标的不同，定制个性化的呈现方案，供不同的领导者使用，如图8所示。

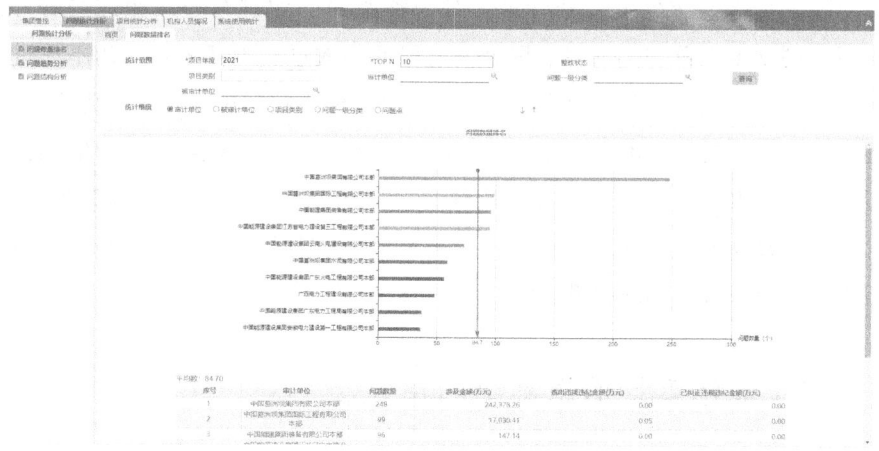

图8　审计发现问题分布图

(二) 贯穿风险管理理念,承载增值型审计目标

1. 贯穿风险管理理念

结合日常检查、综合监督或举报线索,可在审计信息系统上建立风险管理清单,找出公司经营管理中存在的风险点,在易发多发的关键环节、关键业务领域、关键岗位监督制定相应的审计策略和审计方法。以风险管理为基础构建电子化的审计操作指南,将其融合到审计作业的各个子流程,并按风险高低合理配置审计各项资源,通过数据分析锁定问题,精准发力,不断提高审计监督效率与效果。

2. 承载增值型审计目标

运用审计信息系统,打破项目界限,定制多视角的审计驾驶舱界面,图文并茂、直观呈现、形式多样,提供事前、事中、事后的审计信息,深度挖掘审计发现问题的价值,帮助企业查找管理薄弱环节,精准识别风险,采取有效措施解决风险,对企业的各类风险进行有效管控,更好发挥审计"治已病、防未病"功能,有效提高审计成果转化水平,促进管理行为规范,促进企业改善运营,不断创造企业价值。

针对审计发现的问题,举一反三,运用审计信息系统建立问题整改动态台账,实行审计整改销号管理,对未整改的问题进行持续跟踪与督导。按照"制度未完善的不放过、资金未追回的不放过、责任未落实的不放过"的审计整改"三不放过原则",加大对审计发现问题的整改落实。为实行问题整改"回头看"、检查核实问题的实际整改情况、对未整改到位的单位进行通报等提供了基础信息支撑,确保审计问题整改到位,不断提升整改成效,实现整改闭环管理,支持审计与被审计单位共同发现问题、解决问题,有力促进管理水平不断提升。

四、优化审计信息系统的建议

紧随时代发展潮流,不断优化内部审计信息系统,集团审计部门应与所属企业相互沟通、不断总结,进一步提升审计质效,为企业高质量发展

保驾护航。

（一）统一思想，与时俱进

内部审计信息化是一项需要不断完善、不断提高的工作。要从思想上高度重视，不断转变思想理念，全力以赴积极推进审计信息系统的应用，在学习中应用、在应用中提高，树立迎合新时代发展需求的内部审计信息理念，做到与时俱进，不断学习现代审计工作理念和方式，积极主动拥抱现代信息技术，从根源上提升专业水平和素养，持续提升内部审计信息化水平。

（二）优化审计系统，加强硬件管理

拥有必要的技术装备是开展审计信息系统应用的基础。集团审计部门要定期与科技信息部建立良好沟通，提前布局科学谋划，做好顶层设计，对计算机软硬件实施动态管理，加大硬件维护，确保审计信息系统各项应用顺利开展。各单位内部审计部门要积极主动，多建言献策，不断优化审计管理各项流程，全面提升内部审计信息化水平，助力企业数字化转型升级。

（三）深化系统应用，提升审计工作质效

深化系统应用，不断整合财务核算、招标平台、合同管理、"三重一大"决策等信息系统，持续做好审计信息系统应用建设，围绕信息流、资金流、货物流等重要线索，深入推进财务、业务、管理审计三结合，做到资金、资产、资源审计三到位，确保权利、义务、保障三统一，提高数据的标准化、规范化水平，逐步实现数据管理、信息共享，加强对财务、业务等各领域数据的关联分析，提高数据分析效率，深度挖掘可用数据，提高数据处理和汇总的精准度，精准识别经营风险，构建准确、高效、智能的审计信息系统，为实现智能化审计奠定坚实基础。

（四）重视队伍培养，提升审计能力

人才是第一动力，是实现内部审计高质量发展的根本所在，也是内部审计事业行稳致远的关键所在。要高度重视队伍培养，制定合理的内部审计信息人才培育体系，不断提升审计能力。首先，定期开展培训工作，引导其掌握审计信息化知识，提升审计人员专业水平和素养，将审计信息系统操作手册制作成视频，供审计人员不断学习。其次，科学制定考核体系，有效激发审计人员工作的积极性，推动内部审计信息系统朝着理想的方向迈进。最后，定期组织开展交流，进行经验分享，营造"学、赶、比、超"的学习氛围，持续提升职业素养和业务能力，坚持在审计一线锤炼过硬本领，在审计项目实践中成长、进步，提高能说、能写、能查的能力，建设一支政治过硬、业务精湛、工作敬业、廉洁自律、团结协作的高素质审计队伍。

五、结论与展望

（一）结论

为构建集中统一、全面覆盖、权威高效的审计监督体系，牢固树立"服务＋监督"理念，进一步解放思想、锐意进取，推动新的审计理念，建立健全审计制度机制，持续创新审计方式方法，在构建审计信息系统时得出以下结论：

一是审计管理水平不断提高。构建审计信息系统，集团对各所属企业的审计工作实现了全过程管理，实现审计信息传递和共享，从年度计划编制到具体审计项目实施及审计资源整合，有效地提升了审计管理水平。从审计方案编制、审计报告、审计报表统计等方面，实现对审计项目全流程管理，促进审计结果的集成和分析，有效提升了审计工作效率。通过精准识别找准问题，并有针对性地提出管理建议，有效地缩短了管理沟通成本，使审计监督的质量、效率和效果不断提升。

二是审计技术方法更加有效。审计信息系统通过技术改革和创新，让各个专业信息管理系统充分连接，从信息孤岛朝着互联互通方向改革，实现资源传递和共享。从主观经验判断到系统科学抽样，让抽样更加合理和规范。通过定期数据分析提示异常，及时找出审计要点，有效实现审计风险的把控。运用信息技术转变了审计方式，极大提高了审计的效率，降低了审计成本，不断前移审计端口，从事后审计变为事前预警、事中控制，最大程度地发挥了审计的监督作用，推动了审计职业化建设。

三是不断提升审计工作质效。借助信息技术手段，将好的工作方法加以固化，审计标准化体系能够很好落地实施，避免了标准化体系与实际工作两张皮的现象，审计信息系统提供了大量"一键式"自动生成功能，工作流程、界面以最简化及人性的方式设计，实现了信息一次录入可重复多次调用和使用，提高了审计效率和审计质量。运用信息系统推动审计整改落到实处，实现审计整改闭环管理，推动审计整改工作的规范化、制度化、长效化，实行整改销号，使所有审计项目的整改情况处于"透明"和"监督"状态，做到问题整改不到位整改不销号，有效确保问题整改件件有落实、事事有回音，为部门联动督导整改打下扎实基础，不断提高审计成果运用。

四是自动分析提供决策支持。审计驾驶舱和审计发现问题自动筛选、分析屡审屡犯问题和共性问题，帮助审计人员和管理人员深度分析问题背后的管理原因，从根本上治好"老毛病"和"常见病"，提升企业管理水平和价值创造能力。以审计驾驶舱直观展现问题分布规律，让管理层实时了解管理薄弱环节，针对管理薄弱环节，深度挖掘管理价值，找准了损失浪费、跑冒滴漏等的关键点，更好地为管理者决策提供支持。同时也促进各被审计单位知己知彼，在整改成效上横向对标，为审计整改的考核问责提供具体依据，促进审计成果有效转化，促进管理改进和价值提升。

五是提高审计队伍素质。审计信息系统可以将优秀成果融入流程，信息系统可根据审计业务类别做到步步引导，省去了人工查阅步骤，学用结合，促进审计人员在工作中不断学习、提高。结合审计工作的需要，建设知识库和案例库，"一站式"解决审计人员疑惑，并及时更新指南内容，摆脱纸质手册学用脱节、不能及时更新的劣势，形成人与系统实时互动、相互学习、互相促进，持续提高审计队伍素质。

（二）展望

内部审计信息系统是企业开展内部审计工作的有力工具，审计人员只有在充分理解、全力配合、积极参与的前提下，才能更好地将内部审计信息系统应用到审计工作中去，从而不断提高内部审计的工作效率，实现内部审计数字化管理，构建内部审计信息化才显得更有意义。本文以 A 集团为例，分析内部审计存在的问题，提出构建内部审计信息系统的必要性，全面阐述内部审计信息系统，并对优化审计信息系统提出建议，旨在为大型国有企业和能源型企业在构建内部审计信息系统时提供一些借鉴。

A 集团内部审计信息系统已趋于完善，在向其他公司提供借鉴的同时，也存在着许多不足值得反思。当前国际经济形势充满了不确定性，世界经济复苏面临诸多的不稳定因素。我国经济发展也进入了新的阶段，既有机遇，也有挑战，企业的高质量发展将面临新的挑战，如何充分运用信息技术的优势，不断提高内部审计质效，降低审计风险，高效发挥内部审计监督作用，是一个值得持续关注和深入研究的话题。

参考文献

[1] 李镇宇. 公司内部审计信息化的发展现状、趋势与对策 [J]. 商场现代化, 2018 (16).

[2] 秦言坡. 国有大型企业内部审计信息化系统的构建研究 [J]. 中国内部审计, 2021 (09): 16 – 20.

[3] 王炜. 大数据时代电力企业内部审计信息化 [J]. 营销界, 2021 (20): 165 – 166.

[4] 梁平, 李岩, 杨桑. 企业内部审计信息化平台建设探讨 [J]. 中国集体经济, 2021 (13): 39 – 40.

[5] 陈晓凤. 大数据环境下内部审计信息化的应用研究 [J]. 会计师, 2021 (08): 89 – 90.

[6] 刘颖. 基于"控审一体化"理念的内部审计信息化模式构建 [J]. 商业会计, 2021 (05): 4 – 7.

[7] 张朋成. 国有企业内部审计信息化发展存在的问题与对策 [J]. 石油化工管理干部学院学报, 2020, 22 (05): 35 – 39.

[8] 赵路, 郭莉. 高等院校内部审计信息化建设创新研究 [J]. 今日财富, 2020 (10): 162 – 163.

[9] 孙聪. 科研单位审计信息化管理平台构建 [J]. 中国农业会计, 2020 (04): 12 – 13.

[10] 郑蕊平. 企业内部审计信息化建设 [J]. 山西财经大学学报, 2019, 41

（S2）：67-68.

［11］李建奎. 央行内部审计信息化建设问题探讨［J］. 金融经济，2019（18）：154-155.

［12］张春燕. HG集团内部审计信息化研究［D］. 燕山大学，2020.

［13］兰文. 大数据背景下企业内部审计信息化研究［D］. 华东交通大学，2020.

［14］冯子源. A供电公司内部审计信息系统应用研究［D］. 中国财政科学研究院，2019. DOI：10.26975/d.cnki.gccks.2019.000143.

［15］张娟. 大数据环境下内部审计信息化研究［D］. 北京交通大学，2019.

［16］曾元. ZL集团内部审计信息化建设问题研究［D］. 吉林财经大学，2019.